Mitverschulden des
Geschädigten bei Nebentätern

Europäische Hochschulschriften Recht

European University Studies in Law

Publications Universitaires Européennes de Droit

Band/Volume **6178**

Jinlou Li

Mitverschulden des Geschädigten bei Nebentätern

Eine rechtsvergleichende Untersuchung zwischen dem deutschen und chinesischen Recht

PETER LANG

Bibliografische Information der Deutschen Nationalbibliothek
Die Deutsche Nationalbibliothek verzeichnet diese Publikation in der Deutschen Nationalbibliografie; detaillierte bibliografische Daten sind im Internet über http://dnb.d-nb.de abrufbar.

Zugl.: Köln, Univ., Diss., 2020

Gedruckt auf alterungsbeständigem, säurefreiem Papier.
Druck und Bindung: CPI books GmbH, Leck

D 38
ISSN 0531-7312
ISBN 978-3-631-82128-2 (Print)
E-ISBN 978-3-631-82719-2 (E-PDF)
E-ISBN 978-3-631-82720-8 (EPUB)
E-ISBN 978-3-631-82721-5 (MOBI)
DOI 10.3726/b17180

Diese Publikation wurde begutachtet.

www.peterlang.com

Vorwort

Die vorliegende Arbeit wurde im Wintersemester 2019/2020 von der rechtswissenschaftlichen Fakultät der Universität zu Köln als Dissertation angenommen.

Mein ganz besonderer Dank gilt vor allem meinem Doktorvater, Herrn Prof. Dr. Hans-Peter Haferkamp, der mir die akademische Freiheit bei Wahl und Ausarbeitung des Dissertationsthemas gewährt hat. Für seine fachliche Betreuung, vielseitige Unterstützung sowie sein Verständnis und Geduld bedanke ich mich herzlich. Herrn Prof. Dr. Klaus Peter Berger danke ich für die freundliche Übernahme und die rasche Erstellung des Zweitgutachtens.

Diese Arbeit ist am Kölner Institut für Neuere Privatrechtsgeschichte, Deutsche und Rheinische Rechtsgeschichte entstanden. Für die stetige Hilfsbereitschaft und die Gastfreundschaft danke ich dem Direktor des Instituts, Herrn Haferkamp, sowie den Kolleginnen und Kollegen aus dem Institut. Daneben bedanke ich mich bei meinen Kollegen: Zum einen Herrn Eric Zakowski, für die Übernahme des Endlektorats, er war mir bei der inhaltlichen Korrektur der Arbeit sehr behilflich. Herrn Markus Köhler, der die Mühe der sprachlichen Korrektur der vorliegenden Arbeit auf sich genommen hat, schulde ich ebenfalls ein Dankeschön.

Mein herzlicher Dank gebührt China Scholarship Council. Die finanzielle Unterstützung hat meine Promotion an der Universität zu Köln erst möglich gemacht.

Danken möchte ich auch allen Freunden, die ich in Deutschland kennengelernt habe. Ohne ihre Hilfe und Liebe hätte ich in Köln nicht so gut leben können. In verschiedenen Entstehungsphasen der Arbeit haben sie mich aus Nah und Fern mit Taten sowie mit Worten unterstützt. Vielen Dank an alle für das geduldige Zuhören, wenn ich Deutsch spreche.

Zu größtem Dank verpflichtet bin ich meinen Eltern Xiaohong Hu (胡小红) und Jun Li (李俊), die mir während der langjährigen Doktorandenzeit in Deutschland immer zur Seite standen und mich vorbehaltlos unterstützten. Nur mit ihrem Rückhalt konnte ich die Arbeit fertigstellen.

Jinlou Li

Inhaltsverzeichnis

Abkürzungsverzeichnis

a.a.O.	Am angegebenen Ort
AcP	Archiv für die civilistische Praxis
Abs.	Absatz
AG	Amtsgericht mit Ortsnamen
AGZR	Allgemeine Grundsätze des Zivilrechts der VR China
Anm.	Anmerkung
Art.	Artikel
AT	allgemeiner Teil
BayE	Entwurf eines bürgerlichen Gesetzbuchs für das Königreich Bayern (1861)
Bd.	Band
BGB	Bürgerliches Gesetzbuch
BGH	Bundesgerichtshof
BGHZ	Entscheidungen in Zivilsachen des Bundesgerichtshofes
BT	besonderer Teil
bzw.	beziehungsweise
DAR	Deutsches Autorecht
Diss.	Dissertation
DR	Deutsches Recht
DresdE	Dresdener Entwurf eines allgemeinen deutschen Gesetzes über Schuldverhältnisse (1866)
E. I	Erste Entwurf eines Bürgerlichen Gesetzbuchs für das Deutsche Reich (1887)
EoBKS	Erläuterungen des Obersten Volksgerichts zu einigen Fragen der Anwendung des Rechts bei der Behandlung von Fällen des Ersatzes von Körperschäden
f., ff.	folgende/r
Fn.	Fußnote
ggf.	gegebenenfalls
HaftpflG	Haftpflichtgesetz
HPflG	chinesisches Haftpflichtgesetz (2010)
Hrsg.	Herausgeber
i.S.d.	im Sinne des
i.V.m.	in Verbindung mit
JA	Juristische Arbeitsblätter

JhJb	Jherings Jahrbücher der Dogmatik des bürgerlichen Rechts
JR	Juristische Rundschau
Jura	Juristische Ausbildung
JuS	Juristische Schulung
JZ	Juristenzeitung
LG	Landgericht
LKW	Lastkraftwagen
LuftVG	Luftverkehrsgesetz
MDR	Monatsschrift für deutsches Recht
Mot.	Motive zu dem Entwurfe eines Bürgerlichen Gesetzbuches
MVG	Mittleres Volksgericht in der VR China („中级人民法院“)
NJW	Neue Juristische Wochenzeitschrift
NJW-RR	NJW Rechtsprechungsreport
Nr.	Nummer
NZV	Neue Zeitschrift für Verkehrsrecht
OLG	Oberlandesgericht
OVGH	Oberster Volksgerichtshof der VR China („最高人民法院“)
OVG	Oberes Volksgericht in der VR China („高级人民法院“)
PETL	Principles of European Tort Law
PKW	Personenkraftwagen
RG	Reichsgericht
RGZ	Entscheidungen des Reichsgerichts in Zivilsachen
Rn.	Randnummer
Rspr.	Rechtsprechung
S.	Satz/Seite
SchuldR	Schuldrecht
sog.	sogenannte(n)
StVG	Straßenverkehrsgesetz
u.a.	unter anderem/anderen
usw.	Und so weiter
UVG	Unteres Volksgericht in der VR China („基层人民法院“)
VersR	Versicherungsrecht
vgl.	vergleiche
Vol.	Volume
VVG	Versicherungsvertragsgesetz
z.B.	zum Beispiel
ZchinR	Zeitschrift für Chinesisches Recht
zsf	Zeitschrift für Schadensrecht

ZIS	Zeitschrift für Internationale Strafrechtsdogmatik
ZGB	Zivilgesetzbuch
ZGS	Zeitschrift für das gesamte Schuldrecht
ZPO	Zivilprozessordnung
ZR	Zivilrecht

A. Einleitender Teil

Die Haftung mehrerer Schädiger spielt im alltäglichen Rechtsleben eine wichtige Rolle. Insbesondere im Falle von Massenkarambolagen liegt eine vielfältige und uneinheitliche Rechtsprechung vor. Die Problematik liegt dabei besonders darin, dass die Schadensregulierung und die Schadensverteilung bei deliktischem Handeln mehrerer Personen nicht unter zwei, sondern unter mehreren Beteiligten erfolgt. Hinzu kommt das Sonderproblem der Nebentäterschaft. Das Risiko von Beweisproblemen und Unaufklärbarkeiten bei der Schadensverursachung ist bei Nebentäterschaft, also bei deliktischem Handeln mehrerer unabhängig voneinander, höher als bei Mittätern, die mit bewussten Zusammenwirken einen Schaden verursacht haben, weil der genaue Anteil der Mitverursacher des Schadens an der Gesamtschuld unklar und schwer zu beweisen ist. Diese Unsicherheit kann zulasten entweder der Schädiger oder des Geschädigten gehen, indem die Beteiligten jeweils nach bestimmten Kriterien einen Anteil des Gesamtschadens tragen, oder die Beteiligten werden zu einer solidarischen Haftungsgemeinschaft zusammengefasst.

Die Frage der Haftung mehrerer Schädiger ist insbesondere im Falle des mitwirkenden Verschuldens des Geschädigten problematisch. Inwieweit bleiben die Schädiger zum Schadensersatz verpflichtet, wenn der Geschädigte für sein Mitverschulden einstehen muss? Zu dieser Frage hat es in der Vergangenheit eine Fülle verschiedener Lösungsvorschläge gegeben.

Die vorliegende Arbeit befasst sich mit der Haftungsaufteilung unter den Nebentätern bei Mitverschulden des Geschädigten. Sie besteht hauptsächlich aus zwei Teilen. Der erste Teil behandelt zunächst die Haftung der Nebentäter gegenüber einem Geschädigten im deutschen und chinesischen Deliktsrecht. Der zweite Teil vertieft die Schadensverteilung unter den Nebentätern beim Mitverschulden des Geschädigten.

I. Nebentäter und Gesamtschuld

1. Nebentäterschaft in beiden Rechtssystemen

Sowohl in der geltenden Fassung des BGB, als auch im geltenden chinesischen Haftpflichtgesetz ist die Figur des Nebentäters nicht geregelt. Unter Nebentäterschaft werden die Fälle zusammengefasst, in denen mehrere an einer schädigenden Handlung beteiligte Personen ohne bewusstes Zusammenwirken einen

Schaden gemeinsam verursachen.[1] Dabei bleibt unbeachtet, dass der Beitrag der Schädiger am Schaden jeweils auf höchst unterschiedliche Art und Weise erfolgt sein kann. Der kausale Beitrag der einzelnen Schädiger kann sich auf den ganzen Schaden oder nur auf einen Teil beziehen. Er kann gleichzeitig oder zeitversetzt erfolgt sein. Außerdem kann der Gesamtschaden aus unabhängigen Teilschäden bestehen, verursacht durch die einzelnen Beiträge der Schädiger, oder die einzelnen Beiträge der Schädiger können jeweils erst die Schadenswirksamkeit der anderen Beiträge bedingen.

Im geltenden chinesischen Haftpflichtgesetz (Abkürzung: HPflG) sind Art. 11[2] und Art. 12 HPflG[3] die beiden Vorschriften, in denen der Fall eines von mehreren Schädigern durch unabhängig voneinander ausgeführte Handlungen verursachten Schaden geregelt ist. Wäre jede rechtsverletzende Handlung allein für den Schadenseintritt ausreichend oder nicht, gestaltet sich der Haftungsumfang jedes Täters dem Geschädigten gegenüber völlig unterschiedlich. Die verschiedenen unabhängigen Schädiger würden zudem möglicherweise nach Art. 12 HPflG eine Haftung entsprechend ihres konkreten Anteils am Gesamtschaden treffen oder die Anteile entfallen gleichmäßig auf die beteiligten Schädiger. Zu klären ist, ob diese Regelungen die Nebentäterschaft mitumfassen.

Im deutschen Deliktsrecht wird, wenn mehrere Ersatzpflichtige betrachtet werden, häufig geradezu reflexartig an „Solidarität" gedacht. Die Schuldnergemeinschaft haftet nach § 830 und § 840 BGB solidarisch. In früheren Zeiten ging es dementsprechend in der Diskussion über die Nebentäterschaft meist darum, inwieweit es ohnehin selbstverständlich ist, dass jeder der sogenannten Nebentäter dem Geschädigten gegenüber für den gesamten Schaden verantwortlich

1 Vgl. BGHZ 30, 203 (203 ff.) = NJW 1959, 1772 (1772 ff.); BGH VersR 1966, 524 (524 f.); BGH NJW 1994, 932 (932 ff.); *Ries*, AcP177 (1977), 543 (543 f.); *Keuk*, AcP 168 (1968), 175 (175 f.); *Lange/Schiemann*, Schadensersatz, 2003, §11 II 1; *Deutsch*, AllgHaftungsR, 1996, S. 340 f.; *Brambring*, Mittäter, Nebentäter und Beteiligte, 1973, S. 57 f.

2 Deutsche Übersetzung siehe: *Liu/Pißler*, ZchinR Bd. 17 Nr. 1 (2010). Art. 11: *Wenn mehrere Personen durch die getrennte Ausführung von rechtsverletzenden Handlungen denselben Schaden verursachen und dabei jede rechtsverletzende Handlung ausreicht, um den gesamten Schaden zu verursachen, so übernehmen die Handelnden die gesamtschuldnerische Haftung.*

3 Deutsche Übersetzung siehe: *Liu/Pißler*, ZchinR Bd. 17 Nr. 1 (2010). Art. 12: *Wenn mehrere Personen durch die getrennte Ausführung von rechtsverletzenden Handlungen den gleichen Schaden verursachen und sich der Umfang der Verantwortung (der einzelnen Personen) feststellen lässt, so übernimmt jede Person für sich die entsprechende Haftung; wenn sich der Umfang der Verantwortung (der einzelnen Personen) nicht feststellen lässt, so übernehmen sie die Haftung zu gleichen Teilen.*

sei, bzw. jeder die gesamtschuldnerische Haftung tragen sollte.[4] Im Falle der Haftung der Nebentäter lag der Streitpunkt also darin begründet, dass die getrennte ausgeführte Handlung von mehreren allein nicht zu dem Eintritt des ganzen Schadens geführt hat. Über den Standpunkt des Gesetzgebers im BGB zur Nebentäterschaft bestand Uneinigkeit.

Für den einzelnen Schädiger ist bei mehreren Ersatzpflichtigen eine Haftung für den gesamten Schaden nur dann angezeigt, wenn entweder ein besonderer Grund besteht, ihm die Tatbeiträge der anderen zuzurechnen[5], oder wenn der Gesamtschaden aufgrund seiner Beschaffenheit oder weil die Anteile der einzelnen Schädiger nicht mehr nachvollzogen werden können, nicht sinnvoll aufgeteilt werden kann[6]. Aus diesem Grund ist die gesamtschuldnerische Haftung bei mehreren Schädigern, ohne dass ein subjektives Zusammenwirken nachgewiesen werden kann, nicht selbstverständlich. Auch im deutschen Recht ist die Fortentwicklung der Anteilshaftung in Richtung auf eine Proportionalhaftung unter Ausnutzung der Potentiale des § 287 ZPO einer weiteren Ausdehnung des § 830 Abs. 1 S. 2 vorzuziehen.[7] Deshalb kommt die Gesamtschuld nicht als einzige Möglichkeit in Betracht, wenn es mehrere Verursacher eines Schadens gibt.

Die Frage nach der Verteilung der Schadenstragung muss im Wege der Rechtsfortbildung unter Abwägung der widerstreitenden Interessen beantwortet werden. Die Interessen können dabei jedoch nicht für sämtliche Schadenskonstellationen in gleicher Weise gegenübergestellt werden, sondern die Betrachtung muss an die jeweils vorliegende Art der Multikausalität angepasst werden. Im B-Teil werden die einzelnen Kausalitätsarten der schädigenden Handlungen ohne bewusstes Zusammenwirken detailliert unterschieden und so der Zusammenhang zwischen der einzelnen Handlung und dem Eintritt des Schadens unter verschiedenen Beiträgen verdeutlicht. Indem auf diese Weise die Kausalitätsarten systematisiert werden, können diese leichter den Regelungen des BGB und HPflG zugeordnet werden. Indem so ersichtlich wird, für welche Fälle jeder der Nebentäter dem Geschädigten gegenüber im Sinne der anteilmäßigen Haftung nach Art. 12 HPflG haftet und in welchen Fällen die Nebentäter in beiden Rechtssystemen gesamtschuldnerisch haften, lassen sich das chinesische

---

4 Vgl. *Keuk*, AcP 168 (1968), 175 (175ff.); *Brambring*, Mittäter, Nebentäter und Beteiligte, 1973, S. 57 ff.; *Ries*, AcP177 (1977), 543 (543ff.); *Selb*, Mehrheiten, 1984, S. 56; *Meier*, Gesamtschulden, 2006, S. 717 ff.

5 Bsp. Mittäter, Anstifter und Gehilfen nach § 830 Abs. 1, Abs. 2 BGB. Haftung für fremdes Handeln nach § 831 BGB.

6 Wird in B Teil II Kapitel deutlich erklärt.

7 *Bodewig*, AcP 185(1985), 505 (553 ff.); *Braun*, NJW 1998, 2318 (2320 f.).

Haftungsrecht und das deutsche BGB daraufhin vergleichen, inwieweit beide Gesetzestexte tatsächlich alle Fallgruppen erfassen.

2. Nebentäterschaft und alternative Kausalität nach § 830 Abs. 1 S. 2 BGB

Im deutschen Recht werden die verschiedenen potentiellen Schädiger im Sinne des § 830 Abs. 1 S. 2 BGB unter den Begriff „Beteiligte" gefasst. Da viele Urteile[8] und große Teile des Schrifttums[9] davon ausgehen, dass nur Nebentäter „Beteiligte" sein können, werden beide Begriffe von der herrschenden Meinung synonym verwendet, sodass die Beteiligten, für die im Sinne des § 830 Abs. 1 S. 2 BGB die Kausalitätsvermutung gilt, direkt als Nebentäter bezeichnet werden. Dem entgegen steht der Standpunkt, dass es Beteiligte gibt, die weder Mit- noch Nebentäter sind,[10] sodass es missverständlich wäre, im Kontext des § 830 Abs. 1 S. 2 BGB nur von Nebentätern zu sprechen. Aus diesem Grund war es bezüglich der solidarischen Haftung der Nebentäter zunächst sehr fraglich, ob es sich beim § 830 Abs. 1 S. 2 BGB um eine selbstständige Rechtsvorschrift für die Nebentäterschaft (als Rechtsgrundlage für die Haftung in den Nebentäterfällen) handelt. Schwierigkeiten bereitet auch die Art der Kausalität. Die heutige herrschende Meinung anerkennt, dass Abs. 1 S. 2 bei alternativer (Urheberzweifel) und kumulativer Kausalität (Anteilszweifel) eingreift.[11] Nur in einem Teil des Schrifttums[12] wird jedoch die Nebentäterschaft in zwei Varianten danach eingeteilt, ob der Beitrag der einzelnen Täter für das Zustandekommen des Schadens

8 BGH NJW 88, 1719; BGH 60, 178; NJW 73, 1283. BGH 101, 106; NJW 94, 932.

9 *Schellhammer*, Schuldrecht, 2018, § 20, Rn. 948.

10 Zur Nebentäter siehe *Brambring*, Mittäter, Nebentäter und Beteiligte, 1973, S. 57.

11 *Kruse*, Alternative Kausalität, 2006, § 7, S. 150; BeckOK BGB/Spindler (2019), § 830 Rn. 19. Flume ist der Ansicht, dass die Regelung über die Urheber- und Anteilszweifel (§ 830 Abs. 1 S. 2 BGB) nur auf Mittäter und Teilnehmer, nicht aber auf Nebentäter anzuwenden sind. Vgl. auch BeckOK/Johannes W. Flume (2018), BGB § 249 Rn. 297.

12 *Meier*, Gesamtschulden, 2010, S. 717; *Ries*, AcP 177 (1977), 543 (543 ff.); *Keuk*, AcP 168 (1968), 175 (183 f.); NK-BGB/*Christian Katzenmeier* (2016), § 830 Rn. 14; *Emmerich*, BGB-Schuldrecht, 13. Auflage (2012), § 26 Rn. 8 ff.: In dieser Auflage besteht die Nebentäterschaft aus alternativen und kumulativen Nebentätern. Dazu gehört auch der Beteiligte mit Anteilszweifel, weshalb § 830 Abs. 1 S. 2 auch auf diesen angewendet werden kann. In der 14. Auflage (2015) jedoch werden Nebentäter und Beteiligte deutlich voneinander abgegrenzt und auch der Anteilszweifel wird nicht mehr erwähnt. In 15. Auflage (2018) wird der Anteilszweifel im Kapitel über die Beteiligten behandelt.

ausgereicht hätte. Die eine Variante ist die alternative Verursachung, die andere die kumulative Verursachung. Meint der von § 830 Abs. 1 S. 2 BGB erfasste Beteiligte mit Anteilszweifel das Gleiche, wie der Nebentäter mit kumulativer Kausalität? Zudem: In welchem Verhältnis stehen die § 830 Abs. 1 S. 2 BGB und § 840 BGB zueinander? Diese Fragen werden in dem zweiten Teil Bezugnahme auf die Nebentäterschaft und Haftung als Nebentäte ausführlich erläutert.

3. Die Nebentäterschaft in Art. 12 HPflG des chinesischen Haftpflichtgesetzes

Die Vorschrift des Art. 12 HPflG umfasst nach dem Wortlaut zweifellos den Fall der Nebentäterschaft mit kumulativer Kausalität, in dem die einzelne Handlung eine notwendige aber keine ausreichende Bedingung für den Schaden ist. Wenn einzelne Handlungen Teilschäden verursachen, sich der Gesamtschaden aus diesen Teilschäden zusammensetzt, sich aber die Schadenanteile nicht einfach aufschlüsseln lassen, geht es offensichtlich nicht um kumulative Kausalität, sondern darum, dass der jeweilige Anteil des einzelnen Schädigers nicht klar festzustellen ist. Die Befürworter der Ansicht, die eine Teilschuld der Nebentäter aus Art. 12 HPflG heraus begründet, berücksichtigen nur die Situation, in der jeder der Nebentäter nur einen Teil des Schadens verursacht hat und die Schadensanteile weder bestimmt noch zugeordnet werden können. Dabei geht es um die Fallgruppe mit Anteilszweifeln, die, wie bereits beschrieben, unter der Vorschrift über Kausalitätszweifel § 830 Abs. 1 S. 2 BGB geregelt ist, während in China, ungeachtet der inhaltlichen Übereinstimmung von Art. 10 HPflG und § 830 Abs. 1 S. 2 BGB, Art. 12 HPflG Anwendung findet. So wird außer Acht gelassen, dass von der Vorschrift Art. 12 HPflG auch die Fälle erfasst werden, bei denen der Tatbeitrag jedes Einzelnen eine Conditio sine qua non für den eingetretenen Schaden ist, sodass die Argumente der Teilschuld bei additiven Kausalität irrtümlich auch für die Fälle der kumulativen Kausalität geäußert worden sind. Dieses Problem, ob eine Gesamt- oder Teilschuld den Nebentäter bei der kumulativen Kausalität treffen soll, zählt zu den zentralen Schwerpunkten dieser Arbeit.

II. Mitverschulden des Geschädigten: Forschungsstand

Der hier anschließende Schwerpunkt der Arbeit vergleicht die Haftungsbestimmungen des deutschen und des chinesischen Rechtssystems mit Blick auf die Frage, welche Auswirkungen es hat, wenn den Geschädigten ein Mitverschulden bei der Nebentäterschaft trifft. Der Geschädigte hätte dann selbst kausal zu seiner Schädigung beigetragen, indem ein bereits entstandener oder sich anbahnender Schaden durch sein Verhalten oder Unterlassen verschlimmert worden ist, oder er in der Lage gewesen wäre, durch eine Handlung den Schaden zu verringern und dieser Schadenminderungspflicht nicht nachgekommen ist. Ebenso ist es möglich, dass der Geschädigte durch sein Verhalten zur Schadensentstehung beigetragen hat.

In der gesamtschuldnerischen Haftung haften die verschiedenen Schädiger im deutschen Deliktsrecht bei der Nebentäterschaft im Außenverhältnis jeweils auf den gesamten Betrag.[13] Die Mitwirkung des Geschädigten an der Schadensentstehung bewirkt die Aufteilung des Schadens.[14] Im Vergleich dazu findet eine Abwägung der Verursachungs- und Verschuldensbeiträge der Schädiger oder die Haftung in gleichmäßiger Aufteilung auf die Personen der Schädiger nach Art. 12 HPflG nicht erst im Innenverhältnis statt, auch wenn ein Mitverschulden des Geschädigten vorliegt. In beiden Rechtsystemen wird jedoch die gleiche Frage geregelt: In welchem Umfang tragen die verschiedenen Schädiger im Falle des Mitverschuldens des Geschädigten die Schadensersatzpflicht, sei es nun, dass sie solidarisch oder selbstständig haften?

1. Forschungsstand in Deutschland[15]

In der deutschen Rechtsprechung und im deutschen Schrifttum wurde ein besonderer Weg bei der Anrechnung des Mitverschuldens bei der Nebentäterschaft beschritten und es ist ein vom Bundesgerichtshof (BGH) entwickelter Grundsatz, eine Kombination von Einzelabwägung und Gesamtschau vorzunehmen.[16] Diese Kombinationstheorie wurde ursprünglich darauf zurückgeführt, dass die Nebentäter sich die jeweiligen Beiträge zum Entstehen des Gesamtschadens nicht wechselseitig zurechnen lassen müssen.[17] Sie bewirkt, dass die Haftung

---

13 MüKoBGB/*Wagner* (2017), § 840 Rn. 1–4; Staudinger/*Vieweg* (2015), BGB, § 840 Rn. 3; Staudinger/*Looschelders* (2017), BGB, § 421 Rn. 85; Erman BGB/*Wilhelmi* (2017), § 830 Rn. 5; Thiele, JuS 1968, 149 (152); BGHZ 17, 214 (221); 30, 203 (208); 59, 97 (101).

14 MüKoBGB/*Oetker* (2019), § 254 Rn. 2.

15 *Dunz*, JZ 1955, 727 ff.; *ders* JZ 1959, 592 ff.; *ders.*, NJW 1964, 2133 ff.; *Koch*, NJW 1967, 181ff.; *Dubischar*, NJW 1967, 608 ff; *Reinelt*, Schadensverantwortlichkeit, 1969; *ders.*, JR 1971, 177 ff.; *Messer*, JZ 1979, 385 ff.; *Kirchhoff*, MDR 1998, 377 ff.

16 BGHZ 30, 203 (211f.) = NJW 1959, 1772 (1774f.); weiter BGHZ 61, 351 (354) = NJW 1974, 360; BGH VersR 1966, 752 (754); 1975, 255 (256 f.); BGH NJW 2006, 896 (897); anders wohl noch BGHZ 12, 213 (220) = NJW 1954, 875 (876); vorbereitend *Dunz*, JZ 1955, 727; *ders.*, JZ 1957, 377; *ders.*, JZ 1959, 592.

17 BGHZ 30, 203 (211 f.) = NJW 1959, 1772 (1774 f.).

anteilig gesamtschuldnerisch und anteilig allein von den jeweiligen Nebentätern getragen wird. Offensichtlich ist auf diese Weise die Anrechnung des Mitverschuldens bei einer unter den Nebentätern bestehenden Gesamtschuld anders als unter den Mittätern und Teilnehmern geregelt. Nach welchen Grundsätzen die Schadensquoten auf der Grundlage der Kombinationstheorie im Einzelnen zu berechnen sind, ist umstritten. Dass ferner das Insolvenzrisiko bei der Haftungsabwägung im weiteren Verlauf berücksichtigt werden muss, verkompliziert die ohnehin bereits komplexen Berechnungsmodelle noch zusätzlich. Ein solcher Komplexitätsgrad würde auch Instanzgerichte überfordern und in einigen heutigen Urteilen werden etwa der Schadenbeitragsgrad des Geschädigten in Bezug auf das Geschehen des ganzen Unfalls mit der Einzelabwägungsquote verwechselt.[18] Liegt der Berechnung ein Zwei-Personen-Verhältnis zugrunde, kann der Schädiger sich gegenüber dem Geschädigten auf dessen Mithaftung berufen, woran oft eine überzeugende Quotenbildung scheitert.[19] Folge ist, dass die Verknüpfung von Einzel- und Gesamtbetrachtung, die prima facie besteht, in der Rechtspraxis keine Beachtung findet.[20]

Die Betrachtung der Kombination von Gesamtschau und Einzelabwägung hat gerade gezeigt, dass das Mitverschulden des Geschädigten anders als bei der solidarischen Haftung (gemeinsames Verschulden und Zusammenwirken) hier besonders behandelt wird. Der einzelne Nebentäter ist anders als Mittäter und Teilnehmer gerade nicht für den Tatbeitrag seines Nebenmannes verantwortlich, weshalb diese besondere Art der gesamtschuldnerischen Haftung bei der Nebentäterschaft erforderlich ist. Eine weitere Besonderheit ist, dass die Kombinationsmethode allerdings in zwei Fällen wieder ausscheidet: Beim Schmerzensgeldanspruch und beim Nebentäterfall mit Haftungseinheit.[21] Indem diese Kette spezifischer Konzeptionen in Bezug auf die Behandlung des Mitverschuldens in Nebentäterfällen besteht, ist es umso wichtiger die Gewährleistung einer angemessenen Schadensverteilung in Nebentäterfällen wissenschaftlich zu untersuchen.

---

18 Vgl. BGH NJW 2006, 896; LG Kassel 08.03.2013. Die beiden Urteile werden in C Teil weiter dargestellt.

19 *Lange/Schiemann*, Schadensersatz, 2003, §10 XIII 3, S. 633; Staudinger/*Vieweg* (2015), BGB, § 840 Rn. 43–47.

20 *Koch*, NJW 1967, 181 (182); *Otzen*, VersR 1997, 808 (809); *Brambring*, Mittäter, Nebentäter und Beteiligte, 1973, S. 170; *Selb* JZ 1975, 193 (193f.); *Eibner*, JZ 1978, 50 (50f.).

21 *Dunz*, NJW 1968, 679 ff.; *Hartung*, VersR 1979, 97 ff.; HK-BGB/*Ansgar Staudinger* (2019), § 840 Rn. 12; Staudinger/*Vieweg* (2015), BGB, § 840 Rn. 37–39; auch vgl. *Roth*, Haftungseinheiten, 1982.

2. Forschungsstand in China

Die Frage der Haftungsverteilung im Nebentäterfall mit einem Mitverschulden des Geschädigten wurde im chinesischen Recht bislang nicht diskutiert.[22] Insofern betritt diese Arbeit, die eigentlich eine Rechtsvergleichende ist, auch hier Neuland. Wie bei der Prüfung der veröffentlichen Urteile chinesischer Gerichte im Beobachtungszeitraum zwischen 1990 und 2017 festgestellt werden konnte, gibt es auch in der Rechtsprechung bei der Anwendung der Vorschrift und in der Art der Schadensaufteilung keine systematische und deutliche Theorie. Eine herrschende Meinung konnte so nicht entstehen. Außerdem befindet sich das Verteilungsverfahren noch in der Phase eines „spontanen Empirismus". Die überwiegende Mehrheit der in den Urteilen vertretenen Auffassungen nimmt eine Gesamtabwägung an; der Gesamtschaden wird um das Mitverschulden reduziert und danach erst der zu ersetzende Haftungsanteil festgesetzt.

Es stellt sich nun die Frage, ob die in China praktizierte Teilschuldlösung insbesondere bei der Nebentäterschaft mit einem mitverantwortlichen Geschädigten nicht bestimmte Vorteile bietet, da die Kombinationsmethode im Endeffekt das Verhältnis der einzelnen Haftungsanteile der Beklagten umkehrt, wobei zusätzlich bezüglich der Prozessökonomie zu berücksichtigen ist, dass Haftungsaufteilung, Schadensreduktion und Innenausgleich innerhalb des Prozesses stattfinden würden. Erwähnenswert sind aber auch, nach welchem Maßstab die Haftungsverteilung der Nebentäterfälle mit der Teilschuldlösung durchgeführt werden? Sind die Abwägungskriterien der Haftungsverteilung dieselben, unabhängig davon, ob der Geschädigten für die Schadensentstehung mitverantwortlich ist oder nicht. Gibt es im Vergleich zu dem deutschen Recht die sonstigen Umstände als Abwägungselemente, die in der Quotenbildung eine wichtige Rolle spielt, damit der Schadensersatzanspruch des Geschädigten ohne die sämtlichen Vorteile der Gesamtschuld gewährleistet werden könnte. Außerdem darf man auch nicht übersehen, welchem Nachteile bringt diese Gesamtabwägung mit Teilschuld im Gerichtsverfahren, ob die Durchführung der anteiligen Haftungsverteilung gerechtfertigt ist?

Gleichzeitig kann die Teilschuldlösung wieder aufgegriffen werden, da in der chinesischen Rechtspraxis von der Insolvenzrisikobelastung bei der Schadensverteilung überhaupt nicht gesprochen wird. Dem Ersatzberechtigten gegenüber muss sich der Regressschuldner schließlich als solvent genug erweisen, um den Ausgleichsanspruch tatsächlich befriedigen zu können. Im deutschen

22 Dazu vgl. *Wang, Zhu* (王竹), in: Law und Business, 06/2010; *Li, Zhongyuan* (李中原): in: Law und Business, 01/2016.

Rechtssystem kommen verschiedenen Lösungswege in Betracht, um eine dem Gewicht seines Verursachungsbeitrags entsprechende Beteiligung des Geschädigten am Insolvenzrisiko der Mitschädiger zu verwirklichen, weil die von § 840 Abs. 1 BGB intendierte Begünstigung des Geschädigten dazu führt, dass die Schädiger immerhin an dem Ausfallrisiko des Geschädigten beteiligt sind. Da aber der Geschädigte für den Eintritt des Schadens mitverantwortlich ist, bleibt zu klären, ob diese Begünstigung bei mehreren Schädigern gerechtfertigt ist.

Im chinesischen Recht ist die Besonderheit zu beachten, dass hinter den Schädigern meist keine obligatorische Haftpflichtversicherung steht, sodass der Verletzte in vielen Fällen nicht den vollen Schadensersatz erlangt. Deshalb hat die Verteilung des Insolvenzrisikos im chinesischen Recht eine größere Bedeutung als im deutschen Recht und die persönliche Zahlungsfähigkeit der Nebentäter ist als ein wichtiges Element zu berücksichtigen. Die Verteilung des Insolvenzrisikos wird im chinesischen Deliktrecht tatsächlich dann nicht diskutiert, wenn der Geschädigte ohne eigenes Mitverschulden die Nebentäter als Teilschuldner verklagt. Es fragt dann sich, ob der Schutzzweck, den Geschädigten gegenüber den Schädigern zu begünstigen, bei kumulativen Kausalität oft leerläuft und neue durchdacht werden sollte. Die Risikoverteilung ist dabei das entscheidende Kriterium zum grundlegenden Verständnis der Schadensaufteilung zwischen Schädiger und Geschädigten.

Die Vorschrift über das Mitverschulden des Geschädigten umfasst nach dem Wortlaut des Art. 26 HPflG[23] nur Mitverschulden bei der Schadensentstehung und greift bei der Obliegenheit zur Schadensabwendung und Schadensminderung nicht ein. Ist aber eine Abwägung der wechselseitigen Verantwortungsbeiträge nicht geboten, wenn der Beitrag des Geschädigten den Schadenseintritt überhaupt erst ermöglicht oder einen entstandenen Schaden vergrößert hat, oder handelt es sich nur um eine Frage der Schadensersatzbemessung?

---

23 Deutsche Übersetzung siehe: *Liu/Pißler*, ZchinR Bd. 17 Nr. 1 (2010). Art. 26: *Trifft auch den Geschädigten ein Verschulden am Schadenseintritt, kann auch die Haftung des Schädigers gemindert werden.*

B. Haftung der Nebentäter

Im deutschen Haftpflichtrecht wird bei mehreren Ersatzpflichtigen vorrangig an „Solidarität" gedacht. Die Schuldnergemeinschaft haftet nach § 830 und § 840 des heutigen geltenden BGB im Allgemeinen solidarisch. Teilschuld besteht dagegen schon seit langer Zeit im chinesischen Haftpflichtrecht in den Fällen, in denen mehrere Personen ohne bewusstes Zusammenwirken einen Schaden verursacht haben. In diesem Kapitel geht es hauptsächlich um die normative Verankerung der Nebentäterschaft. Dabei liegt der Schwerpunkt auf der Haftung mehrerer Schädiger ohne bewusstes Zusammenwirken gegenüber dem Geschädigten im deutschen und chinesischen Haftpflichtrecht.

I. Definition der Nebentäterschaft

Nebentäterschaft lässt sich zunächst nicht eindeutig definieren. In der geltenden Fassung des BGB ist sie nicht ausdrücklich geregelt. Die Definition im Strafrecht wurde auch im Zivilrecht angewendet. Die Delikte der Mehrtäterschaft sind im Allgemeinen in drei Beteiligungsformen aufgeteilt: Mittäter, Beteiligte und Nebentäter.[24] Die Regeln über die Verantwortlichkeit mehrerer Schädiger haben eine lange Tradition, die in ihren Grundzügen bis auf das römische Recht zurückreicht. In der langjährigen intensiven Diskussion über die subjektiven Voraussetzungen der Mittäter hat der BGH die sognannte „fahrlässige Mittäterschaft" mit Recht verneint.[25] Die Mittäterschaft lässt sich durch das Kriterium des bewussten Zusammenwirkens eingrenzen. Dadurch werden die übrigen Fallgruppen mit mehreren Schädigern entweder unter der Vorschrift für Beteiligte erfasst oder unter dem Gesichtspunkt der fahrlässigen Nebentäterschaft berücksichtigt.[26]

---

24 MüKoBGB/*Wagner* (2017), § 840 Rn. 24 ff.; vgl. *Brambring*, Mittäter, Nebentäter und Beteiligte, 1973, S. 1 ff.; *Bydlinski*, AcP 158 (1959/60), 410 (410 ff.).

25 BGHZ 8, 288 (292) = NJW 1953, 499 (500); BGHZ 30, 203 (206) = NJW 1959, 1772 (1773); BGHZ 61, 351 (354) = NJW 1974, 360 (361); BGH NJW 1974, 1086 (1087); 1964, 243 (244); 1967, 471 (473); 1988, 1719 (1720); OLG Düsseldorf NJW-RR 1995, 281 (282); OLG Schleswig MDR 1983, 1023(1024); *Brambring*, Mittäter, Nebentäter und Beteiligte, 1973, S. 50; Soergel/*Krause* (2005), BGB, Rn. 6; BeckOK BGB/*Spindler* (2019), § 830 Rn. 8. zum Strafrecht, BGHSt 37, 106 = NJW 1990, 2560 (2566); eingehend *Puppe*, GA 2004, 129 (129 ff.).

26 MüKoBGB/Wagner (2017), § 830 Rn. 18–19.

Deshalb unterscheidet sich die sogenannte Nebentäterschaft als eine Variante der Mehrtäterschaft unstrittig von der Mittäterschaft. Die Nebentäter verletzen unabhängig voneinander jeder für sich das geschützte Rechtsgut. Man fasst unter diesem Tatbestand alle Fälle zusammen, in denen mehrere Schädiger ohne bewusstes Zusammenwirken durch eine schädigende Handlung einen Schaden verursacht haben. Nach der herrschenden Meinung wird die Nebentäterschaft vom BGB bei der gesamtschuldnerischen deliktischen Haftung gemäß § 840 BGB als dogmatische Kategorie vorausgesetzt.[27]

Im chinesischen Zivilrecht gibt es keinen solchen spezifischen Begriff. Den Ausdruck „Nebentäter" kennt das chinesische Gesetz ebenfalls nicht. Für die Definition der Mehrtäterschaft bestehen wie in Deutschland verschiedene Ansichten. Die Mindermeinung behauptet, dass die Mehrtäterschaft im Haftungsrecht nicht alle Situationen mit mehreren Schädigern regelt, sondern nur die Fälle mit einer sehr komplizierten Multikausalität umfasst.[28] Nach der Haftungsform besteht die Mehrtäterschaft aus mehreren Schädigern mit solidarischer Haftung und mit Teilschuld. Die Schädiger, die solidarisch haften, nennt man auch Mittäter.[29] In den Rechtsprechungen und im Schrifttum wurden die restlichen Fälle mit mehreren Schädigern einfach „mehrere Täter ohne bewusste Mitwirkung" genannt.[30] Die Vorschriften für die Haftung der Mehrtäterschaft wurden danach unterschieden, ob die verschiedenen Täter mit oder ohne gemeinschaftlichem Vorsatz oder gemeinschaftlicher Fahrlässigkeit gehandelt haben.

1. Von Mittäterschaft abzugrenzende Nebentäterschaft

Täter ist nach deutschem Recht schließlich auch, wer einen Tatbestand unabhängig vom Handeln eines Dritten verwirklicht oder zu verwirklichen droht

27 Etwa BGHZ 30, 203; BGH VersR 1966, 524; BGH NJW 2006, 896; *Larenz*, SchuldR I, 1987, §37 I, Fn. 13; *Selb*, Mehrheiten, 1984, S. 56; *Deutsch*, AllgHaftungsR, 1996, Rn. 501; *Ries*, AcP 177 (1977), 543 (545f.); Erman BGB/*Ehmann* (2017), § 421 Rz. 6; *Brüggemeier*, Haftungsrecht, 2006, § 4, S. 185.

28 Vgl. *Cheng, Xiao (程啸)*, Delikthaftpflichtgesetz, S. 238.

29 Vgl. *Wang, Cheng (王成)*, Haftpflichtgesetz, 2014, S. 110.

30 Vgl. *Chen, Zhihui* (陈枝辉), Traffic Accidents, 2015, S. 41; *Xiao, Rongyuan* (肖荣远), Gedankengang bei Zivilfällen, 2016, Fälle 44, 45, 46; *Wang, Liming/Xi, Xiaoming* (王利明/奚晓明), Anleitung zur Umsetzung des Haftpflichtgesetzes, 2010, S. 45; UVG Beijing Chaoyang, Urteil (2010) – C 25901 [北京朝阳区人民法院 (2010) 朝民初字第 25901 号民事判决]； Nr. 3 MVG Beijing, Urteil (2014) – S 06126 [北京市第三中级人民法院 (2014) 三中民终字第 06126 号民事判决].

und so als Nebentäter handelt.[31] Die Entstehung des Schadens ist auf Ursachen zurückzuführen, die von verschiedenen, sachlichen und zeitlich voneinander völlig unabhängig handelnden Personen ausgehen. Sie werden erst durch den Schaden, also nachträglich, miteinander verbunden.

In der Rechtsprechung besteht die Meinung[32], dass Nebentäterschaft lediglich durch das Zusammentreffen mehrerer Schadenshandlungen, die den Schaden adäquat verursacht haben, entsteht. Es ist dabei unerheblich, ob die Handlungen aus Vorsatz oder Fahrlässigkeit getätigt wurden. Wichtig ist, dass alle Täter nicht gemeinsam bzw. gemeinschaftlich ihre Handlungen vorgenommen haben.

2. Bedingungen der Nebentäterschaft

Was die Darstellung über Nebentäter betrifft, so werden außer der Unabhängigkeit im Schrifttum noch andere Bedingungen festgelegt. Der Schaden darf sich nicht teilen lassen (einheitlicher Schaden oder nicht lediglich abgrenzbare Teilschäden), die Schadensanteile können den einzelnen Tätern nicht eindeutig zugewiesen werden,[33] der Tatbeitrag jedes Einzelnen ist eine Conditio sine qua non für den Schadenseintritt,[34] die Kausalität der verschiedenen Verursachungsbeiträge kann nicht festgestellt werden.[35]

a) Begriff der „Gemeinschaftlichkeit“

Der zentrale Unterschied der Nebentäterschaft zum Mittäterbegriff liegt darin, dass die Gemeinschaftlichkeit des Wollens nicht vorausgesetzt wird. „Gemeinschaftlichkeit“ bedeutet, dass es eine innere Verbindung der Täter in subjektiver Hinsicht gibt, sie also eine vereinigte, organisierte Gruppe sind. Jeder Täter sollte mit eigenem Willen aufgrund eines gemeinsamen Tatplans handeln und neben der Kenntnis der Tatumstände wenigstens in groben Zügen den Willen

---

31 *Harte-Bavendamm/Henning-Bodewig* (2016), UWG, Rn. 366.

32 BGHZ 30, 203 [206] = NJW 1959, 1772 (1774); BGH NJW 1988, 1719 (1719 f.); OLG Düsseldorf BeckRS 2015, 05046; NJW-RR 1995, 281 (282); jurisPK-BGB/*Reichold* (2017), § 830 Rn. 4.

33 *Keuk*, AcP 168 (1968), 175 (183ff.); BGHZ 204, 114 Rn. 45 = GRUR 2015, 467; RGZ 96, 224 (225); BGHZ 17, 214 (221) = NJW 1955, 1314; BGH NJW 1988, 1719 [1720]; *Brambring*, Mittäter, Nebentäter und Beteiligte, 1973, S. 57; NK-BGB/*Katzenmeier* (2016), § 830 Rn. 3; Soergel/Krause (2005), BGB, § 830 Rn. 3; unter Einengung auf deliktisches Handeln: Staudinger/*Vieweg* (2015), BGB, § 840 Rn. 19. BeckOK BGB/*Johannes W. Flume* (2018), § 249 Rn. 298.

34 MüKoBGB/*Wagner* (2017), § 840 Rn. 1 f.

35 HK-BGB/*Ansgar Staudinger* (2019), § 830 Rn. 2; BeckOK BGB/*Johannes W. Flume* (2018), § 249 Rn. 298.

haben, seine eigene Handlung mit den Handlungen der anderen auszuführen.[36] Der Tatbeitrag der anderen Täter wird nicht nur als Kausalfaktor in den Zurechnungszusammenhang aufgenommen, sondern auch dem jeweiligen Täter als sein eigenes Unrecht so zugerechnet, als hätte er selbst gehandelt.[37] Schuldhaftes Handeln jedes Täters ist nicht nötig. Selbst wenn der gemeinsame Wille nicht auf den vollen Schadenserfolg, sondern auf eine Rechtsverletzung gerichtet war, und die einzelnen Tatbeiträge für den eingetretenen Schaden konkret bedeutsam waren, ist ein gemeinschaftlicher Vorsatz zu bejahen.[38]

In einer frühen Entscheidung des Reichsgerichts[39] und zeitgenössischen Publikationen[40] wurde die Ansicht vertreten, dass Mittäterschaft auch vorliegt, wenn nur ein tatsächliches Zusammenwirken der Handlungen vorliegt, ohne dass dieses Zusammenwirken beabsichtigt wäre. Nach dieser Ansicht gibt es vermeintlich keine klaren Unterschiede zwischen Mittäterschaft und Nebentäterschaft. Die Diskussion um die Nebentäterschaft wurde durch zwei Grundsatzurteile des BGH erneut in Bewegung gebracht.[41] Der Senat verneinte, dass auf einen Fall der sogenannten fahrlässigen Nebentäterschaft die die Mittäterschaft geregelte Vorschrift anzuwenden ist. Indem er die Mittäterschaft als eine gemeinschaftliche, mit Vorsatz begangene unerlaubte Handlung definierte, grenzte er sie von der Nebentäterschaft ab.[42] Die selbstständigen Einzelhandlungen der Nebentäter wirken aufgrund des örtlichen und zeitlichen Zusammenhangs nur zufällig zusammen.

b) Einheitlicher Schaden

Aus dem Wortlaut der Nebentäterdefinition werden im Allgemeinen „derselbe Schaden“, „der gleiche Schaden“, „einheitlicher Schaden“ oder „Gesamtschaden“ benutzt. Wenn die verschiedenen Tatbeiträge der Täter zu zwei oder mehr separaten verschiedenen Schäden führen, so liegt die notwendige Schadensidentität nicht vor.

---

36 BGH VersR 2012, 1038 Rn. 17 = NJW 2012, 3177; BGH VersR 2004, 1273 (1275).

37 *Puppe*, ZIS 2007, 234 (234 ff.); RGSt 58, 279; 63, 101 (103); 66, 236 (240).

38 *Bydlinski*, AcP 158 (1959/1960), 410 (428).

39 RGZ 58, 357 (359).

40 *Oertmann*, Recht der Schuldverhältnisse, 1910, § 830 Anm. 2; *Liszt*, Deliktsobligationen, 1898, S. 74 ff.

41 BGHZ 30, 203 = NJW 1959, 1772; BGHZ 54, 282 = NJW 1971, 33.

42 Palandt BGB/*Sprau* (2019), § 830 Rn. 3; MüKoBGB/*Wagner* (2017), § 830 Rn. 18–19.

Über die Definition des sogenannten einheitlichen Schadens gibt es jedoch keine Übereinstimmung. In der Literatur wird darauf hingewiesen, dass der einheitliche Schaden entweder seiner Natur nach oder aus praktischen Erwägungen heraus unteilbar sein kann. Eine alternative Sichtweise argumentiert von der Kausalität her, sodass, wenn jeder Beitrag Conditio sine qua non für den Gesamtschaden ist, ein Einheitsschaden besteht.[43] Dem ist die Ansicht entgegengetreten, dass bereits die Kriterien zur Annahme eines einheitlichen Schadens auf einem irrationalem Fundament ruhen, da ein Richter, der nach dem Verschuldensgrad die Haftung aufteilt, auch die kausale Ursächlichkeit der verschiedenen Beiträge zum Gesamtschaden aufteilen könnte.[44] Ist ein einheitlicher Schaden also eine Voraussetzung für das Vorliegen der Nebentäterschaft? Da der Schaden durch die vereinigten Kausalketten erst entstanden ist, die anfänglich getrennt verlaufen sind, könnte es jedenfalls sein, dass das Endergebnis aus verschiedenen abgrenzbaren Teilschäden besteht. Hintergrund des Erfordernisses eines einheitlichen Schadens ist zunächst, dass ansonsten keine Gesamtschuld bei der Nebentäterschaft anzunehmen ist. Damit berührt sich freilich die Frage mit der, welche anteilige Haftung die Schädiger trifft. Wenn ein abgrenzbarer Teil des Schadens konkret auf die Handlung eines einzelnen Nebentäters zurückgeführt werden kann, empfiehlt es sich daher, nicht die Nebentäterschaft zu verneinen, sondern dies erst bei der Haftungsteilung unter den Nebentätern zu berücksichtigen. Damit ist nicht die Einheitlichkeit des Schadens, sondern zu prüfen, ob es zwischen dem Schaden und allen eigenständigen Handlungen einen Kausalzusammenhang gibt. Selbst wenn diese Kausalität nicht nachgewiesen werden kann und nur eine potentielle Kausalität besteht, könnte der Schaden entweder durch Zusammenwirken aller Handlungen entstanden sein, oder durch einige abgrenzbare Handlungen bestehen. Nicht der Schaden, sondern der einheitliche Ursachenverlauf ist entscheidend. Die Handlungen mehrerer Schädiger führen zu einem einheitlichen unfallursächlichen Umstand, beziehungsweise die Ursachenbeiträge der Schädiger wirken sich in einem Ursachenverlauf zusammen aus, ohne dass eine gemeinsame Tatbeitragseinheit von mehreren Schädigern, also Anstiftern und Gehilfen, vorliegt.

---

43 Restatement (Third) of Torts: Apportionment of Liability §7. Comment e. (2000), hier zitiert nach *Ye, Jinqiang* (叶金强), in: China Legal Science, 01/2010.

44 Michael P. Addair, A Small step forward: An Analysis of West Virginia's Attempt at Joint and Several Liability reform, 109 W. Va. L. Rev. 831, hier zitiert nach *Ye, Jinqiang* (叶金强), in: China Legal Science, 01/2010.

In einem fiktiven Fall werfen A, B und C jeweils einen Stein unabhängig voneinander gegen die Fenster des Hauses des Geschädigten. Im Glasfenster entstehen dadurch drei Löcher. Handelt es sich hier nun um einen einheitlichen Schaden, oder um drei Schäden, da jedes Loch A, B und C jeweils durch die isolierte Handlung eines Beteiligten verursacht worden wäre? Wenn zwei zeitlich einander folgende selbstständige Unfälle (mit einem Abstand von beinahe einem Jahr) einen Dauerschaden verursachen, haften nach der Rechtsprechung des BGH die Schädiger als Gesamtschuldner mangels abgrenzbarer Schadensteile für den Gesamtschaden.[45] Sind diese beiden Schädiger Nebentäter? Wenn ein einheitlicher Schaden als Voraussetzung gilt, würde dieser Fall nicht in die Nebentäterschaft einbezogen, denn in seinem Urteil ist der BGH davon ausgegangen, dass die Vorschrift § 830 Abs. 1 S. 2 BGB dann nicht in Betracht kommt, wenn es an einer Beteiligung mehrerer Schädiger im Rahmen eines einheitlichen Ereignisses fehlt. Damit ist es jedoch nicht mehr möglich, Fälle zu adressieren, bei denen etwa die Handlung des zweiten Schädigers den Schaden aus dem ersten Unfall verschlimmern würde.[46] Probleme bereiten auch Fälle, in denen der Geschädigte eines Verkehrsunfalls durch einen einmaligen Stoß, verursacht durch die sukzessive Kollision dreier Verkehrsbeteiligter, an verschiedenen Körperteilen verletzt wurde, wenn es unklar ist, welcher Teil welchem Schädiger zurechenbar ist.

Aus den obengenannten Gründen ist ein sogenannter einheitlicher Schaden keine Voraussetzung der Nebentäterschaft.

3. Kausalitätsformen der Nebentäterschaft

Die Nebentäterschaft wird in der Literatur in unterschiedlichen Typen behandelt, weil bei einer Gruppe von Schädigern jeweils verschiedene Kausalitätsformen in der Schädigungskonstellation auftreten. Der kausale Beitrag der Schädiger kann sich auf den ganzen oder auf einen Teil des Schadens beziehen; er kann gleichzeitig oder zeitversetzt verursacht worden sein; die Beiträge können gegenseitige

45 BGH NJW 2002, 504.

46 *Emmerich*, BGB-Schuldrecht, 15. Auflage (2018), § 26 Rn. 5 f., S. 340. Emmerich hat einige Beispiele der Nebentäterschaft aufgezählt. Wenn beispielsweise die Erkrankung einer Person auf dem Zusammenwirken der Arzneimittel verschiedener Hersteller beruht [BGH, LM Nr. 191 zu § 823 (Dc) BGB = NJW 1994, S. 932 = JuS 1994, S. 609 Nr. 5.], wenn mehrere Kinder unabhängig voneinander in demselben Gebäude Feuer legen [BGH, LM Nr. 27 zu § 830 BGB = NJW 1988, S. 1719.]. Auch der Dauerschaden durch zwei zeitlich nacheinander erfolgte Verkehrsunfälle kann hier als Beispiel angeführt werden.

Bedingung für den Schadenseintritt sein oder zu getrennten Teilschäden führen. Die unterschiedlichen Fallkonstellationen nebentäterschaftlichen Handelns sollen zuerst systematisch eingeordnet werden.

Meier vertritt die Ansicht, dass alternative Verursachung und kumulative Verursachung heute als zwei Hauptformen von Nebentätern im deliktischen Bereich anerkannt sind.[47] Der Begriff des Nebentäters mit alternativer Verursachung meint, dass der Beitrag jedes einzelnen Täters ausgereicht hätte. Kumulative Verursachung bedeutet, dass der Erfolg nur im Zusammenwirken aller Kausalbeiträge entstehen konnte. Brüggemeier hingegen bezeichnet Nebentäterschaft als Multikausalität, die drei Typen der Kausalität umfasst: alternative, komplementäre (oder kumulative) und additive Kausalität.[48] Wenn man nach der oben ausgeführte Bedingung „nicht gemeinschaftlich, sondern unabhängig voneinander zu einem einheitlichen unfallursächlichen Umstand führend" die Nebentäterschaft definiert, sollten von dem Begriff die aus ihm folgenden Möglichkeiten bzw. Arten erfasst werden, auf die der Schaden von den zusammentreffenden Handlungen mehrerer Personen verursacht worden sein kann.

Die Benennung der einzelnen Kausalitätsarten wird im Schrifttum sehr uneinheitlich vorgenommen. Einige Autoren fassen notwendig koinzidierende Kausalität und kumulative Kausalität als komplementäre Kausalität, die kumulative Kausalität als additive oder potenzierende Kausalität.[49] Einige Juristen[50] betrachten die Fälle kumulativer Kausalität nach Art. 12 HPflG als konkurrierende Kausalität.

a) *Alternative Kausalität*

Bei der alternativen Kausalität ist der ganze Schaden nur durch einen von mehreren Akteuren verursacht worden. Von welchem Akteur er verursacht worden ist, ist jedoch ungeklärt. Alle Täter kommen alternativ als Schädiger in Betracht.

---

47 *Meier*, Gesamtschulden, 2010, S. 717 f.

48 *Brüggemeier*, Haftungsrecht, 2006, S. 185 ff.

49 *Hager*, NJW, 1991, 134 (139); Brüggemeier betrachte komplementäre Kausalität als kumulative Kausalität, vgl: Brüggemeier, Haftungsrecht, 2006, S. 186; *Weckerle*, Die deliktische Verantwortlichkeit mehrerer, 1974, S. 90 ff.; *Lange/Schiemann*, Schadensersatz, 2003, § 3 XII 1, S. 156. Zu den verschiedenen Bezeichnungen jeweils mit zahlreichen Nachweisen vgl. *Lange/Schiemann*, Schadensersatz, 2003, § 3 XII 1, S. 156, Fn. 473.

50 *Liang, Huixing* (梁慧星), in: Juristen Form, 02/2012; *Forschungsgruppe des Obersten Volksgerichtshofs zum Haftpflichtgesetz* (最高人民法院侵权责任法研究小组), Verständnis und Anwendung des chinesischen Haftpflichtgesetzte, 2016, S. 94.

Voraussetzung ist, dass sie am Vorgang, der zum Schadenseintritt führte, beteiligt waren[51]. Es steht fest, dass der Schaden entweder auf dem Verhalten des A oder auf demjenigen des B beruht, doch ist nur ein Schaden entstanden. Bei einer solchen Fallkonstellation ist auch eine Verknüpfung der verschiedenen Personen, etwa in Form der Kenntnis des anderen Tatbeitrags, nicht vorausgesetzt.[52] Sie haben immer die Möglichkeit nachzuweisen, dass sie den Schadenseintritt nicht verursacht haben.

Die frühere Rechtsprechung[53] erfordert einen in zeitlicher und räumlicher Hinsicht einheitlichen Vorgang, weil bei aufeinanderfolgenden Gefährdungshandlungen der Schaden bereits durch eine frühere Handlung verursacht sein könnte, während sich die späteren Handlungen gar nicht mehr auf den Schaden auswirken. Ist die Kausalität zwischen der ersten Rechtsverletzung und dem Schaden beweisbar, so ist das Bestehen eines zum Schadensersatz führenden Rechtsverhältnisses bewiesen. Allerdings gibt es Möglichkeit, dass, wenn eine frühere Handlung den Schaden nicht bereits verursacht hätte, die zeitlich späterfolgenden Handlungen auch den Geschädigten gefährdet hätten. Zumindest aber dürfen zwischen den einzelnen Handlungen keine größeren Zeiträume liegen,[54] da sich ansonsten zweifelsfrei feststellen ließe, wessen Handlung zum Schaden geführt hat und sich so der eigentliche Schädiger identifizieren ließe. Es ist dann logisch und vorstellbar, dass eine derartige Beweisnotlage des Geschädigten erklären zu lassen scheint, wenn die Handlungen zu verschiedenen Zeiten und an verschiedenen Orten zu ein und demselben Schaden führen.[55]

b) Konkurrierende Kausalität

In den Fällen der konkurrierenden Kausalität wirken zwei oder mehrere Handlungen gleichzeitig oder nebeneinander, wobei der Beitrag jeder Handlung, ohne mit den anderen Handlungen zusammenzuwirken, für die Verursachung

---

51 Palandt/*Sprau* (2019), § 830 Rn. 7; BeckOK BGB/*Spindler* (2019), § 830 Rn. 19ff.; Staudinger/*Eberl Borges* (2018), BGB, § 830 Rn. 67 ff.

52 BGHZ 33, 286 (292) = NJW 1961, 263 (264); BGH NJW 1960, 862 (863); VersR 1967, 999; NJW 2015, 3522 Rn. 11; OLG Köln MDR 1982, 408 f.; *Bauer*, JZ 1971, 4 (7); *Deubner*, NJW 1961, 1013; *Brambring*, Mittäter, Nebentäter und Beteiligte, 1973, S. 88 ff.; *Deutsch*, AllgHaftungsR, 1996, Rn. 523; ders., JZ 1972, 105 (106 f.); *Jung*, AcP 170 (1970), 426 (427); *Lauenstein*, NJW 1961, 1661 (1662).

53 Vgl. RGZ 58, 357 (361); 96, 224 (226); BGHZ 25, 271 (274) = NJW 1957, 1834 (1835); 33, 286 (291 f.) = NJW 1961, 263 (264)m. Anm. *Deubner*, NJW 1961, 1013.

54 Vgl. BGHZ 33,286 = NJW 1961, 263; BGH NJW 1982, 2307.

55 *Brambring*, Mittäter, Nebentäter und Beteiligte, 1973, S. 62.

des ganzen Schadens ausreichend gewesen wäre. Es konkurriert also jeder Handelnde mit den anderen um die Schadensursächlichkeit. In einigen Veröffentlichungen[56] werden solchen Fallgruppen kumulative Kausalität oder doppelte Kausalität genannt. Dagegen wurde festgestellt, dass in einem Fall mit mehreren Schädigern eine „Dreifachkausalität" vorliegt.[57] Außerdem unterscheidet sich die konkurrierende Kausalität von der kumulativen Kausalität dadurch, dass hier eine einzige Handlung für das Entstehen des Schadens schon genügt hätte. Bei der konkurrierenden Kausalität könnte eine der Handlungen der Schädiger entfallen, ohne dass der eingetretene Schaden entfiele.

Bei der alternativen Kausalität und konkurrierenden Kausalität wäre jede Handlung für sich geeignet, den gesamten Schaden ohne die anderen Beiträge zu verwirklichen. Die Unterschiede liegen darin, dass im erstgenannten Fall nur eine Handlung von allen potentiellen Handlungen kausal für den Schaden ist. Denkt man diese Handlung weg, so besteht die Möglichkeit, dass der Schaden nicht eingetreten wäre, obwohl die übrigen Handlungen als potenzielle Ursachen für das Eintreten des Schadens gelten. Im letztgenannten Fall ist keiner der verschiedenen Verursachungsbeiträge notwendiger Bestandteil der hinreichenden Mindestbedingung für den Schaden, denn die jeweils andere Handlung ist ja bereits ausreichend. In den Fällen der konkurrierenden Kausalität kommt es darauf an, welche Handlung zuerst erfolgt ist.[58] Bei der konkurrierenden Kausalität kann also die zeitlich später erfolgte Handlung ohne Weiteres weggedacht werden, ohne dass der Schaden entfiele. Für den einzelnen Täter, dessen Beitrag ursächlich war, bedeutet dies, dass er auf die anderen Handlungen nicht verweisen kann, weil diese für den konkreten Erfolg hypothetisch sind.[59] Den Schädigern ist im Falle von alternativer Kausalität sowohl gemäß § 830 Abs. 1 S. 2 BGB als auch §10 des chinesischen Haftpflichtgesetzes die solidarische Haftung aufzubürden. Dass die Schädiger bei einer konkurrierenden Kausalität solidarisch haften, kann allgemein in beiden Rechtssystems übereinstimmend damit begründet werden, dass der Geschädigte nicht schlechtergestellt werden

---

56 *Deutsch*, AllgHaftungsR, 1996, Rn. 153; *Dunz*, JZ 1959, 592 (592 f.); BeckOK BGB/*Johannes W. Flume* (2018), § 249 Rn. 301. Teilweise wird diese Fallgruppe – durchaus unglücklich – auch unter der Bezeichnung der „kumulativen" Kausalität, z.B. *Enneccerus/Lehmann*, Schuldrecht, § 15 III 6, S. 73 und *Welser/Zöchling-Jud*, Bürgerliches Recht II, 2015, Rn. 1380, oder der „alternativen" Kausalität siehe *Lange/Schiemann*, Schadensersatz, 2003, § 3 XII 1, S. 156 abgehandelt.

57 *Looschelders*, Mitverantwortlichkeit, 1999, §19 Fn. 110, S. 319.

58 BeckOK BGB/*Johannes W. Flume (2018)*, § 249 Rn. 307.

59 Herbst, Risikoregulierung, S. 87.

darf, wenn bei mehreren Schädigern die Handlung jedes einzelnen Schädigers als Ursache für den gesamten Schaden gilt, als wenn ihm ein einzelner Schädiger gegenüberstehen würde.[60]

c) *Additive Kausalität*

Wenn bei mehreren schädigenden Ursachen sich aus kausaler Sicht der Gesamtschaden in selbstständige und abgrenzbare Teilschäden aufteilen lässt, oder die Kausalkette der einzelnen schädigenden Handlung nur zu einem Teil des Gesamtschadens in einer Beziehung steht, fehlt es hier an der Gesamtkausalität. Würde ein Tatbeitrag fehlen, entfiele lediglich ein Teilschaden. Die Teilursachen ergeben abgrenzbare Teilschäden, die zufälligerweise beim gleichen Geschädigten oder an ein und derselben Sache zusammengetroffen sind.[61]

In einem Fall mit additiver Kausalität besteht der Gesamtschaden tatsächlich aus der Summe mehrerer Teilschäden. Die Teilschäden können möglicherweise jeweils den einzelnen Schädigern zugeordnet werden.[62] Aber es ist auch möglich, dass sich die Schadenanteile nicht einfach aufschlüsseln lassen. Doch sind auch Sachverhalte denkbar, bei denen die Teilschäden nicht offensichtlich ins Auge fallen, sie vielmehr gar nicht oder nur mit erheblichem (finanziellen) Aufwand innerhalb des Gesamtschadens abzugrenzen sind. In beiden Situationen ist aus kausaler Sicht sogar unstrittig, dass jeder Schädiger nur seinen Teil des Schadens verursacht haben kann und Schädiger A und Schädiger B gar nichts voneinander wissen. Wenn zwei Kinder ohne bewusstes Zusammenwirken mit verschiedenen Farben eine Hauswand beschmiert haben, ist es natürlich schwer zu erkennen, welcher Teil der Wand von welchem Kind verschmiert worden ist.

d) *Kumulative Kausalität*

Hier ist der Schaden im Zusammenwirken aller Kausalbeiträge herbeigeführt worden. Die vorerst unabhängigen Kausalketten vereinigen sich und bedingen sich gegenseitig. Der Unterschied zur additiven Kausalität ist, dass sich die Kausalketten vereinigen, bis zur Schädigung fortlaufen und in der Schädigung zum

---

60 Sie wird in der Rspr. als „Modifikation der Äquivalenztheorie" bezeichnet (BGHZ 199, 263 Rn. 50 = NJW 2014, 2029; BGH NJW 2013, 2018 Rn. 27; BGHZ 200, 350 Rn. 16 = NJW 2015, 468). Vgl. BeckOK BGB/*Johannes W. Flume* (2018), § 249 Rn. 306.

61 *Weber*, Einheitliche Lösung, 2003, S. 344.

62 A öffnete seine Autotür unvorsichtig, und zerkratzte den Pkw des C, der im Parkplatz gesteht ist. Gleichzeitig parkte der B sein Auto auf der anderen Seite und unvorsichtig eine Beule am Auto des C verbeulte.

Ende einig bleiben. Die Zusammenwirkung stellt nicht eine Summe der Bedingungen dar, sondern eine neue ganze Einheit.[63] Es gibt zwei verschiedene Arten der kumulativen Kausalität:

aa) Notwendig koinzidierende Kausalität

Hier entsteht ein Schaden nur durch das Zusammentreffen mehrerer unerlaubter Handlungen. Der Schaden wäre jedoch nicht eingetreten, würde irgendeine der einzelnen Handlungen fehlen.

bb) Kumulativ koinzidierende Kausalität

Der Schaden ist auch hier durch das Zusammenwirken der Einzelbeiträge von mehreren Schädigern eingetreten, wobei jeder Beitrag für sich alleine bereits einen gewissen Schaden verursacht hätte, das Zusammentreffen jedoch zu einem qualitativ hiervon verschiedenen Gesamtschaden geführt hat.

In den Fällen mit kumulativ koinzidierender Kausalität ist der Schadenseintritt als eine qualitative Veränderung von den Bedingungen selbst artverschieden. Das Fehlen einer Teilursache bewirkt nicht nur einen geringeren Schaden, sondern dass die übrigen Bedingungen so zusammenwirken, dass diese keine oder eine andersartige Wirkung haben.[64] Vor diesem Hintergrund kann die Gesamtwirkung nicht in Teilwirkungen aufgeteilt werden.

Der Unterschied zwischen den beiden Arten liegt drin, dass in dem Fall der notwendig koinzidierenden Kausalität die Einzelhandlung allein gar nicht zum Schadenseintritt führt. Obwohl sie rechtsverletzend ist, ist sie tatsächlich nur eine Bedingung für die Rechtsverletzung und wirkt nur mit anderen unerlaubten Handlungen zusammen.

Durch einen Beispielfall lassen sich die ober geschilderten Formen besser unterscheiden.

Fall 1: Zwei Unternehmen leiteten unabhängig voneinander schädliches Abwasser in einen Fluss. Das Abwasser jeder Gesellschaft allein hätte gereicht, die Wasserverschmutzung so groß werden zu lassen, dass das Wasser gesundheitsschädlich wird.[65] Hier besteht konkurrierende Kausalität.

---

63 Hierzu *Brüggemeier*, Haftungsrecht, § 4, S. 185; MüKoBGB/*Oetker* (2019), § 249 Rn. 135; Jung, AcP 170 (1970), 426 (426 ff.); *Bydlinski*, Schadensverursachung, S. 67 f. Teichmann nennt äquivalente Kausalität als kumulative Kausalität, in Jauernig/*Teichmann* (2018), BGB, § 823 Rn. 22.

64 Weckerle, Die deliktische Verantwortlichkeit mehrerer, 1974, S. 90 ff.

65 RGZ 14, 144 (147 f.).

Fall 1a: In einer Abwandlung dieses Falles leiteten zwei Unternehmen nacheinander ohne Zulassung schädliches Wasser in einen Fluss. Während dieses kurzen Zeitraumes hatte eine Fischfarm die Einlassschleuse geöffnet, sodass die Fische massenhaft starben. Es ist vollkommend klar, dass die jeweilige Menge der beiden Unternehmen ausreichend gewesen wäre, diesen Schaden zu verursachen, unklar ist hingegen, von welchem Unternehmen das verschmutzte Wasser, das in den Fischteich geflossen ist, stammt. Hier ist eine alternative Kausalität angenommen, es ist also nicht mehr feststellbar, welches der beiden in Betracht kommenden Unternehmen die letztlich kausale Handlung vorgenommen wurde.

Fall 2: Zwei Fabriken leiten Gift in ein Gewässer, durch das alle Fische sterben. Eine Untersuchung ist zu dem Ergebnis gekommen, dass das Gift der Fabrik A die Unfruchtbarkeit gewisser Fischarten verursacht, während das Gift der Fabrik B für das Sterben des anderen Teils der Fischarten verantwortlich ist. Hier geht es um additive Kausalität.

Fall 2a: Zwei Unternehmen entsorgen Chemikalien auf einer Müllkippe, die jeweils für sich genommen harmlos sind und nur durch ihre chemische Verbindung eine Grundwasserverschmutzung verursachen. Dieser Fall ist ein Beispiel für notwendig koinzidiere Kausalität.

Fall 2b: In einer Abwandlung des Falles hätte jede Menge für sich allein eine geschmackliche Veränderung des Grundwassers bewirkt, aber erst durch das Zusammenwirken wurde das Wasser verseucht. Hier liegt kumulativ koinzidierende Kausalität vor.

Wie im Fall 2 ist der Schaden einfach die Summe der von A und B verursachten Teile, doch in den Fällen 2 a und 2 b liegt insofern eine Qualitätsveränderung vor, als dass der Schaden über die Summe der beiden Einzelursachen hinaus vergrößert ist.

e) Unklarheit des Kausalverlaufs

Im Alltagsleben, beispielsweise bei Umweltschädigungen oder bei Unfällen im Straßenverkehr oder bei Bauschäden lassen sich die Kausalketten zwischen den Handlungen der Schädiger und der erfolgten Schädigung kaum je einheitlich einer Kausalitätsart zuordnen. Vielmehr basieren die kausalen Anteile an der Schädigung auf verschiedenen Kausalitätsformen. Es fußt beispielsweise ein Teil des Schadens auf additiver Kausalität, ein anderer Teil auf kumulativer Kausalität, oder besteht es auch die Möglichkeit, dass die einzelne Handlung den ganzen Schaden verursachen kann aber sich tatsächlich nur als Teilursache auswirkt. Welcher Kausalitätsart eine Schadensverursachung zugeordnet wird, wirkt sich darauf aus, ob eine Gesamtschuld aller Täter oder eine Teilschuld einzelner Täter angenommen wird.

II. Gesetzgeberische Bezugnahmen auf Nebentäterschaft und Haftung als Nebentäter

Im Vergleich zwischen dem deutschen und dem chinesischen Deliktsrechtssystem gibt es eigentlich nur zwei Haftungswege oder zwei Möglichkeiten für die Nebentäterschaft – entweder Zuschreibung der Teilschuld oder der Gesamtschuld. Der Grund, warum die verschiedenen Kausalitätsarten im vorherigen Teil so detailliert erörtert wurden, liegt darin, dass sich auf diesem Wege besser zeigen lässt, in welcher Konstellation die verschiedenen Haftungsformen die Nebentäter in beiden Rechtsystemen nach geltendem Recht angenommen worden sind.

1. Entstehungsgeschichte und Systematik der Vorschriften im deutschen Recht

Die Nebentäterhaftung ist in den Rechtsprechungen und in der Lehre stets Gegenstand der Diskussion gewesen, da die Haltung der BGB-Gesetzgeber zu den Nebentätern unklar geblieben ist.[66]

Die Fälle mit mehreren Schädigern sind zuerst danach zu beurteilen, ob eine mittäterschaftliche Verbindung oder eine Teilnahme der Schädiger nach § 830 Abs. I S. 1 bzw. Abs. 2 BGB vorauszusetzen ist. Unstrittig ist lediglich, dass nach dem Wortlaut des § 830 Abs. I S. 2 die Fallgruppe mit alternativer Kausalität umfasst ist. Daher ist zu klären, ob die Zurechnung in letzterem Fall nach § 830 Abs. I S. 2 BGB oder nach ungeschriebenen Zurechnungsregeln speziell für Nebentäter erfolgen muss.

Ein Teil der Literatur[67] vertritt noch die Auffassung, dass nach der Entscheidung im oben geschilderten Fall des Reichsgerichts[68] die Mittäterschaft mit § 830 Abs. 1 S. 1 auch die Fallgruppe umfasst, in der ein Schaden durch mehrere fahrlässige Handlungen verursacht wurde. Tatsächlich handelt es sich um ein

---

66 Vgl. *Keuk*, AcP 168 (1968), 175 (185f.); *Ries*, AcP177 (1977), 543 (546 ff.).

67 BeckOK BGB/*Spindler* (2019), § 830 Rn. 5–9. Auch in: *Deutsch*, AllgHaftungsR, 1996, Rn. 507; *ders.*, JZ 1972, 105 (107); *Weckerle*, Die deliktische Verantwortlichkeit mehrerer, 1974, S. 69 ff.

68 RGZ 58 S. 357 (359): Für die Mittäterschaft reicht nur ein einheitlicher Vorgang schon aus. Siehe auch B. Teil I. 2. a).

weitverbreitetes Fehlzitat: Diese stets zitierte Entscheidung betraf ausschließlich § 830 Abs. 1 S. 2 BGB, war aber nicht insgesamt auf den ganzen § 830 angelegt.[69] Der BGH[70] hat später auch explizit eine fahrlässige Mittäterschaft abgelehnt. Die beiden mit Nebentätern zusammenhängenden Vorschriften, die §§ 830 Abs. 1 S. 2 und 840 Abs. 1 BGB werden im Folgenden mittels ihrer Entstehungsgeschichte erörtert.

a) Nebentäter und § 830 Abs. 1 S. 2 BGB

Ist § 830 Abs. 1 S. 2 BGB als eine selbstständige Rechtsvorschrift für alternative Kausalität anzusehen oder sind auch anderen Kausalitätsarten erfasst? Oder ist die Nebentäterhaftung in allen ihren Formen von § 840 Abs. 1 BGB direkt erfasst, weshalb die Nebentäter immer die gesamtschuldnerische Haftung trifft? Nur bei alternativer Kausalität bestünde dann in den §§ 830 und 840 BGB eine doppelte Regelung.

aa) Entstehungsgeschichte des § 830 Abs. I S. 2 BGB

Art. 218 S. 3 des Dresdner Entwurfs enthielt zunächst eine Vorschrift zum Fall des Anteilszweifels, die lautete: *„Ist ein Schaden durch das Zusammentreffen widerrechtlicher Handlungen Mehrerer, welche nicht gemeinsam gehandelt haben, verursacht worden, und lässt sich der Antheil des Einzelnen an dem verursachten Schaden nicht ermitteln, so haften sie, ohne Unterschied, ob sie gleichzeitig oder nacheinander gehandelt haben, als Gesamtschuldner“*.[71] Hier hatte dieser Artikel nur die Fälle des sogenannten Anteilszweifels vor Augen.

Auf Grundlage dieser Vorschrift des Dresdener Entwurf erhielt die Vorkommission zum Teilentwurf des Obligationenrechts für Bürgerlichen Gesetzbuch von Franz v. Kübel unter Nr. 15 folgenden §10 S. 2[72]: „… *Dieselbe Haftung tritt ein, wenn der Schaden durch ein Zusammentreffen widerrechtlicher Handlungen Mehrerer, welche nicht gemeinsam gehandelt haben, verursacht worden ist und der Anteil des Einzelnen an dem verursachten Schaden sich nicht ermitteln lässt.*“

Als später jedoch der zweite Satz im ersten Änderungsantrag zu §10 der Ersten Kommission von Karl Kurlbaum gefordert wurde, sollte er folgendermaßen gefasst sein: „*Das gleiche Gilt, wenn die Verschuldung eines Schadens Mehrere*

69 BeckOK BGB/Spindler (2019), § 830 Rn. 8; OLG Saarbrücken, 25.11.2015 – 1 U 437/12.

70 BGHZ 8, 288 (292) = NJW 1953, 499 (500); BGHZ 30, 203 (206); BGHZ 61, 351 (354); BGH NJW 1974, 1086 (1087); 1964, 243 (244); 1967, 471 (473); 1988, 1719 (1720).

71 Vgl. *Meier*, Gesamtschulden, 2010, S. 703f, Fn. 56.

72 Siehe *Jakobs/Schubert*, Schuldverhältnisse III, § 830 S. 930.

trifft, welche nicht gemeinsam gehandelt haben und der Anteil des Einzelnen an dem verursachten Schaden nicht zu ermitteln ist".[73] Der sachliche Inhalt des §10 S. 2 war zwar gleich geblieben, doch bezweckte v. Weber die Erweiterung des Anwendungsbereichs der Vorschrift: Sie sollte nicht nur den Fall des Anteilzweifels erfassen, sondern auch der Fall des Urheberzweifels, bei dem ungewiss blieb, welche Handlung den Schaden verursacht hatte.[74] Außerdem sei der Fall des Anteilszweifels, dass die verschiedenen Handlungen für den entstandenen Schaden nötig waren.[75]

Schließlich lautete die Bestimmung des §714 S. 2 des I. Entwurfs: „Das Gleiche gilt, wenn die Verschuldung eines Schadens Mehrere trifft, welche nicht gemeinsam gehandelt haben und der Anteil des Einzelnen an dem verursachten Schaden nicht zu ermitteln ist."[76] Hier bedeutet „nicht gemeinsam gehandelt", dass diese Vorschrift nicht die Gemeinschaftlichkeit der Gefährdung im subjektiven Sinne des Miteinander-Handelns erfordert. Im Vergleich zum Dresdner Entwurf Art. 218 S. 3 wurde der Ausdruck „Ein Schaden durch das Zusammentreffen" durch „ein von Mehreren verschuldeter Schaden" ersetzt. So ist nicht direkt darauf zu schließen, dass §714 S. 2 schon auch in Hinblick auf die Fallgruppe des Urheberzweifels formuliert ist. Insbesondere wurde so zumindest die Formulierung „der Anteil des Einzelnen" gewählt. Diese Vorschrift wurde in der Rechtsprechung des Reichsgerichts mit Fällen des Anteilszweifels mehrmals behandelt, und dieser hatte darauf hingewiesen, dass die Beteiligung an einer Schlägerei allein nicht für die Zurechnung als Gesamtschuldner ausreichend ist, sondern jeder der Beteiligten tatsächlich durch seine kausal für den Schaden ursächliche Handlung den Geschädigten angriffen haben muss.[77] In den „Motiven zu dem Entwurfe" wird der Wille deutlich erklärt: „Diese Vorschrift greift namentlich auch Platz, wenn ungewiss ist, welche Handlung gerade den Schaden verursacht hat."[78] Zusammenfassend ist es ganz eindeutig, dass §714 E S. 2 des ersten Entwurfs nicht nur den Fall des Anteilszweifels, sondern auch den Fall des Urheberzweifels regeln sollte. Diese Gedanken und ihre Erweiterung lag auch

---

73 Siehe *Jakobs/Schubert*, Schuldverhältnisse III, § 830 S. 930.
74 Siehe *Jakobs/Schubert*, Schuldverhältnisse III, § 830 S. 930.
75 Siehe *Jakobs/Schubert*, Schuldverhältnisse III, § 830 S. 930.
76 Entwurf eines Bürgerlichen Gesetzbuches für das Deutsche Reich: Erste Lesung.
77 Siehe *Kruse*, S. 156; zitiert von *Tuzina*, Die civilrechtliche Haftung. S. 72.
78 Motiv II, S. 738.

der Vorkommmission des Reichsjustizamtes zugrunde, auch wenn die Fassung des Satzes nur die Fälle des Urheberzweifels trifft.[79]

Im II. Kommission war zu § 714 S. 2 des I. Entwurfs folgender Ergänzungsantrag gestellt: „Das gleiche gilt, wenn mehrere nicht gemeinschaftlich gehandelt haben und sich nicht ermitteln lässt, wessen Handlung den Schaden verursacht hat".[80] Das Reichsjustizamt wollte wie zuvor auch die Fälle des Urheberzweifels erfassen.[81] Wenn sich der Urheber der schadensbringenden Handlung nicht nachweisen ließ, sollte gesamtschuldnerische Haftung eben auch dann eintreten. Während teilweise vertreten wird, dass dieser Antrag gegenüber dem ersten Entwurf eine Änderung brachte, blieb die Tragweite also unberührt.[82]

Durch ihre Entstehungsgeschichte kommt diese Vorschrift also als gesetzliche Grundlage für eine solidarische Haftung zumindest bei der Nichtermittelbarkeit der einzelnen Beiträge bei feststehendem kausalem Zusammentreffen infrage.

Es bleibt zu prüfen, ob auch die Tatbestände der ungeklärten Teilschadensverursachung von ihr erfasst werden. Hierfür spricht, dass ansonsten, wenn sich der Anteil des jeweiligen Täters an dem durch das Zusammenwirken verursachten Schaden nicht ermitteln lässt, der Geschädigte häufig in Gefahr geriete, den Umfang des von dem jeweiligen Beitrag verursachten Schadensanteils nicht nachweisen zu können, sodass der Geschädigte im Endeffekt gar keinen Ersatz bekommen würde. Deshalb bedarf es zum Schutz dieses Geschädigte vor solcher Gefahr auch hier einer Beweislastumkehr.[83] Daher wird in der Literatur vertreten, dass eine umfassende Vorschrift intendiert war, die alle Anteils- und Verursachungszweifel bei Nebentäterschaft regeln sollte.[84] Würde man diesen Begründungen folgen, gäbe es jedoch keine unterschiedlichen Regelungen für Mittäter, Teilnehmer und Nebentäter mehr und die Rechtsfolgen würden gleich erscheinen. Einziges Kriterium wäre, ob ein messbarer Tatbeitrag festgestellt werden kann. Für eine so weitreichende Regel fehlt aber ein klarer gemeinrechtlicher Nachweis.

---

79 Siehe *Jakobs/Schubert*, Schuldverhältnisse III, § 830 Prot-RJA 549, S. 931. Cypionka, S. 91f.

80 *Mugdan* II, S. 412, 1095 f.

81 Prot. II, S. 606. Dieser Antrag wurde vorbehaltlich der Prüfung durch die Redaktionskommission angenommen, und es wurde klargestellt, dass der §714 Abs. 2 des I. Entwurfs „auch" in den Fällen mit Urheberzweifel Anwendung finde.

82 *Keuk*, AcP 168 (1968), 175 (186); *Bauer*, JZ 1971, 4 (8).

83 Siehe *Kübel*, Vorentwurf Schuldrecht I, S. 50.

84 *Keuk*, AcP 168 (1968), 175 (185 f.).

Die Regelung des § 714 S. 2 des I. Entwurfs findet sich im II. Entwurf und im heutigen Gesetz nicht mehr.[85] Der frühere Gesetzgeber hat „in der letzten Minute" die Inhalte des § 714 im Entwurf auf die beiden heutigen Vorschriften, die §§ 830, 840 Abs. 1 BGB, aufgeteilt.[86] Mit dieser neuen Fassung der Beteiligtenregel § 830 Abs. I S. 2 BGB war der Fall mit Urheberzweifel präziser gefasst, doch Anteilzweifel waren nun ausgeschlossen. Dafür wurde kein Grund angegeben.[87] Dies bedeutet nach dem Wortlaut, dass in § 830 I 2 BGB keine Grundlage für das Gesamtschuldverhältnis von den Nebentätern bei kumulativer Kausalität vorliegt. Waren dann solche mitverursachenden Nebentäter ohne besondere gesetzliche Anordnung Gesamtschuldner? Oder kann diese Vorschrift in Anbetracht der Entstehungsgeschichte auch bei kumulativer Kausalität angewendet werden? Die Entstehungsgeschichte gibt hier keinen sicheren Aufschluss.

bb) Die Rechtsprechung

In der Rechtsprechung wurde der § 830 Abs. 1 S. 2 BGB nur angewendet, wenn die Handlung jeder einzelnen Person allein den ganzen Schaden herbeigeführt haben könnte, also nicht bei kumulativer Kausalität. Das Oberlandesgericht Hamburg[88] hat zuerst die Anwendung des § 830 Abs. I S. 2 BGB abgelehnt, wenn der Geschädigte nur Beweisschwierigkeiten hat, ob die übrigen potentiellen Schädiger außer dem Beklagten die restlichen Schadensteilen verursacht haben, jedoch der von dem Beklagte verursachte Teil des Schaden unstrittig ist. Das OLG Bamberg[89] entschied ebenso, wenn die Klägerin nicht nachweisen konnte, welche Stücke in welcher Menge sich der Beklagte bei der Ausplünderung eines Warenlagers angeeignet hatte: Weil sich jeder nur einen Teil angeeignet habe, fehle die mögliche Alleinverursachung des Gesamtschadens. Nach den Sachverhalten der Urteile ist die Gemeinsamkeit auffällig, dass mehrere Personen jeweils ohne Zusammenwirken Warenlager ausgeplündert hatten und der einzelne Beklagte nachweislich einen Teil der gestohlenen Waren entwendet hatte und die für den Diebstahl weiterer Waren verantwortlichen weiteren Täter nicht ermittelbar waren. Hier besteht keine Unaufklärbarkeit des Sachverhaltes. Der Schadenshergang war vollends ermittelt, lediglich waren die weiteren Schadensverursacher noch zweifelhaft. In der Folgezeit wurde der Anwendungsbereich

85 *Oechsler*, AcP 214 (2014), 542 (554).
86 MüKoBGB/*Wagner* (2017), § 830 Rn. 2.
87 *Crome*, Jhjb 35 (1896), 100 (111); *Keuk*, AcP 168(1968), 175 (186).
88 OLG Hamburg MDR 56, 676, ähnlich wie OLG Braunschweig JR 51, 658.
89 OLG Bamberg NJW 49, 225.

langsam erweitert. In BGHZ 67,14,20 wurde angenommen, dass die Vorschrift nicht nur bei der alternativen Kausalität anwendbar sei, sondern auch, wenn zwar feststellt wurde, dass der Schaden einem der Beteiligten zugerechnet werden kann, aber ein anderer Beteiligter möglicherweise auch den Schaden verursacht hat, wobei dies beziehungsweise der Anteil jeder Verursachung nicht klar sei.[90]

In einem späteren Urteil des BGH[91] wurde bestätigt, dass jeder von ihnen für den ganzen Schaden haftbar ist, wenn zwar ein Anteilszweifel vorliegt, aber die Voraussetzungen der solidarischen Haftung gegeben sind, sodass der Schaden einheitlich und feststehend ist. In dem weiteren Verlauf der Argumentation wurde die alternative Kausalität auf die Unbeweisbarkeit beschränkt. Ähnlich war der Sachverhalt einer Entscheidung des Landgerichts Essen.[92] Ein Kraftfahrzeug A war ordnungsgemäß zum Halten gekommen, ein nachfolgendes Fahrzeug B hatte nicht mehr rechtzeitig halten können und war auf das Fahrzeug den A aufgeprallt, während gleichzeitig auf B ein weiteres Fahrzeug C aufgefahren war. B und C trugen beide zu der Beschädigung des haltenden Wagens A bei. Das Landgericht bejahte die Anwendung des § 830 Abs. 1 S. 2 BGB. Zum Zeitpunkt des Auffahrens von C hatte B bereits zumindest einen Teil des Schadens verursacht. Begründet wurde die Entscheidung mit dem Zweck der Vorschrift, da es in diesem Falle auch die Beweisnot des Anteilszweifels gebe.[93] Die Entscheidung des OLG Stuttgart[94] handelte von den Folgeschäden. Der Kläger war durch den ersten Verkehrsunfall verletzt worden, 8 Monate später war er am gleichen Körperteil durch einen zweiten Verkehrsunfall zu Schaden gekommen. Die Folgen des ersten Unfalls waren zum Zeitpunkt des zweiten Unfalls noch nicht abgeklungen. Es ließ sich nicht ermitteln, ob der Geschädigte ohne den zweiten Unfall in gleicher Weise erneut erkrankt und die schon durch ersten Unfall verursachte Wunde auch ohne den zweiten Unfall nicht ausgeheilt wäre. Hier war mit einem Dauerschaden zu rechnen. Der erste Schädiger hatte auf jeden Fall nicht den ganzen Schaden verursacht, die Schadensteilung für die Folgen des zweiten Unfalls erfolgte aufgrund einer Schätzung zwischen 40% und 15% und wurde durch den sachverständigen Zeugen dann auf einen Mittelwert

90 BGH 6 VIZR 100/75.

91 VI ZR 100/75 – BGHZ 67, 14.

92 LG Essen VersR 63, 100.

93 LG Essen VersR 63, 100.

94 OLG Stuttgart NJW 1959, 2308. Eine Haftungszurechnung wird auch schon dann vorgenommen, wenn der Schaden durch das Hinzutreten der Mitursache vergrößert wird; hier haftet der Schädiger dann für den gesamten Schaden.

von 25% festgelegt. Der Senat war der Ansicht, dass der Gesamtschaden auf den beiden Unfällen in zeitlichem Nacheinanderwirken gemeinsam beruhe und dies stehe in adäquatem Kausalzusammenhang mit dem Gesamtschaden. Deshalb bejahte er hier gemäß § 830 Abs. 1 S. 2 BGB gesamtschuldnerische Haftung beider Schädiger[95]. Gegen die Auffassung des Oberlandesgerichts Stuttgart steht die Begründung des Berufungsgerichts Berlin[96] im Jahre 1962. Angesichts der räumlich und zeitlich weit auseinanderfallenden Verletzungshandlungen sah es die Voraussetzungen des § 830 Abs. 1 S. 2 BGB als nicht gegeben an.[97]

Die oben zitierte Fallgruppe der Ausplünderung der Warenlager und die Fallgruppe der Verkehrsunfälle unterscheiden sich wesentlich in der Zerlegbarkeit des endgültigen Erfolgs. Obwohl der Geschädigte nicht einfach nachweisen kann, welcher Anteil des Gesamtschadens durch welche Handlung der Täter verursacht wurde, besteht bei den letzten Fällen etwas mehr Ungewissheit und Unaufklärbarkeit der jeweiligen Anteile der potenziellen Schädiger. Bei Körperverletzung am selben Körperteil war es unmöglich, die Schadensfolgen beider Unfälle voneinander zu trennen, bei technischen Fragen hängt mehr von dem Befund der fachlichen Gutachter und Sachverständigen ab. Dabei ist die Ungewissheit und Unaufklärbarkeit der korrekten Zurechnung der Anteile höher.

Für den Dauerschaden infolge von zwei aufeinanderfolgenden Verkehrsunfällen besteht die Ursache scheinbar in zwei Teilschäden. Der endgültige Gesamtschaden besteht auf der Grundlage des ersten Unfalls, ist aber vergrößert mit einer additiven oder komplementären Wirkung durch die Verbindung mit dem Schaden aus dem zweiten Unfall. Deshalb überzeugt die Entscheidung des OLG Stuttgart[98] nicht ganz: Weil das Erstereignis nur auf den Erstschädiger zurückzuführen ist, hätte das Gericht hier konkret prüfen müssen, in welchem Umfang aufgrund des ersten Schadensereignisses der Teilschaden schon eingetreten war. Die Handlung des zweiten Beklagten führte zu einer Vergrößerung des Schadens, nur ließ sich nicht ermitteln, inwieweit das Zweitereignis von dem Erstschädiger oder von dem Zweitschädiger verursacht worden ist. Insofern

---

95 OLG Stuttgart NJW 1959, 2318 (2310).

96 VersR 1964, 49: Ein Motorradfahrer erlitt bei dem ersten Verkehrsunfall einen komplizierten Unterschenkelbruch. Infolgedessen war er im Gehen unsicher und auf die Dauer in der Belastung des rechten Beins beeinträchtigt. 6 Monate später wurde bei einem zweiten Verkehrsunfall wurde auch die Belastungsfähigkeit des rechten Fußes und der Fumarolen auf die Dauer eingeschränkt. Aus den beiden Unfällen ist eine Erwerbsunfähigkeit ausgelöst.

97 Gleich nach der Rechtsprechung OLG Celle, NJW 50, 951; RGZ 98, 58.

98 OLG Stuttgart NJW 1959, 2308 (2310).

haftet der Zweitschädiger mit dem Erstschädiger nur im Umfang des zweiten Schadensereignisses gesamtschuldnerisch. Schließlich ist hier eine Entscheidung des OLG Celle[99] von Interesse. In diesem Urteil haftete der Kläger allein für die Dauerschäden zu 10%. Nachdem es den Gutachter gehört hatte, kam das Landgericht zu dem Ergebnis, dass der Beklagte 1 von dem ersten Unfall für 40% des Schadens allein verantwortlich sei und zu weiteren 50% als Gesamtschuldner mit dem Ersatzpflichtigen aus dem zweiten Unfall. In der Begründung wies das Gericht darauf hin, dass der Fall mit Anteilszweifel von § 830 Abs. 1 S. 2 BGB erfasst sei. Allerdings müsse gemäß § 287 ZPO versucht werden, die Anteile der Schädiger an der Verursachung des Gesamtschadens im Wege der Schätzung zu ermitteln, nur soweit das nicht möglich ist, führe § 830 Abs. 1 Satz 2 BGB bei Anteilszweifeln zu einer gesamtschuldnerischen Haftung. Einen solchen Aufklärungsversuch hat das Landgericht mit sachverständiger Hilfe, auch unter mündlicher Anhörung des Gutachters durchgeführt. Verbleibende Zweifel gehen aber – wie vorstehend ausgeführt – wegen § 830 Abs. 1 Satz 2 BGB zulasten der Beklagten.

In den angeführten Urteilen zu § 830 Abs. 1 S. 2 bei Anteilszweifeln werden diese von den Fällen der bloßen kumulativen Kausalität abgegrenzt, die näher an der additiven Kausalität stehen. Insbesondere gilt dies für Dauerschäden aus verschiedenen Teilschäden durch die Teilverursachung der Schädiger. Die solidarische Haftung kommt in Betracht, wenn entweder die Gesamtkausalitätseignung oder ein unteilbarer Schaden bejaht wird.

cc) Literaturmeinungen

Brambring nimmt an, dass es im Rahmen des § 830 Abs. I S. 2 unerheblich ist, ob der einzelne Schädiger nachweislich nur einen Teil des gesamten Schadens verursacht hat. Umstritten ist, ob es schon für die solidarische Haftung ausreicht, wenn der Beitrag eine Bedingung für den Schaden ist, diese aber ungeeignet war, den Gesamterfolg herbeizuführen.[100] Dies wäre beispielsweise der Fall, wenn einer der Schädiger mit Gewissheit den geringeren Teil des Schadens, auf keinen Fall aber den Ganzen verursacht hat. Wussow hat in der Anmerkung zur Entscheidung des OLG Stuttgart den Weg aufgezeigt, wie das Gericht gem. §287 ZPO die Quote festgelegt hat. Es schätzte dabei die Verursachungsbeiträge der einzelnen Schädiger und berechnete auf diese Weise ihren Anteil an der gesamten Schadenstragung.[101] So ist der Anteilzweifel keine bestimmte geregelte

99 OLG Celle VersR 2002, 1300.

100 *Brambring*, Mittäter, Nebentäter und Beteiligte, 1973, S. 126.

101 *Wussow*, Hansjoachim in einer Anmerkung zum obigen Urteil in NJW 59, 2308.

Fallgruppe von Beteiligten mit solidarischer Haftung. Buxbaum hält daran fest, dass diese Vorschrift nur bei der alternativen Verursachung anwendbar ist, die ihrerseits dadurch gekennzeichnet ist, dass jeder der Schädiger den ganzen Schaden verursacht haben könnte. Ansonsten muss der Anspruch auf die Solidarhaftung versagt werden.[102] Ähnlich meint Bauer, dass § 830 Abs. 1 S. 2 BGB nicht eingreifen könne, wenn feststehe, dass jeder Schädiger nur einen Teil des Schadens verursacht hätte. Aber wenn es bei einem Verkehrsunfall unmöglich ist aufzuklären, ob der Schaden durch die Kollision aller Autos verursacht wurde oder es nur eine Summe mehrerer Teilschäden gibt und dazu der jeweilige Anteil jedes Einzelnen auch nicht ermittelbar ist, könnte § 830 Abs. 1 S. 2 BGB auf einen so gestalteten Fall angewendet werden, weil nicht auszuschließen ist, dass der Schädiger den ganzen Schaden als Nebentäter mitverursacht hat.[103] Förster[104] und einige andere Wissenschaftler[105] argumentieren mit der Entwicklungsgeschichte des § 830 Abs. I S. 2 BGB, dass sich der Anwendungsumfang dieser Vorschrift nicht nur auf die alternative Kausalität, sondern auch auf ungeklärte Beiträge bezieht. Obwohl im heutigen Wortlaut bloß von Urheberzweifel in Umkehr von §714 des Ersten Entwurfs die Rede ist, sind die beiden rechtlich gleichwertig. Der Grund liegt darin, dass die Beweisnot des Geschädigten in beiden Fällen gleich ist.[106] Paschkever tritt die Ansicht, dass es bei beiden jeweils um Sachverhalte der Unaufklärbarkeit des Tatbeitrages der Beteiligten geht und § 830 Abs. I S. 2 BGB insofern anwendbar sei.[107] Bemerkenswert ist, dass bei der Unaufklärbarkeit des Anteils jedes Einzelnen es auch anerkannt ist, dass die Anteilshaftung vorrangig der solidarischen Verantwortlichkeit nach § 830 Abs. I S. 2 BGB ist.[108] Der Grund ist, dass in den Fallgruppen von Urheber- oder Anteilszweifel die Gesamtkausalitäteignung bei der Anwendung des § 830 Abs.I S. 2 BGB vorausgesetzt ist, d.h. der einzelne Schadensbeitrag eigentlich auch geeignet wäre, den gesamten Schaden allein herbeizuführen. Gäbe es keine Gesamtkausalitätseignung, könnte auch in solchen Fällen ein Teilschaden in Betracht kommen, wenn die Kausalitätseignung der jeweiligen verschiedenen Verursachungsbeiträge

---

102 *Buxbaum*, Verursachung, 1965, S. 37.
103 *Bauer*, JZ 1971, 4 (8).
104 BeckOGK-BGB/*Förster* (2019), § 830 Rn. 39, Rn. 66–68.
105 *Spindler* AcP 208 (2008), 283 (306 ff.); *J.Hager*, FS Canaris, 2007, S. 403 ff.
106 BeckOGK-BGB/*Förster* (2019), § 830 Rn. 39, Rn. 66 f.
107 Paschke, Kommentar zum Umwelthaftungsgesetz, 2013, S. 62 f.
108 Dazu stimmt auch vgl. BeckOK BGB/*Johannes W. Flume* (2018), § 249 Rn. 308; *Deutsch*, AllgHaftungsR, 1996, Rn. 518; MüKoBGB/*Wagner* (2017), § 830 Rn. 52.

bejaht werden könnte.[109] Flume hat vertreten, dass Urheber- wie auch Anteilzweifel zu der Kategorie der alternativen Kausalität gehören, weil sich beide mit dem Problem der Schwierigkeit der Zuordnung von Handlung und Schaden zu einer Person bei einer Vielzahl von Personen auf der Schädigerseite befassen. Bei Anteilzweifeln ist so die Anzahl der zu berücksichtigenden Handlungen höher und ihr konkreter Beitrag zum Gesamtschaden schwerer zuzuordnen.[110]

Erstaunlich ist, dass nach der heute herrschenden Meinung Einigkeit über die Anwendung dieser Vorschrift bei Anteilszweifeln besteht, obwohl die Entstehungsgeschichte hier unklar ist. Die gesamtschuldnerische Haftung tritt damit sowohl im Fall von Anteils- als auch im Fall von Urheberszweifeln ein.[111] Hinzu tritt das Erfordernis der Fähigkeit des einzelnen Ursachenbeitrags, den Gesamtschaden allein zu verursachen. In einigen Veröffentlichungen[112] wird dargelegt, dass diese Vorschrift die alternative (Urheberzweifel) und kumulative (Anteilszweifel) Kausalität betrifft. Die von einer großen Anzahl von Autoren im Sinne des Anteilszweifels sogenannte „kumulative Kausalität" ist auf eine ungeordnete Benennung der einzelnen Kausalitätsarten zurückzuführen. Die Fälle mit Anteilszweifel können inhaltlich den Fällen mit kumulativer Kausalität nicht gleichgestellt sein. Denn der Fall mit kumulativer Kausalität beschränkt sich darauf, dass die Kausalität des Handelns aller Nebentäter feststeht. § 830 Abs. 1 S. 2 BGB ist eine gesetzliche Kausalitätsvermutung über die haftungsbegründende Kausalität, die dem Schädiger den Beweis des Gegenteils aufbürdet.

dd) Eigene Beurteilung

Nach der Analyse der Entstehungsgeschichte dieser Vorschrift und der Gedanken des Gesetzgebers stellt sich die Frage, ob der Anteilszweifel durch § 830 Abs. 1 S. 2 BGB geregelt ist, obwohl diese Vorschrift explizit nur den Kausalitätszweifel überwinden helfen sollte. In der Literatur und den Rechtsprechungen hat man die Fälle mit anteiliger ungeklärter Verursachung erfassen wollen. Dieser Umstand, dass sich der Anteil des Einzelnen an dem verursachten Schaden nicht

---

109 MüKoBGB/*Wagner* (2017), § 830, Rn. 73.

110 BeckOK BGB/*Johannes W. Flume* (2018), §249 Rn. 308

111 MüKoBGB/*Wagner* (2017), § 830 Rn. 68; BeckOK BGB/*Spindler* (2019), § 830 Rn. 24; BeckOGK-BGB/*Förster* (2019), § 830 Rn. 66; BeckOK BGB/*Johannes W. Flume* (2018), § 249 Rn. 302, darin sind Urheber- wie auch Anteilszweifel unter die Kategorie der alternativen Kausalität zu fassen.

112 NK-BGB/*Katzenmeier* (2016), § 830 Rn. 14; HK-BGB/*Ansgar Staudinger* (2019), § 830 Rn. 22; *Kruse*, Alternative Kausalität, 2006, § 7, S. 150; BeckOK BGB/*Spindler* (2019), § 830 Rn. 19.

ermitteln lässt, ist mehr der additiven Kausalität angenähert. In den Rechtsprechungen über den Anteilszweifel liegen nach dem Sachverhalt mehrere Teilschäden vor, nur ist die Zahl der Handlungen höher und die Zuordnung daher noch schwieriger als bei den Urheberzweifeln. In der Schlussfolgerung ist nicht die Zuordnung einer einzelnen schadensverursachenden Handlung unklar, sondern die personale Zuordnung eines ganzen Handlungsbündels. Wenn unterscheidbare Einzel- oder Teilschäden vorliegen, ist es aus kausaler Sicht eindeutig, dass jeder Schädiger nur für den von ihm verursachten Schadensteil haftet und so im Grundsatz anteilsmäßige Haftung vorliegt.[113] Steht die Haftung eines Schädigers für den Schaden aufgrund der ihm nachgewiesenen Kausalanteile tatsächlich fest, besteht auch kein Grund, den Geschädigten vom Nachweis der Kausalität zu befreien. Doch sind auch Sachverhalte denkbar, wo die Teilschäden nicht offensichtlich ins Auge fallen, sondern diese nicht oder nur durch großen Kostenaufwand von einem Gesamtschaden abzugrenzen sind. Ohne die Voraussetzung der Gesamtkausalitätseignung ist keine gesamtschuldnerische Haftung nach § 830 Abs. 1 S. 2 BGB anzunehmen, sondern der Vorrang der Anteilshaftung unter Ausschöpfung des nach §287 ZPO geregelten Beweismaßes.

Der § 830 Abs. 1 S. 2 BGB umfasst Fälle mit notwendig koinzidierter und kumulativ koinzidierter Kausalität nicht. Da es die Funktion des § 830 Abs. 1 S. 2 ist, das Risiko der Nichtfeststellbarkeit des Schadensurhebers bei der alternativen Kausalität vom Geschädigten an die Beteiligten weiterzureichen, steht selbstverständlich jedem der Beteiligten der Entlastungbeweis offen. Dagegen ist die Ursächlichkeit der einzelnen Schadensbeiträge als Conditio sine qua non für das Zusammenwirken der einzelnen Handlungen bei der kumulativen Kausalität unzweifelhaft. Rechtlich wird der Schaden jeder der Ursachen zugerechnet, unabhängig davon, ob jede der Ursachen für sich allein ausgereicht hätte, den ganzen Schaden zu bewirken.

b) Nebentäter und § 840 Abs. 1 BGB

§ 840 Abs. 1 BGB bestimmt die gesamtschuldnerische Haftung im Außenverhältnis. Wenn diese Vorschrift den Nebentätern die gesamtschuldnerische Haftung zuschreiben würde, käme § 420 BGB (Teilschuldnerschaft) in den Fällen der Nebentäterschaft nicht in Betracht.

113 Weber, Einheitliche Lösung, 2003, S. 344 f.; Loser, Kausalitätsprobleme bei der Haftung für Umweltschäden, 1994, S. 117, 125f.; *Schweighauser*, Mehrzahl von Ersatzpflichtigen,1993, S. 168; Becker, BK-OR, 1941, N 35 zu Art. 50 OR.

aa) Entstehungsgeschichte des § 840 Abs. 1 BGB

Nach den Beratungen der Zweiten Kommission erstellte man eine „Vorläufige Zusammenstellung der Beschlüsse der Redaktionskommission", da es keine der Vorschrift des § 840 Abs. 1 BGB vergleichbare Regelung gab, sondern eine Sammlung zwölf besonderer Gesamtschuldanordnungen.[114] Solche Gesamtschuldanordnungen hatten hauptsächlich die Haftung für Verrichtungsgehilfen, Tierhalter, Aufsichtspflichten usw. eingeschlossen, ließen aber die Nebentäterschaft unberührt. In der allgemeinen Bestimmung des § 764 Zweiten Entwurf des BGB, dem Vorläufer des § 840 BGB, war anstelle dieser zwölf besonderen Gesamtschuldanordnungen nicht etwa eine spezielle Regelung für die Nebentäterschaftsfälle, sondern eine redaktionelle Vereinfachung des Gesetzestextes geplant.[115] Die Entstehungsgeschichte des § 840 Abs. 1 BGB zeigt jedoch, dass der Gesetzgeber die Nebentäter zufolge dieser Vorschrift nicht als Gesamtschuldner haften lassen wollte.

Obwohl nach der Entstehung des § 840 Abs. 1 BGB der Gesetzgeber durch diese Vorschrift die gesamtschuldnerische Haftung nur des Täters festlegen wollte, den er vorher schon einzeln als Gesamtschuldner genannt hatte, ist es die herrschende Meinung, dass der Gesetzgeber eine weitere Form der Mehrtäterschaft, nämlich die Nebentäterschaft, neben der Mittäterschaft und der Beteiligung gekannt habe.[116] Im Jahr 1896 vor dem Inkrafttreten des BGB äußerte Crome die Meinung, dass die verschiedenen Schädiger eine gesamtschuldnerische Haftung nur aufgrund eines Teilnahmeverhältnisses treffen solle.[117] In der Pandektistik wurde nicht deutlich zwischen Nebentäterschaft und Mittäterschaft unterschieden.[118] Im Pandektenlehrbuch von Windscheid zur Mehrtäterschaft vor Inkrafttreten des BGB beschränkt die Gesamtschuld sich nur auf die Fälle der Mittäter, Anstifter und Gehilfen, sowie gemäß §§ 831–838 BGB haftende Schuldnergruppen.[119]

Nach dem Wortlaut des § 840 Abs. 1 BGB ist die Nebentäterschaft generell umfasst. Ob dies auch seiner Intention entspricht, bleibt angesichts der terminologischen Unklarheiten jedoch unsicher.

---

114 *Meier*, Gesamtschulden, 2010, S. 718.

115 *Ries*, AcP 177(1977), 543 (546f.); *Meier*, Gesamtschaden, 2010, S. 71

116 *Keuk*, AcP 168 (1968), 175 (186); *Ries*, AcP 177 (1977), 543 (548); *Brambring*, Mittäter, Nebentäter und Beteiligte, 1973, S. 53.

117 *Crome*, Jhjb 35(1896), 111; *Keuk*, AcP 168 (1968), 175 (184); *Ries*, AcP 177 (1977), 543 (549).

118 *Windscheid*, Lehrbuch des Pandektenrechts II, 1891, §298 S. 138, §455 S. 645.

119 *Windscheid/Kipp*, Lehrbuch des Pandektenrechts II, 1906, S. 954.

bb) Literaturmeinungen

Im Zusammenhang mit der Festschreibung der solidarischen Haftung im Nebentäterfall ist umstritten, ob § 840 Abs. 1 BGB unabhängig von § 830 Abs. 1 S. 2 BGB auf die Nebentäterschaft anwendbar ist.

In einigen Teilen der Literatur wird § 840 BGB als eigene Anspruchsgrundlage für Fälle der Nebentäterschaft verstanden.[120] Nach der Lehre von Keuk reicht die adäquate Kausalität für die gesamtschuldnerische Haftung nicht aus. Es verhält sich hier anders als im Falle der Mittäter, denen die Verfasser des BGB in § 830 Abs. 1 S. 1 BGB die volle Verantwortlichkeit zugeschrieben haben, aber auch anders als bei Teilnehmern. Diese Vorschrift enthält nach dieser Ansicht eine eigenständige Anspruchsgrundlage und begründet eine Ersatzpflicht für den Fall möglicher Kausalität.[121] § 840 Abs. 1 BGB ordne wegen einer vorübergehenden Verschränkung der Verantwortungsbeiträge der Nebentäter die solidarische Haftung an.[122] Brambring lehnt dies mit der Begründung ab, dass § 830 BGB unnötig wäre, wenn die solidarische Haftung der Mittäterschaft auch auf dieser Verknüpfung beruhen könne. Dann hätten sich die Verfasser des BGB auch mit § 840 Abs. 1 BGB begnügen können.[123] Von Langheim, die eine Gesetzeslücke für Nebentäterschaft bejaht, wird eine Analogie vorgeschlagen, entweder als Gesetzesanalogie nach § 830 Abs. 1 S. 1 BGB oder als Rechtsanalogie zu den verschiedenen Tatbeständen des § 830 BGB. Zweck des § 840 Abs. 1 BGB ist es demnach nicht zuletzt, den Geschädigten vor zu großen prozessualen Risiken zu bewahren.[124] Weckerle ist der Ansicht, dass § 840 Abs. 1 BGB zwei Funktionen hat: Einerseits gelte sie für die Schädiger, die z. B. aus gemeinschaftlichem Willen tatsächlich und materiell für den Gesamtschaden verantwortlich sind. Zweitens spiele die Vorschrift eine Rolle bei der Ausgestaltung der gesamtschuldnerischen Haftung für diejenigen, die entweder aus einer besonderen Vorschrift – wie § 830 Abs. 1 S. 2 BGB – heraus für den Gesamtschaden haften müssen oder in denen keine materielle Verantwortung für den Gesamtschaden vorliegt, aber trotzdem die verschiedenen Schädiger als Nebentäter im Außenverhältnis dem Geschädigten gegenüber solidarisch haften sollen.[125] Wagner hält § 840 Abs. 1

120 *Keuk*, AcP 168 (1968), 175 (183ff.); *Ehmann*, Die Gesamtschuld, 1972, S. 215.

121 BGHZ 72, 358; abw. *Brox/Walker*, SchuldR BT, 2019, § 51 Rn. 5; *Larenz/Canaris*, SchuldR II/2, 1994, § 82 II 1 d; HK-BGB/*Ansgar Staudinger* (2019), § 830 Rn. 19.

122 *Keuk*, AcP 168 (1968), 175 (183ff.).

123 *Brambring*, Mittäter, Nebentäter und Beteiligte, 1973, S. 55.

124 *Langheim*, Der Begriff der Beteiligten in § 830 BGB, 1927, S. 25 f.

125 *Weckerle*, Die deliktische Verantwortlichkeit mehrerer, 1974, S. 69 ff.

BGB nicht für eine Anspruchsgrundlage. Die Schuldner haften bei ihm gesamtschuldnerisch aus der die Verantwortlichkeit begründenden Haftungsnorm (wie §823 I BGB). Diese Regelung spielt nur die Rolle einer Scharnierfunktion zwischen den Haftungsnormen des Deliktsrechts und den allgemeinen Regeln der Gesamtschuld. Die Nebentäter haften gesamtschuldnerisch, wenn ihre Handlungen Conditio sine qua non für den Erfolg sind. Deshalb besteht die Haftung jedes einzelnen Nebentäters schon aufgrund der Haftungstatbestände der §§ 823 ff. BGB, und gemäß § 840 Abs. 1 BGB wurde lediglich für den bestehenden Haftungsumfang die gesamtschuldnerische Verantwortlichkeit zugeordnet. Aus diesem Grund braucht die Gesamtschuld als Rechtsfolge nicht mehr überzeugend begründet zu werden, sondern sie steht außer Zweifel und ist selbstverständlich.[126] Meier plädiert dafür, dass § 840 Abs. 1 BGB nicht spezifisch die Nebentäterhaftung regeln solle, sondern, dass es wie in der historischen Rechtsprechung und den zeitgenössischen Schriften um 1900 geäußerten Ansichten um die deliktische Haftung mehrerer Schädiger generell gehe.[127] Deshalb hält sie die Meinung falsch und unrichtig, dass § 840 Abs. 1 BGB eine Ausnahme zur Teilschuldregel darstellt.

cc) Die Rechtsprechung

Die Rechtsprechung des BGH sah § 840 BGB nicht als eigene Anspruchsgrundlage an. In den meisten Urteilen setzte eine Haftung jedes Einzelnen von mehreren Schädigern bereits voraus, dass deren Tatbeiträge schon jeweils die Voraussetzungen der Einstandspflicht aus einem der Haftungstatbestände der §§ 823ff. BGB bzw. aus einem der Sondergesetze erfüllt haben.[128] Diese Haftung gestalte § 840 BGB als Gesamtschuld aus, wenn diese Personen miteinander nicht in Verbindung stehen und alle denselben Schaden verursacht haben.[129]

Im Urteil VI ZR 303/55 hat der BGH bei einer durch Kühe und einen PKW verursachten Tötung der Begründung des Berufungsgerichts zugestimmt, dass A als die Halterin der Kühe nach § 833 BGB als haftungsbegründenden Tatbestand eine Schadensersatzpflicht habe. Daneben sei der Tod des R überhaupt erst durch die fehlerhafte Fahrweise des H herbeigeführt worden. H hafte gegenüber G gem. § 823 BGB, § 7 StVG bzw. § 18 StVG. Die Ansicht der BGH ist,

---

126 MüKoBGB/*Wagner* (2017), § 840 Rn. 1 f.

127 *Meier*, Gesamtschulden, 2010, S. 718.

128 BGH NJW 1979, 544; LAG Mecklenburg-Vorpommern BeckRS 2016, 73741; BGH NJW 1988, 1719.

129 RGZ 96, 224 (225); BGHZ 17, 214 (221); 30. 203 (208); 59, 97 (101).

dass A nach § 840 BGB mit H in gesamtschuldnerischer Haftung verbunden ist. Die Schädiger sind alle nebeneinander verantwortlich und auch nach der auf Grundlage der Fälle der Gefährdungshaftung nach dem Straßenverkehrsgesetz anwendbaren Bestimmung des § 840 BGB gesamtschuldnerisch haftbar. Außerdem müssten durch das Berufungsgericht zur Ermittlung der Schadensquoten neben dem Beitrag des Geschädigten der Beitrag aller Schädiger abgewogen werden. Die Gesamtheit aller Schädiger gelte als „anderer Teil" i.S.d. §254 BGB.[130]

2. Die gesamtschuldnerische Haftung der Nebentäter im deutschen Recht

Zusammenfassend stellt sich eine Frage, warum nach der heute herrschenden Meinung die Nebentäter als Gesamtschuldner die solidarische Haftung trifft. Wir schauen auf die verschiedenen Arten von Nebentätern zurück. Bei der alternativen Kausalität besteht Einigkeit, dass die solidarische Haftung auf Ersatz des vollen Schadens gemäß § 830 Abs. 1 S. 2 BGB eintreten soll. Die Behandlung des Nebentäters bei der konkurrierenden Kausalität richtet sich mangels Anwendbarkeit des § 830 BGB nach den allgemeinen Regeln. Da grundsätzlich jeder nur für seinen eigenen Tatbeitrag haftet, bedeutet dies hier die Haftung des Nebentäters für den gesamten Schaden, weil der einzelne Beitrag die Verletzung verursacht hat. Da durch die Handlung des einzelnen Täters schon die Voraussetzungen des gesamten Schadensersatzes erfüllt ist, darf ihm das Hinzutreten eines weiteren Schädigers nicht zugutekommen.[131] Wenn die Nebentäter in einem Fall mit Anteilszweifel nach § 830 Abs. 1 S. 2 BGB als Gesamtschuldner gegenüber den Geschädigten haften, bildet die Gesamtkausalitätseignung der Tatbeträge dafür die Voraussetzung. Ansonsten scheidet die solidarische Haftung aus.

Unumstritten ist, dass die Fallkonstellation mit der kumulativen Kausalität die am meisten eingegrenzte Fallgruppe ist und, dass eine direkte Verbindungslinie zwischen der Nebentäterschaft und der kumulativen Kausalität besteht.[132] Setzt der Nebentäter nur eine notwendige, nicht aber auch hinreichende Bedingung, läge Teilschuld gemäß der formalen Grundregel des §420 BGB nahe. Das ist eben auch die Kausalitätskonstellation, bei der die Nebentäter nach Art. 12 HPflG nur eine Teilschuld treffen soll. Auf Grundlage welcher dogmatischen

130 Die Ansicht des OLG Schleswig ist mitgeteilt in BGH VersR 1957, 167.

131 So schon das RG vor Inkrafttreten des BGB in RGZ 14,144.

132 BeckOK BGB/*Johannes W. Flume* (2018), §249 Rn. 304.

Gedanken haften die Nebentäter bei der kumulativen Kausalität auch ohne spezifische Vorschrift im deutschen Recht gesamtschuldnerisch?

a) Der Gläubigervorteil bei gesamtschuldnerischer Bindung der Nebentäter

In der kumulativen Kausalität könnte der Geschädigte jeden Schädiger, der, weil der Geschädigte nur einmal den Schaden ersetzt bekommen soll, nur auf den Anteil des Schadens in Anspruch nehmen, der seinem Tatbeitrag entspricht. Im Prozess müsste der Geschädigte jedoch die einzelnen Tatbeiträge mehrerer Schädiger kennen oder es müsste mindestens bewiesen worden sein, dass er von mehreren Tätern geschädigt wurde. Außerdem müsste Anzahl oder die Schadensanteilsquote etwaiger unbekannter Mitschädiger berechnet werden. Da der Schadensersatz zumeist auf Geld gerichtet ist, könnte die Gesamtschuld bewirken, dass der Kläger frühestmöglich eine ausreichende Entschädigung erhält. Wäre gemäß § 420 BGB bei zwei Schädigern als Teilschuldner jeder der beiden für die Hälfte des Schadens haftbar, würden die Prozess- bzw. Transaktionskosten und -risiken ohne Frage auf ein Vielfaches steigen.[133] Aufgrund des Prozessrisikos wird daher die gesamtschuldnerische Haftung der Nebentäter begründet. Sie hat zur Folge, dass jeder Schädiger im Verhältnis zum Geschädigten auch für den fremden Anteil verantwortlich ist. Ein weiteres Argument ist, dass die Solidarhaftung bereits die natürliche Konsequenz des Prinzips ist, dass jeder für das ganze Schaden haftet, wenn sein Beitrag eine Mitursache für den ganzen Schaden gesetzt hat. Im deutschen Recht, wenn man von dem Mitverschulden des Geschädigten absieht, ist keine Aufteilung der Haftung nach dem Verantwortungsanteil des Einzelnen bekannt. Die Gegenmeinung argumentiert, dass die Erleichterung der Rechtverfolgung durch die solidarische Haftung keine Begründung im Sinne eines Prinzips ist, sondern dass sie die Folge oder Wirkung ist.[134] Der innere rechtfertigende Grund für die Inanspruchnahme eines Mitschädigers auf den ganzen Schaden ohne Rücksicht auf seinen Tatbeitrag muss erst gezeigt werden. Gefordert sei ein Zurechnungsgrund für die fremde Kausalität. Deshalb weist Ehmann darauf hin, dass die solidarische Haftung allerdings keine unbedingt zwingende gewissermaßen naturgesetzliche Folge für den Fall des Nebentäters ist, und dass besser begründet werden muss, dass die Auferlegung der gesamtschuldnerischen Bindung als eine Gewährung eines Ersatzanspruchs den Schutz des verletzten Rechtsguts erweitern soll.[135]

---

133 MüKoBGB/*Wagner* (2017), § 840 Rn. 1.

134 *Ehmann*, Die Gesamtschuld, 1972, S. 215, Fn. 4.

135 *Ehmann*, Die Gesamtschuld, 1972, S. 216.

Gegenüber dem Interesse der Schädiger, die nicht pro rata oder entsprechend ihren Verantwortungsbeiträgen haften, beruht es nicht darauf, dass eine solche Reglung nicht denkbar wäre, sondern allein auf der positiven Entscheidung der Rechtsordnung, die die Verteilung der Schadenstragung in das Innenverhältnis verwiesen und für das Außenverhältnis die solidarische Haftung aller für den ganzen Schaden angeordnet hat.

Wie die oben dargelegten Gründe, wird die solidarische Haftung der Nebentäter auf das Ganze das Risiko der Bestimmung der einzelnen Verantwortungsbeiträge der Schädiger reduzieren. Aus diesem Grund betrachtet Keuk die gesamtschuldnerische Haftung bei Nebentätern als eine ganz besondere Art. Anders als die Gesamtschuld der Mittäter, werden die Verantwortungsbeiträge aller Nebentäter zur Statuierung einer Gesamtverbindlichkeit verklammert, vom gemeinschaftlichen Willen hängt dies nicht ab. Außerdem sind die Nebentäter durch die Anordnung der gesamtschuldnerischen Haftung miteinander verbunden und haften im Außenverhältnis gegenüber dem Geschädigten auf Ersatz des gesamten Schadens, während die Anteile im Innenverhältnis unter den Nebentätern zum Ausgleich nach §254 BGB entsprechend den einzelnen Verantwortungsbeiträgen aufgeteilt werden.[136] Die Solidarhaftung ist nur ein rechtstechnischer Weg, sodass der Schädiger selbst die Beweislast dafür trägt, wie groß der Anteil seiner Verantwortung am Gesamtschaden ist, inwieweit er Anteile auf andere Schädiger abwälzen oder übernehmen kann und auch das Risiko der Insolvenz der übrigen Schädigen tragen muss.

Vor diesem Hintergrund gehen einige Meinungen davon, dass die für die gesamtschuldnerische Haftung mehrerer Schädiger, die Mittäter usw. sind, geltenden Vorschriften, nicht uneingeschränkt angewandt werden können, wenn die mehreren Schädiger Nebentäter sind.[137]

b) Haftung der Nebentäter bei Unaufklärbarkeit der Schadensverursachung

Tatsächlich können die Fälle im Alltagsleben, bei denen mehrerer Schädiger ohne gewolltes oder bewusstes Zusammenwirken einen Schaden verursacht haben, oft trotz der Beweisaufnahme nicht völlig von Zweifeln und Unklarheiten befreit werden.

---

136 *Keuk*, AcP 168 (1968), 175 (183 ff.)

137 BGH NJW 1966 1262 = 1810 m. Anm. *Dunz*.

aa) Ungeklärte Beiträge

In den Fällen der notwendig koinzidierenden oder der konkurrierenden Kausalität ergeben sich keine Probleme mit ungeklärten Beiträgen. Jeder Tatbeitrag ist für den ganzen Schaden als eine Bedingung gesetzt und es kann nicht entscheidend darauf ankommen, ob die Beiträge im Einzelnen exakt zugeordnet werden können. Der Fall der additiven Kausalität überschneidet sich mit der Grenzziehung zum Anteilszweifel nach § 830 Abs. 1 S. 2 BGB und der Teilschadenskausalität.

Es wird der Vorrang der Anteilshaftung vor der solidarischen Verantwortlichkeit anerkannt,[138] für die Teilschadenskausalität soll jedoch jeder trotz der Beweisschwierigkeiten nur für den von ihm verursachten Schadensteil haften. Dieser Anteil ist nach bestimmten Maßstäben zu bemessen und hilfsweise nach prozentualen Anteilen zu bestimmen.

bb) Ungeklärte Kausalverlauf

Bei unaufklärbarer Kausalität lässt sich nicht ermitteln, ob die mehreren Handlungen alternativ kausal zusammengetroffen sind, ob jede eine Conditio sine qua non für den gesamten Schaden war, oder es nur um additive Kausalität mit Teilschäden geht. Ein Fahrzeug kollidiert beispielsweise mit einem anderen Fahrzeug, das zuvor ins Schleudern geraten war und sich auf der Fahrbahn überschlagen hat. Es ist ungewiss, ob sich der Geschädigte im zweiten Fahrzeug die Verletzungen bereits beim ersten Unfall zugezogen hat, oder ob sie eine Folge der Kollision mit dem anderen Fahrzeug sind oder auf beide Ereignisse zurückzuführen sind.

Die mit der alternativen, konkurrierenden und kumulativen Kausalität verbundene Unaufklärbarkeit ändert an der vollen Haftung nichts. Wie bereits ausgeführt, muss das Risiko der Unaufklärbarkeit den Schädigern aufgebürdet werden und darf nicht den Verletzten treffen. Beachtenswert sind die Fälle, in denen auch die Möglichkeit besteht, dass jeder der Schädiger nur einen Teil des Schadens verursacht hat oder jeder Beitrag im Sinne der Conditio-Formel den Schaden kumulativ verursacht hat. Dies ist beispielsweise der Fall, wenn zwei Kraftfahrzeuge infolge fahrlässiger Fahrweise mit einem dritten Fahrzeug zusammenstoßen und nicht geklärt werden kann, ob die Schäden an diesem

---

138 BGHZ 66, 70 (76 f.) = NJW 1976, 797 (799); BGHZ 85, 375 (383) = NJW 1983, 872 (874); BGHZ 101, 106 (113) = NJW 1987, 2810 (2812); OLG Celle VersR 2002, 1300 (1302); *Larenz/Canaris*, SchuldR II/2, 1994, § 82 II 2d, S. 575; abl. *Mehring*, Beteiligung und Rechtswidrigkeit, 2003, S. 62 Fn. 12.

Wagen durch die beiden Fahrzeuge kumulativ verursacht wurden oder ob es mehrere von beiden Fahrzeugen herbeigeführte Teilschäden gibt, die sich zum Gesamtschaden aufsummiert haben. Es muss also nachgewiesen werden, dass die einzelnen Handlungen generell nicht geeignet waren, den ganzen Schaden zu verursachen. Daraus resultiert die Frage, ob hier jeder Fahrzeugführer für den ganzen Schaden haftet, weil sich nicht ausschließen lässt, dass er diesen Schaden als Nebentäter mit kumulativer Kausalität mitverursacht hat. Nach der Rechtsprechung vertraten die Gerichte die Ansicht, dass die Beweisnot des Geschädigten durch die Regelung des § 830 Abs. 1 S. 2 BGB überwunden werde[139] oder eine analoge Anwendung dieser Artikel möglich sei[140]. Das ist auch der Grund, warum die Nebentäterfälle mit kumulativer Kausalität mit § 830 Abs. 1 S. 2 BGB verknüpft werden, wenn es um die Solidarhaftung der Nebentäterschaft geht.

c) *Eigene Auffassung*

Wenn man sie im engsten Sinne des Begriffs versteht, umfasst die Nebentäterschaft nur die kumulative Kausalität. Daher ist es missverständlich, dass Nebentäterschaft unter § 830 Abs. 1 S. 2 BGB fallen soll,[141] da es bei der Nebentäterschaft mit kumulativer Kausalität keine potentiellen, sondern nur wirkliche Schädiger gibt. Die Verantwortungsbeiträge aller Beteiligten sind Ursache des Schadenseintritts. Das ist auch der Grund, weshalb für die Fälle mit kumulativer Kausalität weder Grund noch Bedürfnis für eine Regelung wie § 830 Abs. 1 S. 2 BGB zur Überwindung von Kausalitätszweifeln besteht.

3. Entstehungsgeschichte und Systematik der Vorschriften im chinesischen Recht

Die Anteilshaftung bei mehreren fahrlässigen Tätern besteht schon seit langer Zeit, wie man aus der Entstehungsgeschichte des chinesischen Deliktpflichtrechts erfahren kann.

---

139 Vgl. LG Essen, VersR 1963, 100 und LG Köln VersR 1966, 347.

140 Vgl. OLG Karlsruhe, NJW 1971, 1944.

141 BeckOK BGB/*Spindler* (2019), § 830 Rn. 3; Erman/*Schiemann* (2017), § 830 Rn. 5; BeckOK BGB/*Johannes W. Flume* (2018), § 249 Rn. 294 f.; MüKoBGB/*Wagner* (2017), § 840 Rn. 4.

a) *Erläuterungen des Obersten Volksgerichts zum Schadensersatz für Körperschäden*

Die „Erläuterungen des Obersten Volksgerichts zu einigen Fragen der Anwendung des Rechts bei der Behandlung von Fällen des Ersatzes von Körperschäden“ (Abkürzung: EoBKS) wurden am 04.12.2003 auf der Sitzung des Rechtsprechungsausschusses des Obersten Volksgerichts verabschiedet. Sie wurden damit verkündet und traten am 01.05.2004 in Kraft.

Nach Artikel 3 Abs. 1 EoBKS[142] setzt die gesamtschuldnerische Haftung voraus, dass die Handlungen mehrerer Personen direkt denselben Schaden verursachen. Unerheblich ist, ob die Personen gemeinschaftlich gehandelt haben. Abs. 2 stellte klar, dass ansonsten die Schädiger jeweilig die Haftung auf der Grundlage des Grades der Fahrlässigkeit oder des Grades der jeweiligen Verursachung tragen, wenn die Täter eigene Handlung getrennt ausführen und die Handlungen nur indirekt gemeinsam denselben Schaden verursachen.

Es bestehen demnach bei den Fallgruppen mit mehreren Schädigern ohne gemeinschaftlichen Vorsatz oder gemeinschaftliche Fahrlässigkeit zwei Formen: Entweder ist der Erfolg direkt oder er ist indirekt durch gemeinsames Handeln entstanden. Durch welche Kriterien diese beiden Formen unterschieden werden, ließen diese Erläuterungen allerdings unerklärt. Die Literatur deutet das Konzept wie folgt: Wenn mehrere Täter die rechtsverletzenden Handlungen getrennt bzw. ohne gewolltes oder bewusstes Zusammenwirken ausführen, würden diese als mehrere Teilursachen zu demselben Schaden gelten, während die Handlungen der Gesamtschuldner als einheitlicher Kausalzusammenhang gesehen werden. Die Ursachen zu einem Schaden bestehen aus zwei Arten: dem indirekt und dem direkt verursachten Schaden.[143]

---

142 Übersetzt von *Matthias Göbel*, in: ZchinR, Bd. 11 Nr. 3 (2004). Art. 3: Führt gemeinschaftlicher Vorsatz oder gemeinschaftliche Fahrlässigkeit mehrerer Personen zu Personenschäden, oder liegt zwar kein gemeinschaftlicher Vorsatz oder keine gemeinschaftliche Fahrlässigkeit vor, aber die deliktischen Handlungen lassen direkt gemeinsam denselben schädigenden Erfolg entstehen, ist [der Tatbestand] eines gemeinschaftlichen Delikts erfüllt, so dass gemäß § 130 AGZR die Liegt zwar kein gemeinschaftlicher Vorsatz oder keine gemeinschaftliche Fahrlässigkeit mehrerer Personen vor, lässt aber die getrennte Ausführung der einzelnen Handlungen indirekt gemeinsam denselben schädigenden Erfolg entstehen, muss die jeweilige Schadensersatzhaftung auf der Grundlage des Grades der Fahrlässigkeit oder des Grades der jeweiligen Verursachung übernommen werden.

143 *Cheng, Xiao* (程啸), in: Journal of Jinan, 05/2011, S. 65 f.

aa) Die Rechtsprechung

Vor der Verabschiedung des Haftpflichtgesetzes hatten die Landgerichte häufig Bedenken bei der Anwendung von § 3 EoBKS im Nebentäterfall.[144] Das Resultat waren unterschiedliche Entscheidungen zu gleichen Sachverhalten. Das untere Volksgericht Dingnan hat nach der Sachverhaltsfeststellung über die Haftungsverteilung durch die Verkehrspolizei geurteilt, dass jeden der beiden Autofahrer dem geschädigten Radfahrer gegenüber jeweils die seinem Verursachungsbeitrag entsprechende Haftung trifft. Der Radfahrer hatte bei einem Zusammenstoßen der beiden Fahrzeuge Prellungen am Bein erlitten. Das Gericht urteilte, dass ein Autofahrer 70% des Schadensersatzes und der andere 30% des Schadensersatzes zu tragen habe. Der Geschädigte als Kläger hat mit Recht darauf verwiesen, dass der Schaden nur durch Zusammentreffen der rechtswidrigen Handlungen der Autofahrer entstanden sei. Obwohl diese keinen gemeinschaftlichen Vorsatz hatten, führten die fahrlässigen Handlungen direkt zu demselben Schaden. Dementsprechend sollten sie gem. §3 Abs. 1 EoBKS gesamtschuldnerisch haften. Dies sah das Landgericht anders. Das obere Gericht der Stadt Ganzhou hat auf die Berufung des Klägers hin den Klageanspruch gegen die beiden auf ein Gesamtschuldverhältnis für gerechtfertigt erklärt. Und es hat diesen Zusammenstoß als engen Zusammenhang, ähnlich einer gemeinschaftlichen ursächlichen Verantwortung für die Verletzung gesehen.[145] Das oberste Gericht und die übrige Rechtsprechung sah in vielen Fällen einen indirekten Erfolg auch dann als gegeben an, wenn auf der Seite eines Beteiligtes eine Sorgfaltspflichtverletzung durch Unterlassung besteht und er dadurch eine wichtige Bedingung dafür schafft, dass die anderen Handlungen zum Schadenseintritt führen.[146]

Im Jahr 1999 hat eine Multiple-Choice-Frage des rechtwissenschaftlichen Staatsexamens von Nebentäterschaft gehandelt. Ihr lag der Sachverhalt zugrunde, dass an einem verregneten Abend der Geschädigte G mit dem Fahrrad langsam auf der rechten Straßenseite fuhr. Den Falschfahrer A, der nicht nur auf der falschen Straßenseite, sondern auch ohne Licht fuhr, bemerkte er erst, als dieser den Geschädigten zwang weiter nach rechts auszuweichen. G sah die Baustellengrube in der Straße nicht, stürzte kopfüber hinein und verletzte sich schwer. An

144 *Yang, Lixin* (杨立新), Deliktsrecht, 2011, S. 325 ff.; *Wang, Liming* (王利明), Bürgerliches Recht Deliktsrecht, 2003, S. 364 ff.; *Zhang, Xinbao* (张新宝), Prinzipien, 2005, S. 61; *Huang, Songyou* (黄松有), 2004, S. 63–65.

145 MVG Ganzhou, Urteil (2008) – S 363 [(2008) 赣中民四终字第 363 号].

146 *Huang, Songyou* (黄松有), 2004, S. 63–65； *Ning, Zian* (宁子昂), in: Contemporary Law Review, 3/2015.

der Baustelle war kein Warnschild angebracht worden. Nach der vom Justizministerium veröffentlichten Antwort haften A und das Bauunternehmen B dem Geschädigten gegenüber für den gesamten Schaden solidarisch, da die Schädiger die Verletzung gemeinsam verursacht haben.[147] Nach dem Erlass des EoBKS ist die zutreffende Auswahl dahin gehend geändert worden, dass A und das Bauunternehmen B separat die jeweilige Haftung tragen sollen. Zur Begründung wurde ausgeführt, dass die jeweiligen Beiträge beider Verhalten trotz desselben Schadens deutlich abgrenzbar und diese Teilursachen durch die Verbindung nicht zu einem einzigen Element der Schadensentstehung geworden sind. Deshalb liege hier ein indirekter gemeinsamer Schaden vor.[148]

Für den indirekten gemeinsamen Schaden wird ein Urteil als Beispiel angeführt, in denen eine Unterlassung auf einer Seite das entscheidende Kriterium ist.[149] Als es regnete, überschwemmte Regenwasser die Wohnung des Klägers und verursachte massive Schäden. Dies war darauf zurückzuführen, dass das Regenfallrohr undicht war. Dies hätte bei richtiger Wartung durch das Immobilienunternehmen auffallen müssen. Außerdem wurde der Nachbarin als Eigentümer das aktive Verschließen des Bodenablaufs und des Fallrohrs angelastet. Das Gericht urteilte hier, dass das Immobilienunternehmen die Prüf- und Pflegepflicht verletzt habe. Zudem war der Gesetzverstoß der Nachbarin ebenfalls für den Gesamterfolg notwendig. Daher stufte das Gericht den Grad der jeweiligen Verursachung, eine durch Tun, andere durch Unterlassen, als gleich ein und so traf beide Seiten jeweils die Hälfte des Verschuldens des Schadens.

bb) Literaturmeinungen

Nach den in der Literatur vertretenen Meinungen bestehen drei Kriterien, um direkt oder indirekt verursachte Schäden zu unterscheiden.

(1) Eine enge Beziehung der Handlungen: Ein direkt gemeinsam entstandener Schaden bedeutet, dass sich die jeweiligen Bedingungen in einem Kausalzusammenhang vereinigen und zu einem Schaden führen, der nur dadurch

---

147 Das chinesische Staatsexamen im Jahr 1999, Teil 2, Frage 12, (国家司法考试 1999 年卷二第 12 题), hier zitiert nach *Wu, Jingming* (吴景明), Prüfungswissen III, 2004, S. 60.

148 Das chinesische Staatsexamen im Jahr 2010, Teil 3, Frage 20. (国家司法考试 2010 年试卷三第 20 题), in: http://www.moj.gov.cn/government_service/content/2010-09/09/sfksstjda_7601.html, abgerufen am 21-07-2018. Der Sachverhalt wurde leicht geändert, die gegebene Antworten ist Anteilshaftung.

149 Shanghai-No. 2-MVG, Urteil (2011) – I S 423 [上海市第二中级人民法院民事判决书 (2010) 沪二中民一 (民) 终字第 423 号].

in dieser Weise eintreten konnte. Ein indirekt gemeinsam entstandener Schaden bedeutet hingegen, dass eine Handlung mehrerer Schädiger eine Bedingung von außen für den Schaden ist, die selbst nicht direkt oder zwangsläufig zum Erfolg führt. Die anderen Tatbeiträge sind dabei die entscheidenden Elemente.[150]

(2) Der zeitliche und räumliche Zusammenhang: Die jeweiligen Handlungen müssen am gleichen Ort und zur gleichen Zeit geschehen sein, um zu einem direkten Schaden zu führen. Ansonsten ist nur ein indirekt gemeinsam entstandener Erfolg möglich.[151]

(3) Gemischtes Kriterium: Die enge Beziehung und gleiche Orte und Zeitpunkte werden zusammen als Kriterien beurteilt.

Tatsächlich ist es sehr schwer durch die obengenannten Kriterien zu unterscheiden, ob der Schaden in einem Fall direkt oder indirekt entstanden ist. Nach dem Kriterium „enge Beziehung" muss ein Urteil gefällt werden, ob die Handlungen eng oder nicht eng miteinander verbunden sind. Diese Bemessung der Enge der Verbindung ist abstrakt und verschwommen.[152] Die ganz unterschiedlichen Beurteilungen in ähnlichen Fällen sind auf das freie Ermessen des Richters zurückzuführen. Außerdem scheint es, dass dieses Kriterium für den indirekt entstandenen Schaden mehr um die Verknüpfung von positiven (Tun) und negativen (Unterlassen) Handlungen kreist. Wenn aber mehrere aktive vorsätzliche unerlaubte Handlungen unabhängig voneinander einen einheitlichen Schaden verursachen, ist es auch möglich, dass eine davon ihrerseits für das Tun einer anderen Person eine Gelegenheit oder Bedingung darstellt.

Das zweite Kriterium ist einseitig, obwohl die getrennt ausgeführten Handlungen bei einigen Fällen zu unterschiedlicher Zeit oder nicht in gleichen Orten stattfinden, sollen alle Täter die gesamtschuldnerische Haftung übernehmen.[153] Im bereits beschriebenen Fall leiteten zwei Unternehmen unabhängig voneinander und nacheinander (also in einem längeren Zeitabstand) schädliches Abwasser in einen Fluss. Das Zusammenwirken der Menge des Abwassers machte das Wasser des Flusses zum Gebrauch für die Allgemeinheit untauglich. Die

150 *Huang, Songyou* (黄松有), 2004, S. 63–65; *Autorengruppe für Fälle und Kommentare der Volksgerichte* (人民法院案例与评注编写组), 2006, Teil 1, Fall 18 S. 1–112.

151 *Chen, Xianjie* (陈现杰), 2004, S. 66; *Autorengruppe für Fälle und Kommentare der Volksgerichte* (人民法院案例与评注编写组), 2006, Teil 1, Fall 67, S. 1–432; *Wang, Liming* (王利明), in: Renmin University Law Review, 3/2004.

152 *Zhang, Tiewei* (张铁薇), 2007, S. 140 ff.

153 *Wang, Liming* (王利明), in: Renmin University Law Review, 3/2004.

Verschmutzung wurde lange Zeit später erst bekannt und ihren Grund ließ sich nur schwer feststellen. So ist es unmöglich sicher zu beurteilen, ob die beiden Faktoren Solidarhaftung tragen müssen.

Ob die Täter gegenüber dem Geschädigten tatsächlich solidarisch Haftung tragen, obliegt der abschließenden Entscheidung des Richters. Wenn mehrere Handlungen indirekt zum Eintritt eines Schadens führen, müsste der Geschädigte einzeln gegenüber jedem Schädiger Schadensersatz beanspruchen und auch das Insolvenzrisiko tragen. Das Gericht hat unter Berücksichtigung des Inhaltes der Verhandlungen nach freier richterlicher Überzeugung nicht nur über das Maß der Bindung jeder einzelnen Handlung und den Grad der Verursachung zu entscheiden, sondern auch darüber, ob der verursachte Schaden eine untrennbare Einheit ist. Bei solchen komplexen und vom richterlichen Ermessen geprägten Prozessen werden die Anwendungsbereiche der solidarischen Haftung erweitert, um die Interessen der Geschädigten zu schützen.[154]

b) Entwürfe eines chinesischen Haftpflichtgesetzes

Zum Ende des Jahres 2002 wurde der erste Entwurf für ein chinesisches Haftpflichtgesetz entsprechend dem achten Kapitel „Deliktsrecht" im chinesischen Zivilrechts (Entwurf) vorgelegt.[155] In den anschließenden sechs Jahren sind die von Wissenschaftlern vorgeschlagenen Entwürfe des Haftpflichtgesetztes besonders auffällig, obwohl der Entwurf unseres Zivilgesetzbuches nicht abgeschlossen wurde. An der nachfolgenden Debatte nahmen viele Rechtswissenschaftler auch zur Frage der Haftung bei der Beteiligung mehrerer Personen am Delikt Stellung.

---

154 *Wang, Liming* (王利明): in: Renmin University Law Review, 3/2004; *Ou, Yanfeng* (欧彦峰), in: Das 20. Akademische Symposium des Nationalen Gerichtshofs, 14-11-2008.

155 Auf dem Weg zu einem chinesischen Zivilgesetzbuch erfolgte ein neuer Anlauf im Dezember 2002, legte die Rechtsarbeitskommission einen offiziellen Entwurf für ein Zivilgesetzbuch der VR China (unterteilt in neun Bücher) vor. Im Jahr 2003 befand wegen umstrittenen Diskussionen der Ständige Ausschuss des 10. Nationalen Volkskongresses, dass der Entwurf des Zivilgesetzes (Entwurf für eine Stellungnahme) mehr als 1,200 Artikel enthielt, die umfangreich und inhaltlich komplex. Das ist sehr schwierig und wird lange Zeit dauern, als ein Gesetzbuch zu überarbeiten und überprüfen. Deshalb beschlossen, dass jedes Buch dennoch in Form eines einzeiligen Gesetzes zu veröffentlichen und umzusetzen wurde. Aufgrund dieser Tatsache wurde der Entwurf zurückgestellt.

aa) Entwurf des Haftpflichtgesetzes von Liming Wang

Wang vertrat die Ansicht, dass die Haftung mehrerer Täter, die aber untereinander ohne subjektive Willensverbindung sind, nicht zu dem Bereich der gesamtschuldnerischen Haftung gehöre. Das Haftpflichtgesetz solle in solchen Fällen in einer speziellen Regelung klarstellen, dass nach §1846 des Entwurfs jeder Schädiger die für sich entsprechende Haftung tragen muss, wenn zwei oder mehrere Täter durch die getrennten Handlungen den gleichen Schaden verursachen. Wenn sich das Ausmaß der jeweiligen Verantwortung nicht feststellen lasse sei zu vermuten, dass die Haftung gleichmäßig sei (also in gleichen Anteilen auf die Schädiger verteilt wird) .[156] Der Grund für die Teilschuldanordnung ist hier die Abgrenzung zur Mittäterschaft: Wenn das Zusammenwirken aller Handlungen eine objektive Verbindung wäre, gäbe es keine subjektive gemeinschaftliche Schuld, die wiederum das Wesen der Mittäterschaft ist und die Besonderheit der Mittäterschaft ist Gesamtschuld. Es ist der Unterschied zu den Gesamtschuldnern mit gemeinschaftlichem Vorsatz, der bestimmt, ob jeder Täter die seinem Beitrag entsprechende Haftung trägt oder die Haftung auf alle Täter gleichmäßig verteilt wird.[157]

Hier gab es freilich kein Kriterium, nach dem jede rechtsverletzende Handlung ausreichen muss, um den gesamten Schaden zu verursachen. Wenn also bei Wegfall der Handlung eines einzelnen Täters der gleiche Erfolg durch andere Ursachen herbeigeführt worden wäre, übernimmt jeder Täter ebenfalls den seinem Kausalbeitrag entsprechenden Anteil des Schadensersatzes und so haften alle für den ganzen Schaden. Aber hier geht es nicht um gesamtschuldnerische Haftung.

Nach Wangs Ansicht ist die in der vorliegenden Arbeit als kumulative bezeichnete Kausalitätsform als anteilige Kausalität bezeichnet.[158] Kritik daran übte Wang Zejian. Er definierte anteilige Kausalität als einen Begriff dafür, dass verschiedene Handlungen verschiedene unabhängige Schäden zusammen verursacht haben, während es bei Multikausalität nur um einen unteilbaren Schaden gehe.[159]

156 Vgl. *Wang, Liming* (王利明)， Legislativen Gründen, 2003, S. 47.
157 Vgl. *Wang, Liming* (王利明), Deliktsrecht, 2006, S. 93.
158 Vgl. *Wang, Liming* (王利明), Haftungspflichtgesetz, Band. I., 2010, S. 576.
159 Vgl. *Wang, Zejian* (王泽鉴): Deliktische Handlung, 2009, S. 353, 361.

bb) Entwurf des Haftpflichtgesetzes von Huixing Liang

In diesem Entwurf wurde die Vorschrift für Nebentäterschaft mit kumulativer Kausalität vor den Artikel über Mittäter und Beteiligte gestellt.[160] Der Nebentäter haftet nach dem Grade der Verursachung bzw. des jeweiligen Verursachungsbeitrages. Kumulative Kausalität bedeutet hier, dass mehrere Ursachen nur durch Zusammenwirken zum selben Erfolg geführt haben.[161] Es besteht nicht nur die Kumulation mehrerer Handlungen, sondern auch die von Handlungen und von Gefährdung. Liang stellte zum ersten Mal die Forderung auf, dass solche Fälle als eine isolierte Art von Mittäterschaft unterschieden werden und die Täter die Haftung nicht gesamtschuldnerisch tragen sollten. Auffällig ist, dass dies nicht im Wortlaut des Artikels ausgedrückt wird: Statt „Wenn mehrere Personen durch die getrennte Ausführung von rechtsverletzenden Handlungen denselben Schaden verursachen", verwendete Liang die Formulierung „konkurrierende Kausalität" direkt.

Liang stellte nach dem Erlass des neuen chinesischen Haftpflichtgesetzes fest, dass die Verfasser auf der Basis praktischer Beurteilungen sowie der japanischen Theorie und der japanischen Rechtsprechung, für die Fälle der Nebentäterschaft, also die Haftung bei mehreren Schädigern ohne subjektive Willensverbindung, speziell die Artikel 11 und 12 als Regelungen vorgesehen habe.[162] Das Haftpflichtgesetz habe den Standpunkt des Obersten Volksgerichts zum Schadensersatz für Körperschäden betätigt, wonach die Anteilshaftung bei mehreren Schädigern angeordnet werden solle, wenn diese weder gemeinschaftliche Vorsätze noch Fahrlässigkeit hätten.[163]

cc) Entwurf des Haftpflichtgesetzes von Guodong Xu

In dem Kapital über die gemeinschaftlich begangene unerlaubte Handlung seines Entwurfs stellte Xu in Auseinandersetzung mit §§ 830 BGB, Art. 719 Japanische ZGB und § 1080 des russischen Zivilrechts in seinem § 1509 für die Haftung mehrerer Schädiger fest: wenn „mehrere durch eine gemeinschaftlich

---

160 *Liang, Huixing* (梁慧星), in: Chinese Journal of Law, 02/2002. Art. 9 des Entwurfs: In einem Fall, in dem es sich nicht um Mittäter handelt, sondern um konkurrierende Kausalität, übernimmt jede verantwortliche Person für sich die Haftung nach Verursachungsmaß.

161 Liang nannte die kumulative Kausalität als konkurrierende Kausalität, siehe auch in *Liang, Huixing* (梁慧星), in: Legal Forum, 02/2010.

162 *Liang, Huixing* (梁慧星), in: Legal Forum, 02/2010.

163 *Liang, Huixing* (梁慧星), in: Legal Forum, 02/2010.

begangene unerlaubte Handlung einen anderen schädigen, haften alle Schädiger als Gesamtschuldner; das gleiche gilt, wenn sich nicht ermitteln lässt, wer von mehreren den Schaden durch seine Handlung verursacht hat."[164] Anders als die beiden übrigen Entwürfe enthält dieser keine zusätzlichen Artikel für die Fallgruppe, dass mehrere Schädiger durch eine getrennte Ausführung von Handlungen den gleichen Schaden verursachen.

Obwohl das Differenzierungskriterium, ob der Schaden direkt oder indirekt entstanden ist, in allen Entwürfe weggelassen wurde, bezogen sich die Entwürfe von Liang und Wang eindeutig darauf, dass alle Schädiger gegenüber dem Geschädigten nicht solidarisch haften, wenn der gleiche Schaden durch die getrennt ausgeführten Handlungen verursacht wurde, während Xus Vorschlag dazu neigte, dass ein gemeinschaftlicher Entschluss für die solidarische Haftung mehrerer Schädiger keine Voraussetzung ist.

c) Das neue chinesische Haftpflichtgesetz

Das 2010 in Kraft tretende Haftpflichtgesetz wurde in einen Allgemeinen und einen Besonderen Teil untergliedert, welcher die abstrakte Formulierung allgemeiner Grundtatbestände und Haftungsprinzipien sowie eine detaillierte Regelung von Einzelproblemen umfasst.[165] In dem Kapitel „Begründung und Art der Haftung" wurden Fragen der Täterschaft geregelt. Inhaltlich ordnet Art. 8 HPflG[166] lediglich die Rechtsfolge (Gesamtschuld) im Falle einer gemeinschaftlichen deliktischen Handlung an, ohne die tatbestandlichen Voraussetzungen dafür festzulegen. Art. 10 HPflG[167] ist die Regelung für Beteiligte in Fällen alternativer Kausalität. Eine irrtümliche Ansicht ist, dass Art. 11 HPflG[168] die Mehrtäterfälle mit Kausalitätsvermutung umfasst.[169] Nach dem Wortlaut des Art. 11

---

164 Vgl. *Xu, Guodong* (徐国栋): Green Civil Code Draft, 2004, S. 705–725.

165 *Bollweg/Doukoff/Jansen*, Das neue chinesische Haftpflichtgesetz, 2011, S. 91 ff.

166 Deutsche Übersetzung siehe: *Liu/Pißler*, ZchinR Bd. 17 Nr. 1 (2010). Art. 8: *Haben mehrere gemeinsam die rechtsverletzende Handlung ausgeführt und anderen einen Schaden verursacht, müssen sie die gesamtschuldnerische Haftung übernehmen.*

167 Deutsche Übersetzung siehe: *Liu/Pißler*, ZchinR Bd. 17 Nr. 1 (2010). Art. 10: *Wenn mehrere Personen Handlungen ausführen, welche die Sicherheit von Personen oder Vermögen anderer gefährden, die Handlungen einer oder mehrerer dieser Personen den Schaden eines anderen verursachen, und sich der konkrete Verletzter feststellen lässt, wird die Haftung vom Verletzter übernommen; wenn sich kein konkreter Verletzter feststellen lässt, übernehmen die Handelnden die gesamtschuldnerische Haftung.*

168 Siehe Fn. 2.

169 *Binding*, Das Gesetz der VR China über die deliktische Haftung, 2012, S. 60 f.; *Cheng, Xiao (程啸)*, in: Journal of Jinan, 2/2012.

HPflG muss festgestellt sein, dass die Handlungen von mehreren Personen ohne Zweifel den Schaden mitverursacht haben. Aber es steht dem in Anspruch genommenen Beklagten im Fall des Art. 10 HPflG offen, sich zu entlasten, indem er nachweist, wer der konkrete Schädiger ist. Und wird „eine Person oder einige Personen aus der Gruppe der Schädiger“ in Art. 10 HPflG benutzt, so ist dies auch ein Kriterium, um ihn von den folgenden Art. 11 und 12 HPflG[170]zu unterscheiden. Diese zwei Artikel handeln von den Fallgruppen, in denen ein Schaden durch die getrennten Ausführungen von rechtsverletzenden Handlungen mehrerer Schädiger verursacht wurde. Bemerkenswert ist, dass wenn jede der rechtsverletzenden Handlungen für die Entstehung des gesamten Schadens ausreichend wäre, dies wohl zum entscheidenden Faktor für die Anwendung des Artikels wird. Durch diese zwei Vorschriften Art. 11 und Art. 12 HPflG im chinesischen Haftpflichtgesetz sind eigentlich die Nebentäterfälle (außer alternative Kausalität) geregelt, und führen zu zwei völlig verschiedenen Haftungsformen: gesamtschuldnerische Haftung und Anteilshaftung. Diese hängen davon ab, ob die Ausführung der einzelnen Handlung für das Entstehen des ganzen Schadens ausreicht.

Die von dem Obersten Volksgericht verabschiedete Erläuterung[171], die zu einigen Fragen der Anwendung des Rechts bei der Behandlung des Schadensersatzes bei den Verkehrsunfällen Stellung bezieht, hat auch unter Verweis auf Art. 13 deutlich erklärt, dass, wenn an einem Verkehrsunfall mindestens zwei Kraftfahrzeuge beteiligt sind und ein Dritter dabei verletzt wird, das Volksgericht unter jeweiliger Berücksichtigung des Umstands im Einzelfall nach den Artikeln 10, 11 und 12 HPflG festlegen sollte, ob die Schädiger dem Geschädigten gesamtschuldnerisch oder getrennt haften. Die Kriterien für die direkte oder indirekte Verursachung wurden hier nicht mehr angewendet.

Lixin Yang hat als ein Vater des chinesischen Haftpflichtgesetzes erklärt, dass das chinesische Haftpflichtgesetz nach den Erfahrungen aus den ausländischen Rechtssystemen ausgerichtet ist und im Bereich der Mehrtäterschaft die verschiedenen Haftungsarten konkret und systematisch angeordnet wurden.[172] Es sei nicht verallgemeinernd, dass die gesamtschuldnerische Haftung in den Fällen mit mehreren Schädigern ohne gewolltes Zusammenwirken eingeräumt wird.

---

170 Siehe Fn. 3.

171 Die „Erläuterungen des Obersten Volksgerichts zu einigen Fragen des Schadensersatzes bei der Behandlung von Verkehrsunfällen“ wurden am 17.09.2012 auf der Sitzung des Rechtsprechungsausschusses des Obersten Volksgerichts verabschiedet.

172 *Yang, Lixin* (杨立新), in: China Legal Science, 05/2009.

Liming Wang hat die Legitimität damit begründet, dass es unfair sei, dass jeder der Nebentäter für den ganzen Schaden haften müsste, wenn die einzelne Handlung nur einen Teil des Schadens verursacht haben könnte. Aus der Perspektive des subjektiven Elements fehlt es hier am subjektiven Vorsatz, sodass es keine Grundlage dafür gibt, dass ein Täter wegen den Handlungen der anderen belastet wird. Dass die Handlung eines Täters kausal für die Entstehung des Schadens ist, kann nicht als ausreichende Rechtfertigung dafür gelten, jedem die volle Haftung aufzuerlegen. Zum Letzten schützt die Solidarhaftung die Interessen des Geschädigten auch nicht vollständig, weil der Kausalzusammenhang zwischen der einzelnen Handlung und dem Schaden bei Unaufklärbarkeit des Sachverhaltes schwer zu beweisen ist.[173]

Dies führt zu Bedenken, die sich anhand eines Beispiels darlegen lassen. Im Beispielfall entsorgen zwei Unternehmen Chemikalien auf einer Müllkippe, wobei die Menge des einen Unternehmens allein schon ausgereicht hätte, eine Grundwasserverschmutzung zu verursachen, während die des anderen alleine nicht zu diesem Schaden hätte führen können. Auch wäre es möglich, dass sich die beiden Mengen hinsichtlich ihres Ursprungs und ihrer Schadenswirkung gar nicht umfassend aufklären lassen. Die Frage, welche Haftung die beiden Täter in den beiden geschilderten Situationen tragen, ist nicht eindeutig zu klären. Im Fall der Kettenauffahrunfälle ist es sehr schwer zu ermitteln und zu bestimmen, ob der gesamte Körperschaden schon eingetreten war, als der Erstschädiger über das linke Bein des Schädigers gefahren war, sodass das Bein ohne die Handlung des Zweitschädiger ohnehin amputiert worden wäre. In dieser Situation ist die Sachverhaltsfeststellung der Verkehrspolizei und die Gutachten unbedingt erforderlich, um zu entscheiden, ob eine solidarische Haftung zu bejahen ist oder auf eine Teilschuld- bzw. die gleichmäßige Verteilung auf alle Schädiger zu erkennen ist. Nach den Amtsblättern des Obersten Volksgerichts von 1985 bis 2011 sind ungefähr 200 Deliktsfälle veröffentlicht geworden. Davon wurde bei 22 Urteilen auf eine solidarische Haftung erkannt. Von diesen gab es zwei Fälle, die auch eine Innenverhältnisquote von den Beklagten im gleichen Prozess festgelegt hatten.[174]

---

173 *Wang, Liming* (王利明), in: Law Science Magazine, 02/2010, S. 6.

174 Kommuniqué des obersten Volksgerichtshofs der VR China, die veröffentlichen klassischen Fälle von 1985 bis 2011, in: http://gongbao.court.gov.cn/ArticleList.html?serial_no=al, abgerufen am 14-07-2017.

d) Das Unterscheidungskriterium von Solidarhaftung und Teilschuld

Das im Gesetz verwandte Wort „ausreichend" bedeutet natürlich nicht, dass der einzelne Tatbeitrag des Nebentäters tatsächlich den Schaden verursacht haben muss, indem aber eine solche Möglichkeit theoretisch vorliegt, übernimmt der Nebentäter die Haftung für den ganzen Schaden. In der Tat gibt es auch einige Nebentäterfälle, in denen der Unfallhergang nicht mehr konkret aufgeklärt werden kann, bei denen lediglich unzweifelhaft ist, dass der Tatbeitrag der einzelnen Schädiger sich auf die Entstehung des Schadens ausgewirkt hat. Unklar bleibt in diesen Fällen, ob irgendeine Handlung die potentielle Schadenswirkung als Ergebnis gehabt hätte, da der Schweregrad der vom Nebentäter ausgeführten Tat oder seines Unterlassens unklar ist. Die Verantwortung eines Tatbeitrags, der zu dem ganzen Schaden geführt haben könnte, ist nicht unbedingt größer als der einer Handlung, die den Schaden alleine nicht hätte verursachen können. Die Nebentäter tragen in einem solchen Fall, da die Grenzen unscharf sind, ganz unterschiedliche Risiken. Daher bringt die Anforderung an eine Handlung zum Entstehen eines Schadens „ausreichend" zu sein, den Interessenschutz des Geschädigten mit den zwei Normen des HPflG in Konflikt. Auffällig ist, dass „ausreichend" nicht deutlich als Voraussetzung der solidarischen Haftung nur bei alternativer Kausalität ausgedrückt wird, sondern auch ein Kriterium der Haftungsauferlegung zwischen Nebentäter bei kumulativer und konkurrierender Kausalität ist. Wenn der Geschädigte von einem Nebentäter Ersatz des ganzen Schadens verlangen will, ist es lediglich erforderlich, dass die Voraussetzung der Gesamtkausalitätseignung zusammen mit dem Nachweis der übrigen Haftungsvoraussetzungen vorliegt.

Die Unterschiede beider Rechtssysteme werden damit deutlich. Unstrittig ist im deutschen und im chinesischen Recht, dass, wenn jede einzelne Handlung der Schädiger mit konkurrierender Kausalität den Schaden allein herbeigeführt hätte, der Beitrag also keine ex post notwendige, sondern eine von mehreren ex ante hinreichenden Bedingungen ist, Gesamtschuld der Nebentäter vorliegt.[175] Unterschiedlich gelöst werden demgegenüber die Fälle der Nebentäterschaft mit kumulativer und additiver Kausalität.

Wenn es aus kausaler Sicht klar ist, dass jeder Schädiger nur für den von ihm verursachten Schadensteil haftet, dann besteht grundsätzlich bei nicht verschuldet zusammenwirkenden Schädigern keine Anspruchskonkurrenz und im Grundsatz Anteilshaftung. Auch wenn sich die Schadenanteile nicht einfach

---

175 *Röckrath*, Kausalität, Wahrscheinlichkeit und Haftung, 2004, S. 29f.; *Larenz*, SchuldR I, 1987, § 27 III a, S. 434.

aufschlüsseln lassen, fallen sie in den Regelbereich des Art. 12 HPflG mit gleicher anteilsmäßiger Haftung. In den unter § 830 Abs. 1 S. 2 BGB behandelten Fällen mit Anteilszweifel ändert sich am Ergebnis nach Art. 11 HPflG im chinesischen Gesetz dadurch nichts, da die Anwendung des § 830 Abs. 1 S. 2 BGB die Gesamtkausalitätseignung erfordert, ansonsten richten sich die Fälle mit additiver Kausalität nach Art. 12 HPflG und es liegt auch eine Teilschuld im Außenverhältnis vor. Kumulative Kausalität liegt allerdings dann vor, wenn ein Verkehrsunfall darauf beruht, dass sowohl die Gemeinde ihre Straße als auch der Kfz-Halter sein Fahrzeug des Nachts unbeleuchtet gelassen haben. Dann stellt Art. 12 HPflG klar, dass sie nicht als Gesamtschuldner, sondern als Teilschuldner haften.[176]

4. Begründungen für die Anteilshaftung gemäß Art. 12 HPflG des chinesischen Deliktsrecht

Bei der Argumentation für die Rechtfertigung der Anteilshaftung in China muss sowohl hinsichtlich des Gesetzgebers als auch in wissenschaftlichen Kreisen zugegeben werden, dass die Annahme der getrennten Haftung mit kumulativer Kausalität von der Entwicklung und Änderung des Deliktsrechts in den USA tief beeinflusst wurde.[177] Die Gründe dafür sind, dass die Anwendung der Gesamtschuld in der Mehrtäterschaft begrenzt werden sollte. Dies bedeutet auch, dass die Prinzipien des europäischen Deliktsrechts tatsächlich wenig Orientierung bei der Wahl zwischen Solidar- und Proportionalhaftung geboten haben.[178] Solcherlei Argumente basieren auf dem Hintergrund, dass in der chinesischen Rechtsgeschichte keine Diskussionen über die Haftung der Mehrtäterschaft nach verschiedenen Voraussetzungen stattgefunden hat, ob der Schaden teilbar oder unteilbar ist und ob der Ausgleichsanspruch der Schuldner untereinander besteht. Deshalb wurde eine einheitliche Ansicht befürwortet, dass ein durch mehrere Schädiger verursachter Schaden aus anteiligen Einflüssen besteht und diese anteilmäßige Verteilung durch Gerichte bzw. durch eine Rechtsvermutung

176 *Chen, Zhihui* (陈枝辉), Traffic Acidents, 2015, Fall 43, Verletzte bei Zusammenstoß zweier Autos. Hier werden verschiedene Urteile mit ähnlichen Sachverhalten zusammengefasst. Es wurde jeweils der Verkehrsunfall durch zwei oder mehr Fahrzeuge verursacht und indem ein Schaden an Dritten darauf zurückzuführen ist, findet die Anwendung des Art. 12 HPflG statt.

177 Vgl. *Yang, Lixin* (杨立新), in: China Legal Science, 05/2009; *ders.*, Deliktsrecht, 2005, S. 309; *Cao, Xianfeng* (曹险峰) in: Chinese Journal of Law, 05/2011.

178 Vgl. *Cao, Xianfeng* (曹险峰) in: Chinese Journal of Law, 05/2011.

bestimmbar ist. Auch andere chinesische Probleme stehen im Hintergrund: Der Mangel an systematischer Einordnung der Kausalitätsformen führte zu einem Durcheinander bei der Anwendung der Vorschriften. Kumulativ koinzidierende Kausalität und Teilschadensverursachung wurden nicht klar auseinandergehalten. Schließlich wurde auch zwischen der Unaufklärbarkeit des Kausalbeitrages (Urheberzweifel) und derjenigen des kausalen Zusammentreffens (Anteilszweifel) nicht unterschieden.

a) Deliktrechtsreform im US-Recht (Deliktsrecht der Vereinigten Staaten)

Der weite Anwendungsbereich der gesamtschuldnerischen Haftung bei der deliktischen Haftung war in den USA in die Kritik geraten, weil der Geschädigte hierdurch den Anreiz erhält, sich nur an den zahlungskräftigsten Haftpflichtigen zu halten und nicht an denjenigen, den das größte Maß an Verschulden trifft. Deshalb wird diese unangemessene Belastung von vielen als „deep pocket" Effekt angesehen.[179] Obwohl der zahlende Schädiger anschließend im Innenvergleich bei den anderen Schädigern Regress nehmen könne, sei dies mit hohen Transaktionskosten verbunden. Das amerikanische Deliktsrecht ist in den letzten drei Jahrzehnten einer Reform unterzogen worden, die sich durch das ganze amerikanische Rechtssystem zog. Ziel war es eine Erleichterung der Belastung des Angeklagten und den Schutz der Interessen des Versicherers zu erreichen. Eine Beschränkung der deliktischen Haftung durch Gesetz und Rechtsprechung ist in den meisten Bundesstaaten aufgegeben oder erheblich eingeschränkt worden.[180]

Zur Erhärtung der Rechtfertigung wurde das *Restatement (Third) of Torts (Apportionment of Liability)* mehrmals angeführt, welches keine ausdrückliche Position bezieht, sondern es den Gerichten oder Gesetzgebern überlässt, sich für eine Vorgehensweise zu entscheiden, wenn der Schaden theoretisch nicht teilbar ist.[181] Ob eine gesamtschuldnerische Haftung oder eine Haftungsaufteilung nach anderen Gesichtspunkten in Betracht kommt, ist demnach auf fünf Wegen zu prüfen. Die Gesamtschuld dient in dieser Perspektive damit allein der

179 *Edwards*, Tort Law, 2011, S. 457; *Bargren*, Joint and Several Liability, 1994, S. 453.

180 Staudinger/*Looschelders* (2017), BGB, Vorbemerkungen zu §§ 420–432, Rn. 47.

181 Restatement (Third) of Torts: Apportionment of Liability, § 17: „*Joint and Several or Several Liability for Independent Tortfeasors. If the independent tortious conduct of two or more persons is a legal cause of an indivisible injury, the law of the applicable jurisdiction determines whether those persons are jointly and severally liable, severally liable, or liable under some hybrid of joint and several and several liability.*"

Verlagerung des Ausfallrisikos auf die Schuldner. Im zweiten Restatement war eine Aufteilung nach gerechten Anteilen („equitable shares“) zuvor bereits ausgesprochen worden.[182] Die Gerichte sollten demnach die Verantwortung unter Berücksichtigung aller Umstände des Einzelfalles nach allgemeinen Gerechtigkeitserwägungen verteilen.[183] Dort wird klar zwischen teilbaren und unteilbaren Schäden (single injury) unterschieden. Ist der Gesamtschaden in einzelne Bestandteile zerlegt und festgestellt, dass jeder Schädiger nur einen bestimmten Anteil verursacht hat, wird grundsätzlich wie beim Zusammentreffen mit nicht haftungsbegründenden Ursachen die Trennung der einzelnen Bestandteile vollzogen und die Haftung besteht maximal in Höhe des tatsächlich verursachten Schadens.[184] Es darf auch nicht ignoriert werden, dass eine Teilschuld abgelehnt werden soll, wenn die Aufteilung zu Unrecht führen würde, z.B. wenn ein Schädiger bereits vor der Insolvenz stehe. Nach dem Equity-Prinzip sollte Billigkeit gewährt werden.[185] Ist der Gesamtschaden theoretisch teilweise teilbar, lassen sich die einzelnen Verursachungsanteile aber nicht zuordnen, haben US-Gerichte dagegen eine Beweislastumkehr zulasten der potentiellen Schädiger angenommen und diesen eine gesamtschuldnerische Haftung auferlegt. Im Vergleich zum zweiten Restatement ist im dritten betont, dass die absolute Solidarhaftung einen unteilbaren Schaden wegen vorsätzlichen Handlungen unbedingt voraussetzt.[186] Bis jetzt ist eine Vielfalt von Haftungsformeln für die Mehrtäterschaft in den fünfzig Staaten gebildet worden, davon haben 25 Staaten die Solidarhaftung prinzipiell aufgehoben, nur bei Mittäterschaft, Arzthaftungsrecht, Arbeitsgeberhaftung usw. wurde Gesamtschuld in einem gewissen Maß beibehalten.[187]

---

182 §433 A (1) (b) des Restatement (Second) of Torts: „*Damages for Harm are to be apportioned among two or more causes where…(b)there is a reasonable basis for determining the contribution of each cause to a single harm* “. Es sprach sich darüber hinaus für eine anteilige Haftung auch bei einem grundsätzlich unteilbaren Schaden aus, sofern Verursachungsbeiträge auf einer angemessenen Grundlage bestimmt werden können.

183 Restatement (Second) of Torts, §886 A; comm. c): „ *(…) court may be expected to do what is fair and equitable under the circumstances.*"

184 Restatement (Second) of Torts, §433 A (1) (a): „*Damages for Harm are to be apportioned among two or more causes where…(a). there are distinct harms, or.*"

185 Restatement (Second) of Torts §433 A Comments i, 1965.

186 Restatement (Third) of Torts: Apportionment of Liability, § 15: „*Persons Acting in Concert. When persons are liable because they acted in concert, all persons are jointly and severally liable for the share of comparative responsibility assigned to each person engaged in concerted activity.*"

187 Vgl. John W. Wade, „Should joint and Several Liability of Multiple Tortfeasors be Abolished?“, in: American Journal of Trial Advocacy (1986), Vol.10, S. 193.

b) Europäische Rechtsvereinheitlichung

Einfluss hatte daneben die europäischen Debatten um die Vereinheitlichung des Deliktsrechts. Auch hier ist die Anteilshaftung im Vormarsch. Die Principles of European Tort Law (Abkürzung: PETL) ordnen die Solidarhaftung nur bei echter alternativer Kausalität mit Gesamtschadenseignung aller Verursachungsbeiträge an (Art. 3: 103 Abs. 1 PETL) und folgen im Übrigen der Anteilshaftung (Art. 3: 103 Abs. 2, 3: 106 PETL). Abs. 3 S. 3 des Art. 9:101 PETL sieht entsprechend auch eine Teilschuld vor, wenn ein Teil des Schadens einem von mehreren Schädigern zugerechnet werden kann.[188]

Bei einem zurechenbareren Teilschaden haftet der Täter bei additiver Kausalität nur für „seinen" Teil des Schadens. Hier ist das Prinzip der Teilschuld bei feststehenden Kausalverhältnissen schon anerkannt. Wenn in bestimmten Fällen unsicherer Kausalität bis auf den Nachweis der Ursächlichkeit bei den Tätern alle Haftungsvoraussetzungen erfüllt sind, sehen die PETL und der österreichische Diskussionsentwurf eine Teilschuld vor, die der Wahrscheinlichkeit der Schadensverursachung entspricht. Die European Group on Tort Law war sich einig, dass bei Massenschäden die Beweislast des Opfers nicht zu schwer sein sollte.[189] Der Begriff Wahrscheinlichkeitshaftung bezieht sich auf die Tatbestandsseite einer Haftungskonzeption. Er beschreibt die Voraussetzungen der Anspruchsbegründung: Die Wahrscheinlichkeitshaftung macht die Kausalitätswahrscheinlichkeit des Beitrags eines potentiellen Verursachers zu einem Schaden zur Grundlage eines Schadensersatzanspruchs.[190]

Die Teilschuldlösung findet auch europäisch zunehmend Anerkennung, wenn der potentielle Schädiger durch einen erheblichen Kausalitätsverdacht oder grobes Verschulden belastet sei.[191] Diese Teilschuld beruht auf dem Gedanken, dass in den Fällen alternativer Kausalität das Element der Verursachung nur in schwacher Ausprägung vorhanden ist, nämlich als bloße potenzielle Verursachung. Entsprechend der Lehre vom beweglichen System und der Berücksichtigung der Basiswertung müssen wegen der Schwäche dieses Haftungselements zum Ausgleich andere Elemente in höherem Maß vorhanden sein, damit das

188 Principles of European Tort Law, deutsche Übersetzung in: http://www.egtl.org/, abgerufen am 05-05-2018.

189 TK-PETL/*Spier* (2005), Art 3:103 PETL, S. 49, Rz. 9; Koch, Principles of European Tort Law, 2005, S. 193.

190 *Wiese*, Umweltwahrscheinlichkeitshaftung, 1997, S. 41.

191 Eine Proportionalhaftung ist vorgesehen in Art. 3:103, 3:105 PETL. Deutsche Übersetzung in: http://www.egtl.org/, abgerufen am 05-05-2018.

erforderliche Gesamtgewicht aller Haftungselemente erreicht wird. Gesprochen werden kann dabei von Proportionalhaftung, wenn es eine Ersatzpflicht nur für die verursachte Risikoerhöhung vorsehen ließe.

Gegen die Teilschuldlösung, die bei den alternativen Tätern angesichts schwieriger Kausalitätsnachweise leicht zu einer zufälligen Schadensaufteilung zwischen dem potentiellen Täter und dem Geschädigten führt, bestehen verständlicherweise erhebliche Bedenken. Eine Teilschuld wird vor allem dann vertreten, wenn die Kausalitätsfrage nicht gelöst werden kann: Es wird, worauf sogleich näher eingegangen wird, eine Proportionalhaftung schon an eine bloß potenzielle Kausalität des Haftenden geknüpft. Eine Proportionalhaftung wird auch für das deutsche Recht von denjenigen vertreten, die eine Haftung für bloße Risikoerhöhung, etwa in Erweiterung des aus § 830 Abs. 1 S. 2 BGB folgenden Rechtsgedankens, befürworten.[192]

c) Anwendungsbereich des Art. 12 HPflG

Zweifellos ist die Solidarhaftung nicht die einzig sinnvolle Lösung für Mehrtäterschaft ohne Gemeinschaft. Unproblematisch sind die von Art. 12 HPflG als auch dem Konzept des Restatement hervorgehobenen Fälle mit additiver Kausalität, in denen jeder Schädiger wegen abgrenzbarer Schadensteile für die Teilschäden haftet. Man kann auch unklare Kausalitätssituationen mangels abgrenzbarer Schadensteile auch durch vernünftige Aufteilung oder gleichmäßige Haftung lösen. In einem Urteil des Obersten Gerichtshofs von Hawaii findet sich ein weiterer Ansatz zur Bestimmung der Haftungsanteile in Abkehr vom Risikogedanken. In Loui v. Oakley war eine Person durch mehrere voneinander unabhängige Verkehrsunfälle verletzt worden. Da immer wieder dieselbe Körperpartie betroffen war, ließ sich nicht bestimmen, welcher Schadensanteil auf welchen Schädiger zurückzuführen war. Das Gericht bestimmte, dass eine grobe Annäherung an den Risikobeitrag genüge. Sei selbst dieser Weg nicht gangbar, müsse die Haftung gegenüber dem Geschädigten gleichmäßig auf alle Schädiger verteilt werden.[193] Eine Anteilshaftung ist jedoch dann gegeben, wenn es auf der

---

192 Bodewig, AcP 185 (1985), 505, 532, 543 ff., der die Bildung einer Solidargemeinschaft der Geschädigten vertritt und somit auch für die Fälle alternativer Opferschaft bei nur einem Schuldner zu einer Proportionalhaftung kommt. Für eine Proportionalhaftung im Bereich des Arzthaftungsrechts auch Wagner, Gutachten A zum 66. DJT, S. 1, 56f., 58ff., der eine solche de legal ata in §287 ZPO verankert sieht.

193 Loui v. Oakley, 438 P.2d 393, S. 396f. (Haw. 1968), hier zitiert nach *Green/Yang*, On Proportional Liability, 2013.

Opferseite über die bloße Addition der Einzelschäden hinaus zu einem unteilbaren Gesamtschaden kommt.

Wie im obengenannten Fall ist es schwierig zu bestimmen, welche Verletzung welchen Schadensteil verursacht hat, wobei nach dem deutschen Rechtssystem gem. § 287 Abs. 1 S. 1 ZPO eine überwiegende Wahrscheinlichkeit zur Bestimmung der Verursachungsanteile genügt. Verbleiben dennoch Zweifel, bedarf es einer Verteilung des Unaufklärbarkeitsrisikos und hier ist wiederum § 830 Abs. 1 S. 2 BGB anzuwenden, wonach auch bei dem verbleibenden Anteilszweifel jeder der Schädiger für jeden Schadensanteil verantwortlich ist. Die Beweislast für die Verursachung jedes Schadensanteils kehrt sich also zulasten der Schädiger um. Die Unaufklärbarkeitsrisiken wurden vielmehr infolge der durch § 830 Abs. 1 S. 2 BGB geregelten Beweislastverteilung zurückgewiesen.[194]

Dagegen werden im chinesischen Deliktsrecht die zwei Vorschriften Art. 11, 12 HPflG nach der Rechtsprechung und der Literatur auf den „Anteilszweifel" angewendet, obwohl Art. 10 HPflG eine Vorschrift für Kausalitätsvermutung mit alternativen Kausalität ist. Art. 11 und 12 HPflG umfassen nicht nur die Nebentäterfälle mit kumulativer Kausalität, sondern auch die Teilschadensverursachung mit ungeklärten Anteilen, sogar bei Fällen mit ungeklärtem Kausalverlauf.[195] Hierzu ein Beispiel: Ein Fahrzeug kollidiert mit einem anderen, das zuvor ins Schleudern geraten ist und sich auf der Fahrbahn überschlagen hat. Es ist ungewiss, ob sich der Geschädigte die Verletzungen bereits beim ersten Unfall zugezogen hat, oder ob sie eine Folge der zweiten Kollision oder auf beide Ereignisse zurückzuführen sind. Steht die Gesamtkausalitätseignung jeder Handlung fest, tragen die Nebentäter nach Art. 11 HPflG die gesamtschuldnerische Haftung. Wenn es offenbleibt, ob der einzelne Tatbeitrag für die Entstehung des ganzen Schadens ausreicht, ist Art. 12 HPflG mit Teilschuld anwendbar.[196] Ebenso

194 MüKoBGB/*Wagner* (2017), § 830 Rn. 46; treffend BGHZ 101, 106 (111) = NJW 1987, 2810 (2812); BGH NJW 1994, 932 (934); ähnlich wie hier *Mehring*, Beteiligung und Rechtswidrigkeit, 2003, S. 44 ff.; Soergel/Krause (2005), BGB, § 830 Rn. 14; Brehm JZ 1980, 585 (590); *Deutsch*, NJW 1981, 2731 (2732); *Weckerle*, Die deliktische Verantwortlichkeit Mehrerer, 1974, S. 105 ff., 121 ff. *Bauer*, JZ 1971, 4 (5f.).

195 *Li, Zhongyuan* (李中原), in: Social Science of Jiangsu, 05/2015.

196 Die Meinungen im Schrifttum vgl. *Cheng, Xiao* (程啸), in: Law and Science, 02/2010; *ders.*, in Jinan Journal, 05/2011; *Yang, Yinhong* (杨垠红), in: Tribune of Political Science and Law, 04/2013. In der Rechtpraxis besteht es meistens verschiedene Urteile in den Fällen mit gleichen Sachverhalten. Am wichtigsten ist, in der im Jahr 2014 veröffentlichen Urteilsentscheidungen des chinesischen obersten Volksgerichtshofs gibt es 4 Urteile über die Folgeschäden durch nacheinander Verkehrsteilnehmern,

verhält es sich in Fällen diffuser Multikausalität, an deren Ende sich der Kausalverlauf regelmäßig nicht mehr mit hinreichender Sicherheit rekonstruieren lässt und die Ersatzberechtigung des Geschädigten auch nicht sicher festgestellt ist. Hier treten Teile der Literatur[197] für eine großzügigere Handhabung des Art. 12 HPflG ein, damit die Rechtsfolge dieser Vorschrift auf solche Fälle passt und so die potentiellen Schädiger die gleichmäßige Haftung wegen der Unklarheit tragen. Hier liegt wohl ein Missverständnis vor, denn die sogenannte Anteilshaftung, Proportionalhaftung oder Wahrscheinlichkeitshaftung sind tatsächlich im Rechtsinstitut der alternativen Kausalität so weiterentwickelt, dass eine Haftung auf dem Weg über alternative Kausalität und die Erweiterung des Konzepts der alternativen Kausalität zu einer gesamtschuldnerischen Haftung führt. Charakteristikum ist, dass die Ursächlichkeit nur im geringeren Ausmaß der möglichen Kausalität vorliegt. Wenn eine der an sich erforderlichen Haftungsvoraussetzungen nicht sicher vorliegt, wird dieses Manko durch das Gesamtgewicht der übrigen Faktoren kompensiert und auch dann ist eine Haftung zu bejahen.

Wichtig ist, dass die Teilschuldlösung in dem europäischen Rechtsvereinheitlichungsprojekt die Nebentäterschaft mit kumulativen Kausalität überhaupt nicht betrifft,[198] da die Ursächlichkeit der Handlungsbeiträge für den Gesamtschaden in dieser Fallgruppe unzweifelhaft ist. Weil in der Nebentäterschaft mit kumulativer Kausalität der gesamte Schaden jedem Täter zurechenbar ist, tritt die solidarische Haftung ein. Dies entspricht sowohl der US-amerikanischen Sicht als auch der in der europäischen Rechtsvereinheitlichung verbreiteten Auffassung. Erwähnenswert ist die von Art. 12 HPflG wörtlich umfasste Fallgruppe der kumulativen Kausalität. Hier haften Nebentäter, von denen jeder zurechenbar eine Ursache für den gesamten Schaden gesetzt hat, nicht gesamtschuldnerisch. Daher liegt hier die Kernfrage, warum nach den Gesetzgebern und der Literaturmeinungen die Teilschuld in diesen Fällen eine gerechte Lösung ist.

d) Literaturmeinungen für Teilschuld bei kumulativer Kausalität

Es ist offensichtlich unstrittig, dass bei der additiven Kausalität der einzelne Tatbeitrag nicht mit dem gesamten Schaden in einem kausalen Zusammenhang steht, wenn es sich ermitteln lässt, dass die einzelne Handlung jedes Nebentäters

---

die sind den Fällen mit kumulativer Kausalität zuzurechnen, und Art. 12 HPflG mit Anteilshaftungen ist angewendet.

197 *Yang, Yinhong* (杨垠红), in: Tribune of Political Science and Law, 04/2013; *Zhu, Xiao* (竺效), in: China Legal Science, 5/2011.

198 MüKoBGB/*Wagner* (2017), § 830 Rn. 81.

nur Teilschäden verursacht hat. Daran zweifeln jedoch einige Publikationen[199], in denen die Ansicht vertreten wird, dass anteilige Kausalität für den ganzen Schaden eine notwendige Bedingung für kumulative Kausalität ist. Denn diese Bedingung würde allein nicht zum Eintritt den ganzen Schaden führen und der Geschädigte würde sich ohne das Hinzutreten des anderen Nebentäters nicht an den ersten Nebentäter halten können. Außerdem hätten sich die angeführten Argumente zugunsten einer Teilschuld oft bewahrheitet, wonach die Annahme einer Gesamtschuld im Ergebnis für den Täter, dessen Beitrag lediglich eine geringe Auswirkung beim Eintreten des Schadens hatte, ein nicht mehr kalkulierbares und nicht versicherbares Risiko bedeutet. Die Nebentäter müssten sich ihre Verursachungsbeiträge wechselseitig zurechnen lassen, obwohl der eine Schädiger den Tatbeitrag der anderen nicht gewollt hat. Umfasst der Beteiligungsumfang nach dem Verschuldens- und Verursachungsmaß am konkreten Schaden nur einen niedrigen prozentualen Anteil, so wäre eine Gesamtschuld nicht mehr zu rechtfertigen. Obwohl die Teilschuld dem Geschädigten die Ermittlung sämtlicher Ersatzpflichtigen auferlegt, besteht hier nach Art. 12 HPflG kein Risiko, wenn sich erst im Verlauf eines Rechtsstreits herausstellt, dass der konkrete prozentuale Anteil des einzelnen Schädigers an der Schadensverursachung nicht nachgewiesen werden konnte und geschätzt werden muss, sodass die Klage bereits zum Teil abgewiesen werden müsste, weil eine gleichmäßige Haftung nach gleichen Anteilen auf die Schädiger verteilt werden muss. Aufgrund der Abhängigkeit der einzelnen Schuldverhältnisse untereinander ist der Geschädigte gehalten, seinen Anspruch als Gesamtheit einzufordern, bzw. nicht gegen jeden einzelnen Ersatzpflichtigen gesondert zu prozessieren, weshalb die Prozesskosten den Geschädigten nicht zusätzlich belasten.[200] Zum Risiko der Liquidität und der Insolvenz eines Nebentäters sagt die Gegenmeinung, dass selbst wenn es um einen einzelnen Täter gehe, der Geschädigte das Risiko selbst tragen müsse, seinen Schadensersatz zu nicht bekommen.[201]

199 Vgl. *Wang, Liming* (王利明), in: Politic and law, 04/2010; *Cao, Xianfeng* (曹险峰), in: Chinese Journal of Law, 05/2011, S. 55, 63; *Zhou, Youjun* (周友军), Symposien zum Haftpflichtgesetz, 2011, S. 203; *Cheng, Xiao* (程啸), in: in: Journal of Jinan, 05/2011, S. 73.

200 Vgl. *Luo, Tianxuan* (罗恬漩) in: Peking University Law Journal, 05/2017; *Chen, Zhihui* (陈枝辉), Traffic Accident, 2015, S. 43; *Lan, Renxun* (兰仁迅)， in: Journal of Huaqiao University, 01/2010.

201 Vgl. *Cao, Xianfeng* (曹险峰), in: Chinese Journal of Law, 05/2011; *ders.*, in: Journal of Suzhou University, 02/2012.

e) Eigene Stellungnahme

Es muss berücksichtigt werden, dass die oben dargelegten Begründungen für die Teilschuld im Nebentäterfall bei kumulativer Kausalität nicht ganz korrekt sind. Erstes müssen, wenn alle Bedingungen durch Rekonstruktion einer Kausalitätskette als ursächlich für einen Gesamtschaden erkannt wurden, die Vielzahl von Handlungsbeiträgen nicht für einen abgrenzbaren Teilschaden ursächlich gewesen sein. Keine kumulative Kausalität ist hingegen gegeben, wenn eine Vielzahl voneinander trennbarer Teilschädigung vorliegt, aber der auf den jeweiligen Einzeltäter entfallende Schadensteil nicht benannt werden kann. Deshalb ist jeder Handlungsbeitrag nicht in Verbindung mit der anteiligen Kausalität, sondern als kausal für den gesamten Schaden zu sehen. Es ergäbe sich daraus die widersprüchliche Konsequenz, dass bei der Vermutung von Kausalität bei einer alternativen Verursachung eine Gesamtschuld und bei nachgewiesener Kausalität eine Teilschuld vorläge. Ein weiterer Streitpunkt ist, dass das Gericht, das den Nachweis der Kausalität zu überprüfen hat, zusätzlich die jeweiligen Anteile der Schadensverursacher feststellen müsste. Dies würde sicher den Prozessablauf verlängern und verkomplizieren, sodass der Geschädigte seine Schadensersatzansprüche nicht sofort befriedigt erhalten könnte und die Zahlung des Schadensersatzes deutlich verzögert würde. Darüber hinaus bewirkt eine gesamtschuldnerische Haftung, dass die Ermittlung der den einzelnen Schädiger treffenden Haftungsquote eine Angelegenheit der Schädiger im Rahmen des Innenregresses ist, während bei einer anteiligen Haftung diese Last das Gericht trifft. Doch ist damit zu rechnen, dass regelmäßig den Schädigern die Aufklärung der Anteile leichter fällt, da bei den Angeklagten eine hohe Motivation zur Suche nach anderen Schädigern vorausgesetzt werden kann. Zuletzt ist es noch umstritten, ob nur ein einzelner Nebentäter von dem Geschädigten als Teilschuldner in Anspruch genommen werden darf, weil es für den Geschädigten einfach schwierig würde, wenn alle Schädiger gefunden werden müssten.

Es darf aber auch nicht außer Acht gelassen werden, dass die auferlegte Gesamtschuld auf Wertentscheidungen zugunsten des Geschädigten bei der Verteilung des Liquiditätsrisikos beruht. Die Zuordnung der Gesamtschuld im deutschen Recht ist tatsächlich auch nicht zwingend aus dem Gesetz abzuleiten, sondern die Voraussetzung „Identität des Gläubigerinteresses und Gleichstufigkeit der Verpflichtungen“ spielt die entscheidende Rolle.[202] Die Begründungen gehen an dem inneren Ausgleichsanspruch des leistenden Gesamtschuldners vorbei,

202 *Ries*, AcP 177 (1977), 543 (550f.).

der von dem Geschädigten auf vollen Schadensersatz in Anspruch genommen wird. Aber indem die Aufteilung zwischen den Innenausgleichsverhältnissen bei der Teilschuld im Prozess der Schadensersatzklage stattfindet, würde sich das Insolvenzrisiko während der langwierigen Verhandlung erhöhen. Insbesondere ist das Versicherungssystem in China im Vergleich zu Deutschland nicht umfassend und unvollkommen, es sind z.B. bei einem Verkehrsunfall ein großer Teil der Verkehrsteilnehmer nicht haftpflichtversichert, sodass sich die Teilschuld für den Geschädigten ungünstiger auswirkt. Bei der Teilschuld erhält der Geschädigte lediglich den auf den jeweiligen einzelnen Schädiger entfallenden Anteil der Gesamtsumme des Schadensersatzes. Das erscheint nicht zweifellos gerechtfertigt, weil das Insolvenzrisiko eines Täters eher den anderen Tätern gar nicht anzulasten ist, sondern dem unschuldigen Geschädigten.

5. Entsprechende Haftung und Ermittlung der Haftungsquote

Gemäß Art. 12 HPflG übernimmt jeder Täter die seinem Tatbeitrag entsprechende Haftung, problematisch ist jedoch, wie der jeweilige Teil der einzelnen haftbaren Personen für den einheitlichen Schaden bestimmt wird. Der Richter ist anscheinend verpflichtet, eine den jeweiligen Verantwortungsanteilen oder Verschuldensanteilen entsprechende ideale Schadensverteilung zu gewährleisten. Die Haftungsverteilung hängt von den Umständen des Einzelfalles ab.

Im Vergleich zum deutschen Rechtssystem besteht hier wegen der Teilschuld kein Ausgleich im Innenverhältnis von der Gesamtschuld. Es besteht keine Trennung von Außenverhältnis und Innenausgleich. Bezüglich der Rechtsfolge sind die beiden Vorschriften Art. 12 HPflG und § 426 BGB anscheinend gleich. Das deutsche Recht kennt aber keine Aufteilung der Haftung nach Verantwortungsanteilen im Außenverhältnis. Zahlt ein Nebentäter als ein Gesamtschuldner an den Gläubiger, so entsteht gemäß § 426 Abs. 1 BGB ein Ausgleichsanspruch gegenüber den restlichen Nebentätern, wodurch gewährleistet wird, dass jeder am Ende – abgesehen vom Insolvenzrisiko – doch nur für seinen Tatbeitrag zu haften hat. Dieser Ausgleichsanspruch ist aus dem Wortlaut von § 426 Abs. 1 S. 1 BGB eine selbstständige Anspruchsgrundlage. Die Schädiger sind im Verhältnis zueinander zu gleichen Anteilen entsprechend ihrer Anzahl verpflichtet, soweit nicht etwas anderes bestimmt ist.

a) Ermittlung der Haftungsanteile im Innenverhältnis

Die Zweifel liegen darin, ob die Nebentäter im Innenverhältnis im Sinn des § 426 BGB die Haftung zu gleichen Anteilen tragen, nicht durch eine Abwägung zwischen den Verantwortungsbeiträgen. Besteht, wenn der Geschädigte durch sein

Handeln zum Entstehen des Schadens beiträgt, eine Abwägung zur Feststellung der dem einzelnen Beitrag entsprechenden Haftungsquote?

Nach dem Wortlaut des § 426 BGB sollte eine Aufteilung nach gleichen Anteilen beim deliktischen Gesamtschuldnerausgleich selbstverständlich sein. Tatsächlich sahen der Bayerische Entwurf[203], das Sächsische BGB[204] sowie der Dresdener Entwurf[205] die gleichmäßige Verteilung der Schadenssumme auf die Schädiger ausdrücklich vor. In den Gedanken des Bayerischen Entwurfs hatten die Verfasser argumentiert, dass ein Ausgleichsmaßstab nach der Größe des Verschuldens schwierig zu ermitteln wäre. Deshalb sei der Einzelne nicht für das Ausmaß seiner Beteiligung, sondern für die Beteiligung selbst verantwortlich.[206] In dem Teilentwurf von Kübels und dem Ersten Entwurf ging man von der gleichmäßigen Aufteilung der Schadenssumme auf die Schädiger aus, soweit sich nicht aus dem Gesetz oder aus den Umständen etwas anderes ergibt.[207] Auffällig ist, dass man, obwohl in §426 wieder „soweit nicht ein anderes bestimmt ist" steht, in allen Stadien der Gesetzesentstehung in erster Linie an abweichende Parteivereinbarungen sowie gesetzliche Sonderregelungen dachte und eine Abwägung von Verursachungs- oder Verschuldensmaßstab nicht erwähnt wurde.[208] Diese vom Gesetzgeber[209] gewollte gleichmäßige Schadensverteilung im Innenverhältnis ohne Rücksicht auf den Verursachungsbeitrag und das Verschulden war erst im Kraftfahrzeuggesetz von 1909 mit § 17 StVG ausgeschaltet geworden, damit eine Aufteilung unter den Beteiligten nach Maßgabe des § 254 BGB abgestellt wurde.[210] Obwohl § 254 BGB unmittelbar nur auf das Verhältnis von Schädiger und Geschädigtem anzuwenden ist, ist eine Analogie in Rechtsprechung und Literatur allgemein anerkannt[211], da auch bei Gesamtschuldnern

203 BayE II (1861), Art. 72 I.

204 Das Bürgerliche Gesetzbuch für das Königreich Sachsen (1865), § 1495.

205 DresdE (1866), Art. 219.

206 Motive zu BayE II, S. 78.

207 Teilentwurf zum Obligationenrecht von *v. Kübel*, § 20 I 1; E I § 337 I.

208 Meier, Gesamtschulden, 2010, S. 592.

209 Jakobs/Schubert, Schuldverhältnisse I, 1978, S. 704; Jakobs/Schubert, Schuldverhältnisse III, 1983, S. 958 f., 1005f.; *Winter*, Teilschuld, 1985, S. 182; Erman BGB/*Ehmann* (2017), vor §420 Rz. 18 f.

210 Vgl. RGZ 87, 64 f.; RGZ 92, 146 f.

211 RGZ 75, 251 (256); vgl. BGHZ 12, 213; 26, 217 (222); 43, 227 (231); 59, 97 (103); BGH NJW-RR 1998, 601; 2008, 256; 2009, 49; BGH NJW 2003, 2980 (2981); BGH NJW 2014, 2730 (2732); OLG Hamm NJW 2001, 1054; Soergel/*Gebauer* (2010), § 426 Rn. 30; MüKoBGB/*Bydlinski* (2017), § 426 Rn. 21 f.; BeckOGK-BGB/*Looschelders* (2019), § 254 Rn. 59; *Looschelders*, Schuldrecht AT, 2019, Rn. 1288; *ders.*,

mehrere Personen für einen Schaden verantwortlich sind und es beim Innenausgleich wie auch in den Fällen des Mitverschuldens darum geht. Insbesondere bei der Nebentäterschaft sind die Verursachungs- und Verschuldensbeiträge der Nebentäter zu gewichten, um zu einem sachgerechten Innenausgleich zu gelangen. Wenn die gesamtschuldnerisch haftenden Schädiger nach § 426 Abs. 1 BGB die gleichmäßig auf die Schädiger verteilten Anteile des Gesamtschadens im Innenausgleich tragen würden, obwohl es die unterschiedlichen Mitwirkungsbeiträge an der Schadensentstehung im Nebentäterfall gibt, würde dies zu einem inakzeptablen Ergebnis führen.[212] Deshalb richtet sich heute die Aufteilung im Innenverhältnis in erster Linie nach der Größe des Verursachungsbeitrags. Ein anderer bestimmter Fall ist, dass die späteren Nebentäter untereinander eine Vereinbarung zum Innenausgleich getroffen hatten, welche die Hilfsregel der gleichmäßigen Aufteilung der Haftung auf die Nebentäter, aber auch die Verantwortungsteilung analog § 254 BGB überspielen sollte, indem sie etwa alle Folgen der Schadenszufügung intern einem der beiden Nebentäter zuwies.[213]

b) *Quotenbildung i.S.d. Art. 12 HPflG*

Die Frage nach den Maßstäben für die Bestimmung der Haftungsquoten gemäß Art. 12 HPflG ist allerdings nicht leicht zu beantworten, und die in Rechtsprechung und Rechtslehre gebräuchlichen Auslegungen weichen nicht unerheblich voneinander ab. Nach Art. 3 EoBKS Abs. 2 ist der Grad der Fahrlässigkeit oder der Grad der jeweiligen Verursachung als Faktor zu berücksichtigen. Die verwendete Formulierung ist allerdings im Artikel Art. 12 HPflG zu „die Größe der Verantwortung" geworden. Die endgültige Verteilung der zu befriedigenden Ansprüche zwischen den Schuldnern im Innenverhältnis nach Art. 14 HPflG[214] erfolgt jedoch auch „nach der Größe ihrer eigenen Verantwortung". Die Schadenteilungsmethoden im Art. 12 und Art. 14 HPflG sind gleich, die gleichmäßige Aufteilung der Haftung auf die Schädiger tritt nur ein, wenn es unmöglich und zu schwer ist, den Regelungen der Art. 12 und 14 zu folgen. In

---

Mitverantwortlichkeit, 1999, S. 285; Medicus/Lorenz, Schuldrecht I, 2015, Rn. 897; *Esser/Schmidt*, Schuldrecht AT I/2, 1995, § 39 III 1a; *Heinemann/Ramsauer*, Jura 2004, 198 (202); MüKoBGB/*Heinemeyer* (2019), § 426 Rn. 23.

212 Staudinger/*Looschelders* (2017), BGB, § 426 Rn. 63.

213 *Selb*, Gesamtschuld, 1991, S. 247.

214 Deutsche Übersetzung siehe: *Liu/Pißler*, ZchinR Bd. 17 Nr. 1 (2010). Art 14: *Die Gesamtschuldner stellen den entsprechenden Ersatzbetrag nach der Größe ihrer eigenen Verantwortung fest; wenn sich die Größe der Verantwortung nicht feststellen lässt, haften die Gesamtschuldner gleichmäßig.*

der Rechtsprechung wurden in Hinsicht auf die Abwägungsmaßstäbe auch die Formulierungen „Umstände des Falles“, „konkrete Unfallkonstellation“, „mildernde Umstände“ benutzt.[215] Auch in den Bestimmungen über Schadensersatz von den Volksgerichten der oberen Stufe ist die Rangfolge von Verursachungsmaß und Verschuldensgrad als die beiden Abwägungselemente für die Bestimmung der Haftungsquote nicht gegeben.[216] Die Gewichtung solcher Kriterien mag in den Urteilen jedoch unterschiedlich sein.

Die Diskussion, nach welchem Maßstab die Haftungsverteilung der Nebentäterfälle durchgeführt werden soll, hat in den Theorien und in der Rechtsprechung zwei Phasen durchlaufen. Vor dem Jahr 1990 war der Verschuldensgrad das Kriterium bei Aufteilung der Haftung. „Die gründlichen Fragen im chinesischen Zivilrecht“ hatte zunächst die innerliche Haftung jedes Beteiligten nach dem einzelnen Verschuldensgrad im Auge.[217] Auch die überwiegende Auffassung in den Bestimmungen der Volksgerichte[218] und in Teilen des Schrifttums war sich darüber einig, dass die Aufteilung der Schadensersatzlast in Rücksicht auf den Verursachungsbeitrag als unbillig empfunden wurde, sollte eine dem Verschuldensgrad entsprechende Haftung gelten.[219] Die Regelung für den Verschuldensgrad als Haftungsverteilung bei Mitverschulden findet sich erst in

215 MVG Zhejiang Huzhou, Urteil (2013) – S 356 [浙江省湖州市中级人民法院 (2013) 浙湖民终字第 356 号民事判决书]; MVG Hunan Yongzhou, Urteil (2013) – II S 200 [湖南省永州市中级人民法院 (2013) 永中法民二终字第 200 号民事判决书]; MVG Nanjing, Urteil (2013) – 1402 [江苏省南京市中级人民法院 (2013) 宁民终字第 1402 号民事判决书].

216 Bsp. *Oberes Gericht Shandong*: Hinweis zum Drucken und Verteilen des Protokolls über das Symposium des Zivilprozesses (山东高院：《关于印发全省民事审判工作座谈会纪要的通知》), Nr. 201/2005, § 3; *I. Zivilgerichtshof des Oberen Gerichts Henan*: Anleitung zu bestimmten Themen in den Zivilprozessen (《河南省高级人民法院关于当前民事审判若干问题的指导意见》), 11.2003, § 9.

217 Vgl. Grundlegende Fragen über das chinesische Zivilrecht (《中华人民共和国民法基本问题》), 1958, S. 330.

218 Vgl. *Oberes Gericht Guangzhou/Ministerium für öffentliche Sicherheit Guangzhou* (广州高院、公安厅): Anleitung zu Fragen der Behandlung von Verkehrsunfällen nach Umsetzung des Straßenverkehrssicherheitsgesetzes (《关于〈道路交通安全法〉施行后处理交通事故案件若干问题的意见》), 17.12.2004, § 24; *Oberes Gericht Guizhou/Ministerium für öffentliche Sicherheit Guizhou* (贵州高院、省公安厅): Anleitung zu Fragen der Behandlung von Verkehrsunfällen (《关于处理道路交通事故案件若干问题的指导意见》), 01.05.2006, § 31.

219 *Yang, Lixin* (杨立新), Deliktsrecht, 2006, S. 220–221; *Pan, Tonglong/Cheng, Kaiyuan* (潘同龙/程开源), Deliktsrecht, 1995, S. 43, S. 45–46.

Art. 131 von „Allgemeine Grundsätze des Zivilrechts der VR China."[220] Das Jahr 1990 markiert eine Wende, infolge dessen es viele wissenschaftliche Diskussionen über Kausalität und Verursachungsmaß gab.[221] In der Rechtsprechung war der Verursachungsgesichtspunkt des Obersten Volksgerichts im Regressprozess berücksichtigt worden.[222] Auf die Vorschläge vieler Juristen war im Entwurf der Erläuterungen zu Fragen von Körperschäden (EoBKS) der Begriff und die Durchführung der Abwägung nach Verursachungsgrad hinzugefügt worden. Später wurde diese auch von Art. 3 Abs. 2 EoBKS erfasst. Es war eine heftig diskutierte umstrittene Frage, ob Verursachungsgrad oder Verschuldensmaß bei der Haftungsquotelung den absoluten Vorrang nach Art. 3 Abs. 2 EoBKS haben. Yang ist der Ansicht, dass der Grad des Verschuldens eine entscheidende Rolle bei der Haftungsverteilung unter mehreren Schädigern spielt. Die Haftungsquoten bestimmen sich in erster Linie nach dem Grad des jeweiligen Verschuldens, während das Maß der Verursachung aufgrund der Relativität nur ein Abwägungsfaktor ist. Die Relativität bedeutet, dass die Verursachung nur in Betracht kommt, wenn das Verschuldensmaß aufgrund der Tatbeiträge nicht festgestellt werden kann oder ein Schadensersatzanspruch aufgrund der Gefährdungshaftung entsteht.[223] Xinbao Zhang hält hingegen den Verursachungsbeitrag für das wichtigste Kriterium.[224] In seinem Beitrag über die Schadensverteilung zwischen dem mitschuldigen Geschädigten und dem Schädiger gesprochen, betont Zhang, dass die Verteilung mehr davon abhinge, inwieweit der Schaden vorwiegend von dem Geschädigten oder dem Schädiger verursacht worden ist.

Welche Haftungsquote der Richter welchem Beteiligten zuspricht, hängt vom Einzelfall in der Rechtsprechung ab. Für die Mehrfachquotenbildung der

220 Verabschiedet auf der 4. Sitzung des 6. Nationalen Volkskongresses am 12.4.1986. § 58 I Nr. 6 und ein Teil von § 7 wurden gestrichen durch den Beschluss des Ständigen Ausschusses des 11. Nationalen Volkskongresses vom 27.8.2009. Art. 131: *Wenn auch den Geschädigten ein Verschulden am Eintritt der Schädigung trifft, kann die zivile Haftung des Schädigers ermäßigt werden.*

221 *Li, Renyu* (李仁玉), Rechtsvergleichung des Deliktsrecht, 1996, S. 119; *Liu, Shiguo* (刘世国), Moderner deliktischer Schadensersatz, 1998, S. 114–115; *Zhang, Xinbao* (张新宝), Das chinesische Deliktsrecht, 1998, S. 123–125; *Yang, Lixin* (杨立新), Deliktsrecht, 2011, S. 576–577, S. 679.

222 In der schriftlichen Antwort des obersten Volksgerichts bezüglich des Schadensersatzanspruchs von Pan Yonghong wurde der Verursachungsbegriff als Fremdwort offiziell nicht verwendet, findet sich aber nach den Notizen im Antwortentwurf wieder und wird deutlich erklärt. Hier zitiert nach *Yang, Lixin* (杨立新), Deliktsrecht, 2011, S. 558.

223 *Yang, Lixin* (杨立新), Deliktsrecht, 2005, S. 618–619.

224 *Zhang, Xinbao* (张新宝), Prinzipien, 2005, S. 142, S. 84–85.

Haftung ist die Gesamtbeurteilung überzeugend, die eine Quote unter Berücksichtigung sämtlicher Teilaspekte bildet. Hierbei sind zunächst die Einzelquoten für die verschiedenen Verhaltensweisen zu bilden. Die in dem folgenden Kapitel erörterte Feststellung der Mitverschuldensanteile richtet sich ebenfalls nach § 254 Abs. 1 BGB, und so stellt sich die Frage, ob so ein sinnvolles Kriterium für die Schadensaufteilung gefunden werden kann. Da die Punkte, die bei der Aufteilung einer Verpflichtung zum Schadensersatz im Innenverhältnis berücksichtigt werden müssen, auch von der Schadensverteilung in Nebentäterfällen bei Mitverschulden des Geschädigten her untersucht werden, kann auf die relevanten Abwägungselemente bzw. den Verursachungsgrad, das Verschuldensmaß und sonstige Umstände im nächsten Teil noch näher eingegangen werden.

6. Kurzzusammenfassung

Der Schwerpunkt der Differenz zwischen beiden Rechtssystemen liegt bei der Haftung in den Fallgruppen der kumulativen Kausalität. Im alltäglichen Leben treten diese Fälle häufig ein, wenn mehrere Kraftfahrer durch verschiedene, selbstständige Verkehrsverstöße eine Kollision verursachen, die zur Verletzung eines Fußgängers führt. Jeder Nebentäter ist in China dem Geschädigten gegenüber nur für seinen Tatbeitrag verantwortlich,[225] während im deutschen Recht die gesamtschuldnerische Haftung allen Schädigern im Außenverhältnis gegenüber dem Geschädigten auferlegt ist, die Haftungsbemessung aber nach Verschuldensgrad und Verursachungsmaß auf den Regress im Innenverhältnis der Schädiger beschränkt bleibt.[226] Nach Außen ist die gesamtschuldnerische Haftung nicht die Haftung der Nebentäter nach gleichmäßig auf die Nebentäter verteilten Anteilen oder auch die Haftung jedes einzelnen nach einer Quote, sondern die Gesamtschuld. Hat der Geschädigte von einem Nebentäter den vollen Schadensersatzbetrag verlangt und dieser Schädiger die Forderung erfüllt, kann er von den übrigen Gesamtschuldnern gemäß § 426 BGB einen Ausgleich nach den Verursachungs- und Verschuldensanteilen verlangen. Im Innenverhältnis unter den Nebentätern gilt eine Haftungsaufteilung, nach der jeder je nach dem Gewicht seines Verantwortungsanteils relativ zu den anderen Verantwortungsanteilen zum Ausgleich verpflichtet ist.[227]

---

225 Vgl. *Chen, Zhihui* (陈枝辉), Traffic Accidents, 2015, Fall 3–18。

226 jurisPK-StVG/*Scholten* (2016), § 17 StVG, Rn. 44, wird der Schaden durch mehr als zwei Kraftfahrzeuge verursacht, ist der Geschädigte selbst für den Schaden nicht mitverantwortlich, haften die Schädiger als Gesamtschuldner, § 840 BGB analog.

227 *Wagner*, Proportionalhaftung bei mehreren möglichen Schadensursachen, 2008, S. 195.

Im chinesischen Recht wird der Innenausgleich nicht von der Haftung nach dem Außenverhältnis getrennt. Die Nebentäter mit kumulativer Kausalität haften nicht erst im Innenverhältnis untereinander nach Anteilen, sondern bereits im Außenverhältnis gegenüber dem Ersatzberechtigten.[228] Eine Quotenhaftung hat auf die Trennung von Innen- und Außenverhältnis abgestellt und Innenausgleich und Außenhaftungsverhältnis sind in einem einzigen Schritt behandelt. Die wesentlichen Unterschiede zum deutschen Recht betreffen die Allokation des Insolvenzrisikos und des Ausfallrisikos.

In dem folgenden Kapitel wird die Haftungsaufteilung bei Mitverschulden des Geschädigten darstellt. Genau wie bei der Nebentäterschaft als Problemfeld identifiziert, wird die Frage dabei hauptsächlich unter dem Gesichtspunkt der Nebentäterschaft mit kumulativer Kausalität diskutiert.[229]

228 MüKoBGB/*Wagner* (2017), § 830, Rn. 77–80.

229 Die in den folgenden Textinhalten dargestellte Nebentäterschaft richtet sich nur auf die Kumulative Kausalität.

C. Schadensverteilung im Fall der Mitverantwortlichkeit des Geschädigten

Die verschiedenen Nebentäter haften im deutschen Rechtssystem als Gesamtschuldner für den vollen Schaden. Es werden also mit der Leistung eines Schuldners die anderen Schuldner befreit, und das volle Gläubigerinteresse wird befriedigt. Wenn den Geschädigten ein Mitverschulden bei der Schadensentstehung trifft, liegt die Schwierigkeit darin, dass die Auswirkung von § 254 BGB auf das Außenverhältnis des Geschädigten zu den gesamtschuldnerisch haftenden Mitschädigern unzureichend geregelt ist. In den Fällen von Mittätern, Anstiftern und Gehilfen nach § 830 Abs. 1 S. 1, Abs. 2 BGB ist es unproblematisch, die quotenmäßige Schadensverteilung bei einem Mitverschulden des Geschädigten abzuwägen, denn der Anteil des Geschädigten ist gegenüber allen Schädigern als Gesamtschuldner einheitlich festzustellen. Der eigene Verursachungsbeitrag und das eigene Verschulden jedes Täters gelten gegenüber dem Geschädigten nicht als ein separates und besonderes Element bei der Schadensverteilung. Die Schadensaufteilung findet mithin noch im Zweipersonenverhältnis statt. Ist es im Falle der Nebentäterschaft auch interessengerecht, wenn ein Mitverschulden des Geschädigten auf gleiche Weise gegenüber allen Mitschädigern zu behandeln ist?

Obwohl bei mehreren nebeneinander verantwortlichen Nebentätern nach § 840 BGB mit einer Verbindung zur Gesamtschuld gegenüber dem Geschädigten die volle Haftung besteht, umfasst die Gesamtschuld doch nicht den vollen Schaden, wenn den Geschädigten ein Mitverschuldensvorwurf trifft. Obwohl der jeweilige Schädiger dem Geschädigten dessen Mithaftungsquote nach § 254 BGB entgegenhalten kann,[230] muss bei Nebentäterschaft die Annahme einer Solidarhaftung zwischen den Nebentätern trotz der Mitverantwortlichkeit des Geschädigten nicht ausgeschlossen sein. In Zweifel steht nur, ob die Verantwortungsbeiträge der Nebentäter auch als Einheit dem Beitrag des Geschädigten gegenüberzustellen sind.

Hat nach dem chinesischen Haftpflichtgesetz der Geschädigte den Schaden mitverantwortlich verursacht, so ist es umstritten, nach welchem Verfahren die Anspruchskürzung des Geschädigten bei Anteilshaftung oder bei gleichmäßiger Haftung mehrerer Nebentäter vorzunehmen ist. Soll der Geschädigte wie

---

230 BGHZ 61, 351 (354); NJW 2006, 896; NJW 2011, 292.

ein Schädiger behandelt werden? Trägt er die Haftung seinem Tatbeitrag zum Schadenseintritt entsprechend, analog der Haftung eines Schädigers für seinen jeweiligen Tatbeitrag? Nachdem die Anteile der Schädiger zuerst per Quotelung bestimmt werden, bedeutet dies, dass die endgültige Mitverschuldensquote die Summe von beiden beträgt, wenn die Mitverschuldensquote im Verhältnis zum ersten Schädiger einerseits und zweiten Schädiger andererseits unterschiedlich ist? Oder wird der Geschädigte von den Schädigern abgrenzt, sodass sich bei der Schadensverteilung der Geschädigte auf der einen Seite und die Schädiger als Einheit auf der anderen Seite gegenüberstehen? Indem zuerst die Mitverschuldensquote festgestellt wird, würde die Verteilung zwischen den Schädigern dann auf der restlichen, nun geminderten Schadensquote basieren.

I. Dogmatische Grundlage des Mitverschuldens bei der Nebentäterschaft

Wenn die Schädiger gegenüber dem Geschädigten nach §§ 830, 840 BGB gesamtschuldnerisch haften, kann der Geschädigte grundsätzlich gegen einen Schädiger allein, gegen mehrere von ihnen gemeinsam oder gegen alle vorgehen. Dies kann er gleichzeitig oder nacheinander tun. Durch die Ersatzleistung eines Schädigers werden die anderen im Außenverhältnis bis zur Höhe des bezahlten Betrages von ihrer Verpflichtung befreit, wobei diese Befreiung noch nichts über die endgültige Verteilung der Last im Innenverhältnis aussagt. Obwohl die Nebentäter nach Art. 12 HPflG eine Teilschuld tragen, besteht in beiden Rechtssystemen insoweit Einigkeit, dass wegen eines Mitverschuldens des Geschädigten ein den Haftpflichtigen zustehender Herabsetzungsgrund dem Geschädigten entgegengehalten werden kann. Es stellt sich nur die Frage, inwieweit in einem Nebentäterfall der Schadensersatzanspruch gekürzt wird, wenn sich der Schädiger dem Geschädigten gegenüber auf den Kürzungsgrund berufen kann.

1. Nebentäter-Mitverschuldens-Problematik nach § 254 BGB

In den Nebentäterfällen bei Mitverschulden des Geschädigten ist die zentrale Frage, ob es eine Schadensverteilung zwischen dem Geschädigten und den Schädigern gibt und wieviel jeder Seite zugeschrieben werden kann. Nach den heutigen Gesetzen des BGB kann diese Frage nur mithilfe des §254 BGB gelöst werden. §254 BGB ist eine Norm, die den Umfang der Schadensersatzpflicht begrenzt. Der Schaden wird grundsätzlich zwischen dem Schädiger und dem Geschädigten aufgeteilt, deshalb handelt es sich tatsächlich um ein zweiseitiges Verhältnis. Dass das Mitverschulden des Geschädigten berücksichtigt wird, bewirkt, dass ein anteiliges Verschulden des Geschädigten sich anspruchsmindernd auswirkt. Der §254 BGB geht vom Quotenprinzip aus.[231] Die Nebentäter als Gesamtschuldner haften im Außenverhältnis für den gesamten Schaden. Es besteht in dieser Phase keine Schadensaufteilung. Wenn aber der Geschädigte für den Schaden mitverantwortlich ist, muss die Haftung anteilig sofort geteilt werden.[232] Es stellt sich sodann die Frage, in welcher Höhe ein Mitverschulden des Verletzten gegenüber einer Gruppe von Nebentätern zu veranschlagen ist.

Im gemeinen Recht wurde die Ansicht vertreten, dass die Haftung des Schädigers aufgrund des Alles-oder-Nichts-Prinzips vollständig ausgeschlossen ist, sofern den Geschädigten ein Mitverschulden trifft. Die BGB-Gesetzgeber haben sich demgegenüber in bewusster Abkehr von den gemeinrechtlichen Grundsätzen zur Vorschrift des §254 BGB über das Mitverschulden des Geschädigten entschieden[233], um das Mitverschuldens des Geschädigten zu regeln. Zum Vorbild hat der Gesetzgeber an dem Weg des Schweizer Obligationenrechts orientiert, dass der Richter die Ersatzpflicht des Geschädigten bei einem konkurrierenden Verschulden des Geschädigten „nach Verhältnisse ermäßigen oder gänzlich von derselben entbinden könne".[234] Das Quotenprinzip ist dann in dieser Vorschrift festgeschrieben worden.[235]

Außerdem existieren einige Einzelvorschriften, die sich auf spezielle Fragen des Mitverschuldens beziehen, und auch auf dem Quotenteilungsgedanken beruhen.[236] Insbesondere greift die Vorschrift § 17 Abs. 2 StVG nach allgemeiner Ansicht auf den gleichen Grundgedanken zurück wie § 254 BGB.[237] Für die Verkehrsunfälle als typische Schadenssituationen haben sich in der Praxis Quotentabellen herausgebildet.[238] Das heißt, dass mit der Aufteilung unter den

231 BeckOGK-BGB/*Looschelders* (2019), BGB § 254 Rn. 2 ff.; BeckOK BGB/*Lorenz* (2019), § 254 Rn. 52.

232 Staudinger/*Schiemann* (2017), BGB, § 254 Rn. 111; MüKoBGB/*Oetker* (2019), § 254 Rn. 2.

233 *Looschelders*, 1999, §3, S. 33 ff.; Jakobs/Schubert, Schuldverhältnisse I, 1978, S. 114. Vgl. Mot. II, 1888, S. 23.

234 Obligationenrecht (Schweiz), 1881, Art. 51 Abs. 2 aOR; siehe Mot. II, 1888, S. 23.

235 § 222 E.I. regelt das Mitverschulden des Verletzten wie folgt: ...... *so hat das Gericht nach den Umständen des Falles zu ermessen, ob und in welchem Umfang der andere zum Schadensersatze verpflichtet sei......*

236 z.B. §§ 17 Abs. 1 S. 2 StVG, 13 Abs. 1 S. 2 HaftpflG, 41 Abs. 1 S. 2 LuftVG.

237 *Kuhl* in: *Buschbell*, MAH Straßenverkehrsrecht (2015), § 23 Rn. 279; *Ratz* in: BeckRA-HdB, 2016, Rn. 247; BHHJ/Heß (2018), StvG, §17 Rn. 3.

238 Zur Hamburger Quotentabelle, siehe *Bursch/Jordan*, VersR 1985, 512 ff.; zur Münchener Quotentabelle siehe *Brüseken/Krumbholz/Thiermann*, NZV 2000, 441 ff.; zur

mitwirkenden Schädigern nicht bis zum Innenverhältnis gewartet werden muss. Der Schaden wird also dem Geschädigten zu dem von ihm zu verantwortenden Teil zugerechnet und der Schadenersatz entsprechend gekürzt.[239]

2. Schadensteilung als Rechtsfolge des § 254 BGB

Der Rechtsfolgenteil des § 254 Abs. 1 BGB eröffnet den Weg in ein konkret durchzuführendes Abwägungsprogramm. So richtet sich der Umfang des Anspruchs danach, „inwieweit der Schaden vorwiegend von dem einen oder dem anderen Teil verursacht worden ist." Aus dem Grundgedanken des § 254 BGB ergibt sich der Maßstab, nach dem der Schaden auf der Rechtsfolgenseite der Vorschrift zwischen beiden Seiten aufzuteilen ist. Auf den ersten Blick lässt sich nur beurteilen, ob die Handlung für den Schaden ursächlich ist oder nicht. Das Gewicht der Mitverantwortlichkeit wäre durch Teilung des Schadenserfolges erreichbar.

Es gibt bislang jedoch keine ausdrückliche Regelung zur Berechnung der Haftungsquote gegenüber dem Geschädigten. Die Rechtsprechung und die überwiegenden Teile der Literatur gehen davon aus, dass der mitschuldige Geschädigte haftungsrechtlich in gleicher Weise wie der Schädiger behandelt werden soll.[240] Zur Verteilung des Schadens bei mehreren Schädigern hat der Geschädigte eine Doppelstellung.[241] Einerseits hat er einen Schadensersatzanspruch und deswegen kann er vollen Schadensersatz verlangen, andererseits ist er auch Mitschädiger wegen der ihm zurechenbaren Mitverursachung des Schadens, für den er nach § 426 BGB auch einen anteiligen Ausgleich leisten muss. Die Regelung des § 254 BGB als eine besondere Regelung i.S.d. § 426 Abs. 1 BGB spielt eine einschränkende Rolle bei Aufteilung des Schadens nach gleichen Teilen nach § 426 Abs. 1 S. 1 BGB, womit sich bei einer Haftung mehrerer Gesamtschuldner die

---

Berliner Quotentabelle siehe *Berger*, VersR 1987, 542 ff. Auch *Grüneberg*, Haftungsquoten bei Verkehrsunfällen, 2017; *Nugel*, DAR 2008, 548 ff.; 2009, 105 ff., 346 ff., 727 ff.; 2010, 256 ff.

239 NJW 2011, 292.

240 Zum Gleichbehandlungs- und Symmetriegebot siehe BeckOGK-BGB/*Looschelders* (2019), § 254 Rn. 6 ff.; HKK/*Jansen* (2007), BGB, § 254 Rn. 46; Erman BGB/*Ebert* (2017), § 254 Rn. 3; BeckOK BGB/*Lorenz* (2019), § 254 Rn. 9; *Deutsch*, AllgHaftungsR, 1996, Rn. 563; Krit. *Koziol*, Mitverantwortlichkeit, in: FS Deutsch, 2009, S. 782 f.

241 *Lorenz*, Haftungs- und Zurechnungseinheiten, 1979. S. 34 f.; *Esser/Schmidt*, Schuldrecht AT I/2, 1995, §35 vor I; *Hinrich*, Die Berücksichtigung des Mitverschuldens, 1991, S. 21 f.

Quotelung entsprechend § 254 BGB vollzieht.[242] Die Kürzung des Schadensersatzanspruchs nach § 254 BGB läuft so auf eine automatische Aufrechnung des Anspruchs des Geschädigten auf den vollen Schadensersatz gegen den aus dem Mitverschulden entstandenen Anspruch des Schädigers hinaus.[243]

3. Grundlagen des Mitverschuldens im chinesischen Recht

Im chinesischen Rechtssystem wurde als Rechtsfolge des Mitverschuldens auch die Kürzung des Schadensersatzspruchs festgesetzt. Zunächst besagt die Vorschrift über das Mitverschulden des Geschädigten, Art. 131, in den Allgemeinen Grundsätzen des Zivilrechts der VR China (Abkürzung: AGZR): „Wenn auch den Geschädigten ein Verschulden am Schadenseintritt trifft, kann die zivilrechtliche Haftung des Schädigers gemindert werden."[244] Im Wortlaut dieser Vorschrift ist der Ausdruck „die Kürzung des Schadensersatzanspruches" nicht benutzt worden, vielmehr wird die Haftung des Schädigers entsprechend erleichtert. Danach hat auch der Artikel 2 EoBKS[245] das Mitverschulden des Geschädigten auf Grundlage des Art. 131 AGZR ausführlich geregelt. Wenn beim Ersatzberechtigten im Hinblick auf die Entstehung oder Vergrößerung des Schadens Vorsatz oder Fahrlässigkeit vorliegt, kann die Schadensersatzhaftung des Ersatzpflichtigen ganz oder teilweise entfallen.[246] Liegt beim Geschädigten nur einfache Fahrlässigkeit vor und haben dagegen die Ersatzpflichtigen mit Vorsatz oder grober Fahrlässigkeit den Körperschaden verursacht, wird die Schadensersatzhaftung nicht gemindert. Im chinesischen Haftpflichtgesetz unterscheidet die

---

242 Jauernig/*Stürner* (2018), BGB, § 426 Rn. 9; BGHZ 59, 103; BGH NJW 2015, 1763; BGH NJW 2013, 2827; BGH NJW 2014, 2732; NJW 2014, 2686.

243 Vgl. *Looschelders*, Mitverantwortlichkeit, 1999, § 8, S. 144; *Lorenz*, Haftungs- und Zurechnungseinheiten, 1979, S. 36 ff.

244 Deutsche Übersetzung von Allgemeiner Teil des Zivilrechts der Volksrepublik China seihe: http://www.chinas-recht.de/zivilrecht.htm, abgerufen am 08-08-2019.

245 Übersetzt von *Göbel*, in: ZchinR, Bd. 11 Nr. 3 (2004). Art. 2: *Wenn beim Ersatzberechtigten im Hinblick auf die Entstehung oder Vergrößerung des Schadens Vorsatz oder Fahrlässigkeit vorliegt, kann gemäß Art. 131 AGZR die Schadensersatzhaftung des Ersatzpflichtigen ganz oder teilweise entfallen. Führen aber Vorsatz oder grobe Fahrlässigkeit des Verletzenden zu den Körperschäden, und liegt beim Geschädigten nur einfache Fahrlässigkeit vor, wird die Schadensersatzhaftung des Ersatzpflichtigen nicht gemindert.*

246 In den Entwürfen des EoBKs wurde das Mitverschulden des Geschädigte nicht berührt. Nachdem das oberste Volksgerichtshof um die Vorschläge für den endgültigen Entwurf geboten hat, haben einige Wissenschaftler die Meinung über Mitverschulden vorgestellt. So konnte Art. 2 EoBKs festgelegt werden.

Vorschrift Art. 26 HPflG nicht mehr zwischen Vorsatz und Fahrlässigkeit. Hat bei der Entstehung des Schadens ein Verschulden des Geschädigten mitgewirkt, kann die Haftung der Ersatzpflichtigen gemindert werden. Diese Vorschrift spricht vom Verschulden des Geschädigten. In der heutigen Rechtsprechung und Lehre besteht jedoch darüber Einigkeit, dass die Vorschrift das Verschulden wie auch den vorsätzlichen und den fahrlässigen Beitrag erfasst.[247] Der Begriff des Verschuldens ist hier auch nicht als echtes Verschulden, sondern im Sinne einer kausalen Zurechnung zu verstehen. Die Frage bleibt dennoch offen, ob die Auswirkung der von dem Geschädigten verantworteten Betriebs- oder Materialgefahren zu einer Kürzung seines Schadensersatzanspruchs führen kann.[248] Ein anderer auffälliger Punkt ist, dass die im Art. 2 EoBKS erwähnte Vergrößerung des Schadens bzw. die Schadensabwendungs- und Schadensminderungspflicht nicht auf die Regelung Art. 26 HPflG bezogen ist. Diese behandelt nur das Mitverschulden bei der Schadensentstehung.

Aus solchen, sich auf Fragen des Mitverschuldens beziehenden Vorschriften ergibt sich eine Haftungsminderung der Ersatzpflichtigen als Rechtsfolge der Mitverantwortlichkeit. Trifft den Geschädigten eine Mitverantwortung, ist nach diesen Regelungen zu beurteilen, ob und in welchem Umfang der Schädiger zum Schadensersatz verpflichtet bleibt.

II. Kausalität des Mitverschuldens zum Schadenseintritt

Wenn der mitwirkende Geschädigte mit einem ursächlichen Beitrag am Schadenseintritt beteiligt waren, wird der vom Schädiger zu leistende Schadensersatz mit der Schadenbemessung errechnet. Bei der Schadensbemessung geht es darum zu fragen, inwieweit der Schädiger für den Schaden verantwortlich gemacht werden kann, bzw. ob und in welchem Ausmaß auch ein Mitverschulden des Geschädigten vorliegt. Aber aus dem Wortlaut des Art. 26 HPflG ergibt sich kein Hinweis darauf, wovon der Umfang des zu leistenden Ersatzes nach der Haftungsminderung abhängt. Das Mitverschulden des Geschädigten kann in einer additiv- oder kumulativ-kausalen oder auch konkurrierenden Teilursache bestehen, die mit zum Schadenseintritt geführt hat. Als Mindestvoraussetzung muss der Schaden dem Geschädigten objektiv zugerechnet werden können.

---

247 *Wang, Liming* (王利明), Haftpflichtgesetz, 2010, S. 441; *Shi, Shangkuan* (史尚宽), Schuldrecht AT, 2001, S. 303; *Xi, Xiaoming* (奚晓明), 2009, S. 536; *Cheng, Xiao* (程啸), in: Tsinghua Law Review, 06/2005.

248 *Zheng, Yongkuan* (郑永宽), in: Nodern Law Science, 01/2019; *Yang, Lixin/Wang, Zhu* (杨立新/王竹), in: Law Review, No.1/7.

1. Additiver Tatbeitrag

Hat ein Geschädigter bei einem Schadenseintritt in additiver Kausalität einen Teil des Gesamtschadens verursacht, so kommt hier nicht die Haftungsminderung, sondern die Schadensberechnung in Betracht. Die für die Schadenszurechnung beim Schädiger entwickelten Kriterien sind deswegen auch auf den Geschädigten anzuwenden. Für den auf sein eigenes Verhalten zurückzuführenden Schadensteil darf der Geschädigte keinen Schadensersatz verlangen. Denn der additiv-kausal verursachte Teilschaden ist wiederum als Einzelschaden zu qualifizieren, der von dem durch den Schädiger verursachten Einzelschaden abgrenzbar ist.

2. Kumulativer Tatbeitrag

Das Mitverschulden des Geschädigten in kumulativer Kausalität ist eine Bedingung der Schadensverursachung, die den Ursachen gegenüber als gleichwertig anzusehen ist, die den Nebentätern zugerechnet werden. Der Mitverschuldensanteil des Geschädigten wird in einer Quote nach Bruchteil oder Prozent ausgedrückt.[249] Wenn Schädiger und Geschädigter prinzipiell in einem Schadensfall gleichbehandelt würden[250], so würden alle Umstände im Einzelfall bei der Haftungsverteilung unter den Nebentätern auch hier bei der Bestimmung des Mitverschuldensanteils greifen. Aber nach der herrschenden Meinung sind das Mitverschulden des Geschädigten und das Verschulden des Schädigers eben keineswegs gleichartig, denn das Mitverschulden bezeichnet nicht ein vorwerfbares rechtswidriges Handeln, sondern vielmehr ein „Verschulden gegen sich selbst" als Obliegenheitsverletzung des Geschädigten.[251] Hier stellt sich die Frage, ob

---

249 *Bursch/Jordan*, VersR 1985, 512 ff.; *Brüseken/Krumbholz/Thiermann*, NZV 2000, 441 ff.; NK-BGB/*Jürgen Knöfler* (2016), § 254 Rn. 45. Siehe auch *Grüneberg*, Haftungsquoten bei Verkehrsunfällen, 2017; UVG Shanghai Songjiang, Urteil (2013) – I S 8108 [上海松江区人民法院 (2013) 松民一(民)初字第 8108 号], das Gericht legte die jeweiligen Haftungsanteile mit der Quote von 10:50:40 fest.

250 *Looschelders*, Mitverantwortlichkeit, 1999, S. 5, S. 640. Looschelders meinte: die für die Haftung des Schädigers geltenden Grundsätze auf den Geschädigten entsprechend angewendet werden sollen...... Da Haftung und Mitverschulden auf dem gleichen Grundgedanken beruhen, sind Schädiger und Geschädigter prinzipiell gleich zu behandeln, sofern nicht die Besonderheiten des Mitverschuldens eine abweichende Beurteilung gebieten. Auch vgl. BeckOK BGB/*Lorenz* (2019), § 254 Rn. 9.

251 BGHZ 3, 46 (49); BGH NJW 2009, 582; Erman BGB/*Ebert* (2017), § 254 Rn 3; Palandt/*Grüneberg* (2019), BGB, § 254 Rn. 1; NK-BGB/*Jürgen Knöfler* (2016), § 254 Rn. 1; *Zhang, Guangxing* (张广兴), Schuldrecht AT, 2000, S. 305; *Zhou, Youjun* (周友军), in: Renmin University Law Review, 03/2010.

die Kriterien zur Bestimmung der beiderseitigen Haftungsquote gleich sein also nach gleichen Maßstäben bestimmt werden sollen. Dies muss bejaht werden, denn diese Obliegenheitsverletzungen des Geschädigten sind nur in Rücksicht darauf zu betrachten, ob ein Mitverschulden entstanden ist und daher eine Kürzung oder Herabsetzung des Schadensersatzbetrages gerechtfertigt ist. Man könnte diese dann im Rahmen der Haftungsabwägung zugunsten des Interesses des Geschädigten berücksichtigen. Die Feststellung der einzelnen Haftungsquoten und der Mitverschuldensquote beruht auf dem Gedanken, dass mehrere Beteiligte, die einen Schaden mitverursacht haben, diesen jeweils entsprechend ihrer Verantwortlichkeit tragen sollen.[252]

§ 254 Abs. 2 BGB normiert eine Schadensabwehr- und Schadenminderungspflicht des Geschädigten, während es nach dem Wortlaut des Art. 26 HPflG keinen relevanten Inhalt dazu gibt. Im dritten Vorentwurf des neuen chinesischen Bürgerlichen Gesetzbuches ist eine kleine Änderung der Mitverschuldensklauseln in § 952 vorgesehen.[253] „Trifft auch den Geschädigten ein Verschulden am Schadenseintritt oder in der Schadenserweiterung, kann die Haftung der Verletzten gemindert werden". Das Verschulden in der Schadenserweiterung unterscheidet sich von den Fällen, in denen der Geschädigte mit seinem verschuldeten ursächlichen Beitrag den Schaden mitverursacht hat. Diese Konstellation betrifft häufig Fälle, in denen der Beitrag des Geschädigten nicht im Rahmen des von einem vernünftigen und sorgfältigen Menschen zu Erwartenden so geführt wird, dass der schon eingetretene Schaden sich vergrößert. Der vergrößerte Schadensteil ist normalerweise von dem Gesamtschaden abzugrenzen und, im deutschen Recht nach § 287 ZPO zu schätzen.[254] Wenn dieser Teil jedoch nicht abgrenzbar ist, muss eine Schadensabwägung stattfinden.

Dass die Verletzung der Schadensminderungspflicht bei der Schadensberechnung berücksichtigt wird, führt dazu, dass der Geschädigte den vermeidbaren Schadensteil in vollem Umfang selbst zu tragen hat, beziehungsweise auf den auf die Vergrößerung des Schadens entfallenden Teil keinen Ersatzanspruch

---

252 *Looschelders*, Mitverantwortlichkeit, 1999, § 8, S. 142.

253 Vorentwurf des chinesischen Bürgerlichen Gesetzbuches – Haftpflichtgesetz, in: http://www.dffyw. com/fazhixinwen/lifa/201908/46519.html, abgerufen am 28-08-2019.

254 MüKoBGB/*Oetker* (2019), § 254 Rn. 76; Erman BGB/*Ebert* (2017), § 254 Rn. 99: Es wird direkt gemeint, wenn das Mitverschulden des Geschädigten sich auf die Verletzung der Pflichten nach § 254 Abs. 2 S. 1 BGB beschränkt, wird der Geschädigte den durch seine Pflichtverletzung entstandenen Schadensmehrbetrag allein zu tragen haben. Hier sollte der Abzug des Mehrbetrags sollte als Schadensberechnung betrachtet werden.

erheben kann. Es ist nicht entscheidend, ob der Geschädigte durch eine Handlung oder ein Unterlassen einen Beitrag zum Schadenseintritt leistet oder erst nach Eintritt einer Schädigung diese Teilursache beisteuert.

3. Konkurrierende Kausalität

Wenn der Geschädigte seinen Beitrag zum Schaden nicht geleistet hätte, der Schaden aber trotzdem eingetreten wäre, so ändert sich an dem tatsächlichen Wirksamwerden aller Tatbeiträge der Schädiger nichts. Wenn der Schadensanspruch ausgefallen wäre, würde die Regel bestätigt werden, dass jeder Mensch seinen Schaden selbst trägt. Doch man darf nicht vergessen, dass die Modifikation der Conditio-sine-qua-non-Formel bei konkurrierender Kausalität dafür spricht, dass jeder Beitrag für den Erfolg ursächlich sein muss, weil keinem der Schädiger das rein rechtswidrige Verhalten eines anderen zugutekommen soll.[255] Aber die Frage, ob der Beitrag des Geschädigten bei konkurrierender Kausalität zur Anwendung des § 254 BGB führt, muss auf dem maßgeblichen Gedanken basieren, dass die Berücksichtigung lediglich eines Verursachungsbeitrags willkürlich wäre. Die Verursachungsbeiträge der Schädiger und des Geschädigten für die Entstehung des Schadens müssen gleichwertig berücksichtigt werden.[256]

III. Die zu berücksichtigenden Umstände zur Bestimmung des Mitverschuldensanteils

Wie zuvor bereits ausgeführt wurde, findet der Innenausgleich zwischen den Nebentätern analog § 254 BGB durch Ermittlung des Umfangs der Ersatzpflicht im Wege einer Abwägung, oder Feststellung der Haftungsquoten nach Art. 12 HPflG statt.

In der deutschen Rechtspraxis und den in der deutschen Literatur vertretenen Auffassungen sind einige Elementen als berücksichtigungsfähig anerkannt sind. Die Abwägung ist auf Grundlage aller (unstreitigen oder bewiesenen) Umstände des Einzelfalles vorzunehmen.[257] In erster Linie ist hierbei nach der

---

255 *Lange/Schiemann*, Schadensersatz, 2003, § 3 XII 1; Larenz, SchuldR I, 1987, § 27 III a; MüKoBGB/*Wagner* (2017), § 840 Rn. 3; BGHZ 199, 263 Rn. 50 = NJW 2014, 2029; BGH NJW 2013, 2018 Rn. 27; BGHZ 200, 350 Rn. 16 = NJW 2015, 468.

256 *Looschelders*, Mitverantwortlichkeit, 1999, § 19 II1b), S. 323.

257 BGH NJW 1963, 1447 (1449); 1968, 985; 2014, 217; BGH NJW-RR 2007, 679; NK-BGB/*Jürgen Knöfler* (2016), § 254 Rn. 45; BeckOK BGB/*Lorenz* (2019), § 254 Rn. 52; Erman BGB/*Ebert* (2017), § 254 Rn. 83; MüKoBGB/*Oetker* (2019), § 254 Rn. 105; Palandt/*Grüneberg* (2019), BGB, § 254 Rn. 59; Soergel/*Kuntz* (2014), BGB, § 254 Rn. 149.

Rechtsprechung des BGH das Maß der Verursachung von Belang, in dem die Beteiligten zur Schadensentstehung beigetragen haben;[258] das beiderseitige Verschulden ist nur ein Faktor der Abwägung.[259] Bei der Haftungsabwägung sind somit folgende Bemessungsfaktoren zu unterscheiden (Betriebsgefahr, Verschuldensmomente, sonstige Umstände). Aber man muss zugeben, dass eine solche Abwägung auf einer unsicheren dogmatischen Grundlage kaum gewährleistet werden kann.[260]

In China, das die Quoten im Außenverhältnis diskutiert, wird ein schwieriges und teilweise unklares Abwägungsmodell von der Rechtsprechung praktiziert. Sowohl die Art. 12 und 14 HPflG als die Regelung für die endgültigen Haftungsquoten von mehreren Beteiligten, sondern auch der Art. 26 HPflG[261] über das Mitversschulden des Geschädigten hätten den „Verursachungsbegriff" nicht ausdrücklich definiert.

1. Berücksichtigungselemente der Quotenbildung in beiden Rechtssystemen

Die beiden Begriffe Verursachungs- und Verschuldensfaktor stellen in der deutschen und chinesischen Rechtspraxis die zu berücksichtigenden Maßstäbe der Quotenbildung dar.

a) Gewichte der Verursachungsbeiträge

Als zu berücksichtigenden Umstand hebt § 254 Abs. 1 BGB ausdrücklich nur den Verursachungsgrad hervor. Der Mitverschuldensbeitrag des Geschädigten im Nebentäterfall mit einer Conditio-sine-qua-non-Kausalität ist eine andere notwendige Voraussetzung, die objektiv den Schadenseintritt ermöglicht. Da im Sinne der Kausalitätsbetrachtung alle Bedingungen gleich wichtig sind, kann

258 BGH v. 20.01.1998 – NJW 1998, 1137, Rn. 12; NJW-RR 2000, 272(273); NJW-RR 2007, 680 (681); 2008, 347 (350); 2009, 239 (241); NZV 2012, 217, Rn. 5; NJW 2014, 2493, Rn. 6; NJW-RR 2015, 1057, Rn. 10.

259 MüKoBGB/*Oetker* (2019), § 254 Rn. 108; Staudinger/*Schiemann* (2017), BGB, § 254 Rn. 114f.; Palandt/*Grüneberg* (2019), § 254 Rn. 59; jurisPK-BGB/Rüßmann (2017), § 254 Rn. 32; Jauernig/*Teichmann* (2018), BGB, § 254 Rn. 6; *Schlechtriem/Schmidt-Kessel*, Schuldrecht AT, 2005, Rn. 313 f.

260 *Looschelders*, Mitverantwortlichkeit, 1999, §31, S. 565.

261 Deutsche Übersetzung siehe: *Liu/Pißler*, ZchinR Bd. 17 Nr. 1 (2010). Art 26: *Trifft auch den Geschädigten ein Verschulden am Schadenseintritt, kann die Haftung des Verletztes gemindert werden.*

es ein „mehr oder weniger" an Kausalität nicht geben. Ein „mehr oder weniger" an Verursachung, eine vorwiegende, primäre, wesentliche, hauptsächliche Verursachung ist im Sinne der naturwissenschaftlich-logischen Terminologie kaum denkbar.[262] Man könnte die mechanische Kraft messen, mit der die Tatbeiträge in dem Schadenserfolg tatsächlich wirksam geworden sind. Je stärker diese Triebkraft wäre, desto größer wäre der Anteil des jeweiligen Tatbeitrags am Gesamtschaden.[263] Doch, wie Looschelders zu Recht hervorgehoben hat, würde dies der Realität nicht immer gerecht. Im Falle eines Fußgängers, der unachtsam über die Autobahn läuft und dabei von einem Kraftfahrer überfahren wird, könnte dem Kraftfahrer das überwiegende Verschulden nicht einfach deswegen zugeschrieben werden, weil die mechanischen Kräfte eines Fußgängers im Vergleich mit der eines Kraftfahrzeuges geringer sind.[264]

Um den Schwierigkeiten der nach dem Gesetz „vorwiegenden Verursachung" in § 254 Abs. 1 BGB zu begegnen, greift die herrschende Meinung zuerst auf ähnliche Erwägungen wie bei der Feststellung der adäquaten Verursachung zurück. Es kommt darauf an, mit welchem Grad an Wahrscheinlichkeit die Verhaltensweisen von Schädiger und Geschädigtem zur Herbeiführung des Schadens geeignet waren.[265] Eine Besonderheit liegt beim Gewicht der Verursachungsbeiträge darin, dass es hier nicht nur um die Ausscheidung der unwahrscheinlichen Kausalverläufe, sondern um das Gewicht der Wahrscheinlichkeit von relevanten Kausalverläufen geht. Man stellt nicht darauf an, ob der Schädiger für die Schadensfolgen verantwortlich oder nicht mehr verantwortlich ist, sondern auf die objektive Bewertung der Gesamtheit der während des Zeitraums zwischen den von jedem Beteiligten in Gang gebrachten Geschehensabläufe bis hin zum

---

262 *Rother*, VersR 1983, 793 (793 ff.); *ders.*, Haftungsbeschränkung im Schadensrecht, 1965, S. 55 f.; BeckOK BGB/*Lorenz* (2019), § 254 Rn. 53.

263 *Rother*, VersR 1983, 793 (795).

264 *Looschelders*, Mitverantwortlichkeit, 1999, § 31, S. 570.

265 BGH NJW 1994, 379; 1998, 1137 (1138); NJW-RR 2000, 272 (273); 2009, 239 (241); OLG Schleswig VersR 2003, 82 (83); *Venzmer*, Mitverursachung und Mitverschulden im Schadensersatzrecht, 1960, 133 ff.; *Dunz*, NJW 1964, 2133 (2134 f.); *Larenz*, SchuldR I, 1987, § 31 I e, S. 549; *Esser/Schmidt*, SchuldR AT I/2, 1995, § 35 IV vor 1, S. 288; *Medicus/Lorenz*, SchuldR AT, 2015, Rn. 726; Staudinger/*Schiemann* (2017), BGB, § 254 Rn. 113; Palandt/*Grüneberg* (2019), BGB, § 254 Rn. 58; jurisPK-BGB/*Rüßmann* (2017), § 254 Rn. 32; Jauernig/*Teichmann* (2018), BGB, § 254 Rn. 6; Soergel/*Kuntz* (2014), BGB, § 254 Rn. 148; a.A. *Looschelders*, Mitverantwortlichkeit, 1999, S. 570 ff.

Zusammentreffen aller Tatbeiträge.[266] Es ist außerdem nach einem Teil der Auffassungen die Gefahrenträchtigkeit des beiderseitigen Tuns oder Unterlassens abzuwägen.[267] Man darf die Gefährlichkeit der Handlung jedoch nicht mit dem Umfang des Verursachungsbeitrags des Handelnden gleichsetzen.[268] Für diese Gefährlichkeit muss die Ursache ebenso abgeschätzt werden, wie das Ausmaß ihrer Zerstörungskraft und/oder Schadensgeneigtheit.

Obwohl man zusammenfassend feststellen kann, dass je wahrscheinlicher der Verursachungsbeitrag für den Schadenseintritt war, desto größer der zu tragende Schadensanteil sein wird,[269] ist der Wahrscheinlichkeitsmaßstabe keine Lösung von hinreichender Genauigkeit. Looschelders erhebt außerdem den Vorwurf, dass dem Wahrscheinlichkeitskriterium die normative Rechtfertigung fehle,[270] weil die Wahrscheinlichkeit des Schadenseintritts auch so gut wie überhaupt nicht geschätzt und allgemeinverbindlich festgestellt werden kann. Es existieren keine technischen oder sozialen Statistiken oder sonstige nachprüfbare Daten, die eine Einstufung eines Verhaltens im Hinblick auf den Eintritt eines Schadens als höchst wahrscheinlich, sehr wahrscheinlich, weniger wahrscheinlich oder völlig unwahrscheinlich rechtfertigen würden. Eine rationale Prüfung der Adäquanz zwischen einem Tatbeitrag und seinen Folgen ist bereits die inhärente Schwierigkeit der Adäquanztheorie, aber im Vergleich zur Bestimmung des Wahrscheinlichkeitsgrades ist es wesentlich einfacher, eine bestimmte Bedingung im Rahmen der objektiven Zurechnung als irrelevant ausschneiden zu lassen.[271] Eine andere praktische Schwäche ist, dass dieser Wahrscheinlichkeitsgrad zwischen dem Geschehen der Handlung und dem Zusammentreffen der Verursachungsbeiträge kaum gleichbleiben wird.[272] Deshalb ist es allenfalls

---

266 Dazu *Dunz*, NJW 1964, 2133 (2133ff.); Vgl. *Lange/Schiemann*, Schadensersatz, 2003, § 10 XII 1, S. 612; *Hartung*, VersR 1979, 97 (102).

267 *Lange/Schiemann*, Schadensersatz, 2003, § 10 XII 1, S. 612; *Ganten*, BauR 1978, 187 (191); *Rother*, Der Begriff der Gefährdung im Schadensrecht, 1972, S. 250.

268 Staudinger/*Schiemann* (2017), BGB, §254 Rn. 113.

269 BGH VersR 1988, 1238; BGH v. 20.01.1998 – VI ZR 59/97, Rn. 8 = NJW 1998, 1137; BGH v. 28.10.1993 – IX ZR 252/92, Rn. 13 = NJW 1994, 379; BGH v. 12.07.1988 – VI ZR 283/87, Rn. 9 = NJW-RR 1988, 1373; MüKoBGB/*Oetker* (2019), § 254 Rn. 109.

270 *Looschelders*, Mitverantwortlichkeit, 1999, § 31, S. 573 f.

271 *Looschelders*, a.a.O., S. 573. Dagegen wird von Dunz genannt, mit der Modifikation von Verursachung zu Wahrscheinlichkeit werde Verursachungsanteile messbar oder wenigstens rational schätzbar, in: *Dunz*, NJW 1964, 2133 (2134 f.)

272 *Looschelders*, a.a.O., S. 573; Staudinger/*Schiemann* (2017), BGB, § 254 Rn. 113.

möglich, das Gewicht der einzelnen Tatbeiträge jeweils auf den gesamten Kausalverlauf zu beziehen und gleichwohl einheitliche Wahrscheinlichkeitsgrade zu bestimmen.

Vor diesem Hintergrund hat Looschelders eine normative Bestimmung des Verursachungsgewichtes vorgeschlagen.[273] Diese normative Betrachtung der Verursachung bedarf der objektiven Zurechnung über die Annahme einer haftungsrelevanten Gefahr, die sich im konkreten Schaden verwirklicht haben muss.[274] Dies ermöglicht eine entschiedene Abgrenzung gegenüber dem wahrscheinlichkeitstheoretischen Verursachungsbegriff, sodass das Gewicht der Gefahrschaffung nicht nach empirisch-wissenschaftlichen, sondern nach rechtlich-wertenden Maßstäben bestimmt wird.[275] Es kommt damit darauf an, in welchem Maße der Tatbeitrag von dem in der betreffenden Situation rechtlich erwarteten Verhalten abweicht und welche Bedeutung dieser Normwidrigkeit für den konkreten Schaden beizumessen ist.[276] Eine andere Anforderung liegt darin, dass nicht die gesamte Risikodimension eines Tatbeitrags,[277] sondern nur jenes Risiko zu berücksichtigen ist, das sich im konkreten Schaden realisiert hat.[278] Bei diesem normativen Verursachungsbegriff ist es natürlich möglich, dass eine beträchtliche Normabweichung sich beim Schadenseintritt nur geringfügig auswirkt. Die Fahrt eines alkoholisierten Unfallfahrers mit einem schweren Normverstoß spielt dann eigentlich nur eine geringe Rolle für den letztlich entstandenen Schaden, weil der Unfall auch für einen sich vollkommen gesetzeskonform verhaltenden Fahrer nur schwer hätte vermieden werden können. Aus diesem Grund stimmt Looschelders zu, dass die Abwägung der Verursachungsanteile den ganzen Geschehensablauf berücksichtigen sollte.

b) Verschuldensgrad

Die mit deutlicher Mehrheit herrschende Meinung stellt in Einklang mit der Rechtsprechung im deutschen Rechtsdenken primär auf das Gewicht des Verursachungsanteils als wichtigstes Abwägungskriterium ab.[279] Als ein wichtiges,

---

273 *Looschelders*, a.a.O., S. 576.

274 Zustimmung in BGH NZV 10, 293; BHHJ/*Heß* (2018), StVG, § 17 Rn. 14.

275 *Looschelders*, a.a.O., S. 576 f.

276 *Looschelders*, a.a.O., S. 576 f.

277 Strei., BHHJ/*Heß* (2018), StVG, § 17 Rn. 14

278 BHHJ/*Heß* (2018), StVG, § 17 Rn. 14; *Zeycan*, in: Haus/Krumm/Quarch, Gesamtes Verkehrsrecht, 2017, StVG, § 17 Rn. 20.

279 BGH NJW 1994, 379; 1997, 2236, (2238); 1998, 1137 (1138); BGH NJW-RR 2000, 272 (273); BGH NJW 2003, 1931; MüKoBGB/*Oetker* (2019), § 254 Rn. 108 ff.; *Looschelders*, Mitverantwortlichkeit, 1999, § 31, S. 581 ff.; *Larenz*, SchuldR I, 1987, § 31

aber nachrangiges Abwägungskriterium ist der Verschuldensgrad bei fehlender vorwiegender Verursachung erst danach heranzuziehen.[280] Angesichts des insoweit klaren Wortlauts des § 254 BGB und des Art. 26 HPflG ist es aber verfehlt, allein auf das Maß des beiderseitigen Verschuldens abzustellen. Ein Teil des Schrifttums[281] stellt in Einklang mit den Urteilen[282] allein auf den Verschuldensgrad der Beteiligten als einzigen Abwägungsmaßstab ab. Es ist auch argumentiert worden, dass es unmöglich sei, zu einem Wirkungsverlauf verschmolzene Mitwirkungsanteile nachträglich voneinander zu trennen, aber sehr wohl möglich, die Vorwürfe gegen die Beteiligten zu begründen und abzustufen.[283] Nach der herrschenden Meinung[284] gibt es hier eine Differenzierung in schwere, mittlerer und leichte Mitwirkung analog der groben, mittleren und leichten Fahrlässigkeit.

Es ist anerkannt, dass der Verschuldensgrad das Maß der Verantwortlichkeit auf jeden Fall beeinflusst. Daher stellt sich die Frage, welche Maßstäbe für die Verschuldensabwägung gelten. Eine in der Literatur vertretene Ansicht hat den objektiven Fahrlässigkeitsmaßstab des § 276 Abs. 2 BGB auf § 254 BGB übertragen.[285] Weil § 276 Abs. 2 BGB „die im Verkehr erforderliche Sorgfalt" fordert, ist der Maßstab objektiv festzulegen.[286] Dadurch kommt es nicht darauf an, ob

---

I, S. 550; Soergel/*Kuntz* (2014), BGB, § 254 Rn. 149; Staudinger/*Schiemann* (2017), BGB, § 254 Rn. 114 f.; NK-BGB/*Jürgen Knöfler* (2016), § 254 Rn. 46.

280 BGH NJW 1969, 789; NZV 1997, 231.

281 *Glaßer*, Der Gesamtschuldnerausgleich zwischen deliktisch haftenden Schuldner, 1995, S. 38, S. 40; vgl. *Rother*, VersR 1983, 793 (793 ff.).

282 Urteil zum Vermögensschadensersatz von Zhang Chunying, in: Kommuniqué des obersten Volksgerichtshofs (《最高人民法院公报》), 11/2011; MVG Nanjing, Urteil (2013) – S 1402 [江苏省南京市中级人民法院 (2013) 宁民终字第 1402 号民事判决书].

283 *Glaßer*, a.a.O., S. 38; *Rother*, a.a.O.

284 *Yang, Lixin/Wang, Zhu* (杨立新/王竹), in: Law Review, No. 1/7; *Xu, Guodong* (徐国栋), Treu und Glauben, 2002, S. 43; *Cheng, Xiao* (程潇)， in: Tsinghua Law Review, 06/2005; *Zhang, Xinbao* (张新宝), Prinzipien, 2005, S. 441; *Ye, Mingyi* (叶名仪), in: Chinese Journal of Law, 06/2009, es wird von Ye gemeint, dass es nur die Differenzierung zwischen normaler und grober Fahrlässigkeit gab. Auch dazu, BGH NJW 1997, 2236 (2238); 2002, 1263 (1264); Staudinger/*Schiemann* (2017), BGB, § 254 Rn. 64 f., Rn. 114.

285 MüKoBGB/*Oetker* (2019), § 254 Rn. 110; NK-BGB/*Jürgen Knöfler* (2016), § 254 Rn. 16; Staudinger/*Schiemann* (2017), BGB, § 254 Rn. 115; Venzmar, Mitverursachung und Mitverschulden im Schadensersatzrecht, 1960, S. 34, S. 144; NJW 1982, 168.

286 MüKoBGB/*Grundmann* (2019), § 276 Rn. 55; NK-BGB/*Dauner-Lieb* (2016), § 276 Rn. 13 f.; BeckOK BGB/*Lorenz* (2019), § 276 Rn. 20 f. BGH NJW 2000, 2812; BGHZ 24, 21 (27); 39, 281 (283); 103, 338 (346); 129, 226 (232).

die Beteiligten nach ihren individuellen Fähigkeiten, Kräften, Erfahrungen und Kenntnissen die objektiv gebotene Sorgfalt erkennen. Die individuellen Defizite der Beteiligten bei der Schadensverteilung bleiben wegen des Gleichbehandlungsprinzips außer Betracht, und weil das Verhalten des Geschädigten selbst den Schaden mitverursacht hat, fallen die gleichen Zurechnungsgründe an, die zu einer Haftung beim Fremdschaden führen würde.[287] Nach der in der Literatur und Rechtsprechung vertretenen Gegenauffassung ist der Verschuldensgrad auch nach dem subjektivierten Fahrlässigkeitsmaßstab zu bestimmen.[288] Zu Begründung wird darauf verwiesen, dass obwohl jeder Verkehrsteilnehmer die Verkehrserwartung haben könnte, dass die anderen die notwendigen „durchschnittlichen Fähigkeiten verfügen, keine berechtigen Verkehrserwartungen bezüglich der Schadensverteilung zwischen Schädiger und Geschädigtem bestünden, die durch die Berücksichtigung individueller Defizite enttäuscht werden könnten.[289] Richtig ist indes, dass beim Geschädigten der objektiv-typisierende Fahrlässigkeitsmaßstab angelegt wird.[290] Zudem gibt es keinen Grund, vom Geschädigten weniger zu verlangen als vom Schädiger, und dadurch die kommutative Gerechtigkeit aufzugeben.[291] In gewissem Umfang allerdings kann das Verschulden nach den individuellen Fähigkeiten der Beteiligten bestimmt werden,[292] sodass beispielsweise das Verschulden von Kindern und Jugendlichen regelmäßig geringer bewertet wird.[293]

Es ist auch nicht zu rechtfertigen, bei einer gänzlich an dem Verschuldensgrad orientierten Schadensverteilung auf das objektive Verursachungsgewicht zu verzichten, und es wäre auch systemwidrig, eine großzügigere Berücksichtigung des Verschuldensgrades vorzunehmen.[294] Die Verfasser des BGB hatten

---

287 *Lange/Schiemann*, Schadensersatz, 2003, §10 XII2, S. 615; MüKoBGB/*Oetker* (2019), § 254 Rn. 110.

288 *Deutsch*, AllgHaftungsR, Rn. 565, 571 f.; *ders.*, Fahrlässigkeit und erforderliche Sorgfalt, 1995, S. 477 ff.; *Lange/Schiemann*, Schadensersatz, 2003, 10 XII 2, S. 615 f.; *Larenz*, SchuldR I, 1987, § 31 I e, S. 549 f.; BGH VersR 1990, 535 (536); RGZ 68, 422 (423); *Yang, Lixin* (杨立新)， in: Journal of Henan Administrative Institute of Politics and Law, 02/2009.

289 *Looschelders*, Mitverantwortlichkeit, 1999, § 31, S. 585; im Anschluss an *Lehmann/Hübner*, Allgemeiner Teil des Bürgerlichen Gesetzbuchs, 1966, S. 352.

290 *Deutsch*, NJW 1993, 1506 (1508); BGHZ 113, 297 (304).

291 *Lange/Schiemann*, Schadensersatz, 2003, 10 XII 3, S. 615.

292 NK-BGB/*Jürgen Knöfler* (2016), § 254 Rn. 16.

293 BGH NJW-RR 1993, 480; OLG Celle VersR 1987, 360; OLG Braunschweig DAR 1994, 277. Auch in *Wang, Liming* (王利明), Haftpflichtgesetz, Band I., 2010, S. 499.

294 *Klauser*, NJW 1962, 369 (370).

sich sogar dafür entschieden, den Umfang der Schadensersatzpflicht nicht nach dem Grad des Verschuldens zu bestimmen.[295] Eigentlich ist ein Verschuldensfaktor vom Verursachungsfaktor nicht klar zu trennen, weil die Außerachtlassung der Sorgfalt gerade in der Vernachlässigung der Gefahr liegt. Deshalb scheint es, dass der Verschuldensgrad umso höher liegt, je höher das Gefährlichkeitsmaß ist. Es besteht jedoch zwischen beiden keine feste Verbindung.[296] So wird ein geringfügiger Verursachungsbeitrag durch die Schwere des Verschuldens aufgewertet. Wenn beispielsweise ein Kind und ein Erwachsener die Straße bei einer roten Ampel überschreiten, ist das Maß der Verursachung der beiden Handelnden gleich, doch trifft den Erwachsenen ein größeres Verschulden als das Kind. Rother schildert in einem Beispiel, dass, wer bei Rot über eine Ampel fährt, ein größeres Risiko trägt, als derjenige, der bei Gelb fährt. Es wäre jedoch auch möglich, dass der Fahrer, bei der Rot in die Kreuzung einfährt, sich vorher vergewissert hat, ob die Straße auch wirklich frei ist, bevor er nach dem Umspringen der Fußgängerampel auf Grün entschied, in die Kreuzung einzufahren. Demgegenüber wäre der Fahrer, der die Gelbphase einer Ampel ausnutzen möchte und deswegen unachtsam in die Kreuzung einfährt, einem höheren Risiko ausgesetzt, mit einem anderen Fahrzeug zusammenzuprallen.[297]

In der Rechtsprechung werden die Verschuldensgrade der Beteiligten beider Seiten ins Verhältnis gesetzt und dabei geklärt, ob ein besonders schweres Verschulden des Geschädigten die bloße Mitverursachung der anderen gänzlich verdrängt. Bei Vorsatz des Geschädigten und Fahrlässigkeit des Schädigers gelten die vorstehenden Grundsätze, sodass die Ersatzpflicht des Schädigers entfällt.[298] Bei beiderseitiger Fahrlässigkeit wird die Bestimmung der Schadensquoten schließlich unter entscheidender Berücksichtigung der Verursachungsbeiträge geführt, es sei denn, eine Seite träfe der Vorwurf grober Fahrlässigkeit, während die andere nur leicht fahrlässig gehandelt hat.[299] Je nach den Umständen kann auch eine nur leichte Fahrlässigkeit des Geschädigten zur Reduzierung des Ersatzanspruchs führen. Solche von der Rechtsprechung entwickelten einzelnen

295 Vgl. Mot. II, S. 17 f.; *Lange/Schiemann*, Schadensersatz, 2003, Einleitung, III 2 d.

296 *Rother*, VersR 1983, 793 (793 ff); *Lange/Schiemann*, Schadensersatz, 2003, §10 XII 2, S. 614.

297 Rother, VersR 1983, 793 (793ff.); in *Klauser*, NJW 1962, 370 zeigt auch ein Beispiel einer Baustelle, die ein Bauarbeiter trotz regem Verkehr ohne ausreichende Beleuchtung verlässt. Es könnte auch möglich sein, dass der andere mitschuldig Verpflichtete einen gerade noch erkennbaren Defekt in der Anlage übersehen hätte.

298 BGH NJW 1973, 518 f; 1991, 3208 (3210); BAG NJW 1998, 2923.

299 jurisPK-BGB/*Rüßmann* (2017), § 254 Rn. 34.

Erfahrungssätze, die als Grundlage zum Abwägungsvorgang dienen können, richten sich anscheinend darauf, dass der erste Schritt zur Abwägung ist, das beiderseitige Verschulden zu ermitteln. Trotzdem darf nicht vergessen werden, dass die Verschuldensgrade weder die zentralen noch die einzigen Abwägungselemente sind. Das durch die Gewichtung der Verursachungsbeiträge gewonnene Ergebnis bedarf doch der Korrektur bei einem unterschiedlichen Grad des beiderseitigen Verschuldens.

c) Verhältnis zwischen Verursachungs- und Verschuldensabwägung

Es wurde bereits ausgeführt, dass bei der Abwägung im Gegensatz zum deutschen Recht nach einem großen Teil der wissenschaftlichen Ansichten in China in erster Linie die Verschuldensgrade maßgeblich sind.[300] Nur wenn die Verschuldensgrade nicht feststellbar oder gleichmäßig verteilt sind, ist dann das Verursachungsmaß zur Feststellung einer Abstufung der Schadensquoten in der Verschuldensabwägung eingeführt. Die Berücksichtigung allein der Verschuldensgrade ist zurzeit eine absolute Mindermeinung.[301] Denn selbst wenn die Verschuldenselemente das einzige Kriterium zur Schadensverteilung wäre, so müsste man auch die jeweiligen Umstände berücksichtigen. Ein Teil der Lehre hat für eine Regelung plädiert, dass, wenn es sich um einen Anspruch aufgrund einer Verschuldenshaftung handelt, sich das Verschulden des Schädigers und jenes des Geschädigten gegenüberstehen. Kann dagegen auf der einen Seite eine Gefährdungshaftung bejaht werden, so wird anstelle oder zusätzlich zum Verschulden die Verursachung das Leitkriterium.[302] Wenn das Verschulden zum Leitkriterium wird, so muss der dem Schadensrecht eigentlich fremde Sanktionsgedanke erwähnt werden. Eine Differenzierung des Haftungsumfangs sollte es vermeiden, einen moralisierenden oder strafrechtlichen Gesichtspunkt in das Schadensrecht hineinzuziehen.

Im deutschen Recht steht das Verschuldensmaß in der Abwägung nicht auf der gleichen Ebene wie der Verursachungsgrad.[303] Aber das heißt auch nicht, dass das Verschuldensmaß als Faktor nur in die Abwägung einzubeziehen ist,

---

300 Siehe oben B Teil, II. 5.b).

301 *Cheng, Xiao* (程啸), in: Tsinghua Law Review, 06/2005.

302 *Wang, Zhu* (王竹), in: Law und Business, 06/2010; *Cheng, Xiao* (程啸), in: Tsinghua Law Review, 06/2005.

303 MüKoBGB/*Oetker* (2019), § 254 Rn. 110; Erman BGB/*Kuckuk* (2017), §254 Rn. 112; dagegen in: *Larenz*, SchuldR I, 1987, § 31 I e, S. 549 stellt hingegen Verursachung und Verschulden gleichrangig nebeneinander.

wenn die Verursachungsgrade der Beteiligten gleichwertig sind.[304] Selbst wenn bereits Verursachungsanteile hergeleitet wurden, müssen stets die Verschuldenselemente berücksichtigt werden. Nach der herrschenden Meinung wird die vorläufig ermittelte Verursachungsgewichtung der Beiträge in dem zweiten Schritt durch die jeweiligen Verschuldensgrade korrigiert.[305]

Deshalb stellt sich die Frage, in welcher Weise das Verursachungsmaß und der Verschuldensgrad gegeneinander abzuwägen sind und wie der Vorrang der Verursachung gegenüber dem Verschulden bei der praktischen Rechtsanwendung umzusetzen ist. Wie oben bereits ausgeführt, existieren bereits einzelne allgemeine Abwägungsregeln, sodass etwa bei Vorsatz des Schädigers sogar die Fahrlässigkeit des Mitverschuldens zurücktritt. Dabei bleibt der Zweifel, ob man zunächst aus dem Vergleich der beiderseitigen Verschuldensgrade ein vorläufiges Ergebnis gewinnen kann und wie dieses sodann mit Rücksicht auf die Verursachungsabwägung präzisiert wird. Unstrittig ist, dass man dem Verhältnis beider Abwägungselemente gerecht werden muss. Daher ist es nicht richtig, aus einem Verhältnis der Verursachungsbeiträge von 1:1 und der Verschuldensgrade von 1:2 die Ersatzpflicht nur aus dem letzteren Verhältnis heraus zu bestimmen. Dieses Vorgehen führt auch nicht zu dem Ergebnis, dass eine Ersatzpflicht im Verhältnis von 1:1 besteht, wenn bei der Verursachungsabwägung ein Verhältnis 1:2 und bei der Verschuldensabwägung ein Verhältnis von 2:1 festgestellt wurde.[306]

d) Sach- oder Betriebsgefahr

Das Mitverschulden des Geschädigten umfasst nicht nur eine Außerachtlassung der eigenen Interessen, sondern auch, dass eine von ihm geschaffene

---

304 NK-BGB/*Jürgen Knöfler* (2016), § 254 Rn. 47; MüKoBGB/*Oetker* (2019), §254 Rn. 110; BeckOK BGB/*Lorenz* (2019), § 254 Rn. 53. In: *Lange/Schiemann*, Schadensersatz, 2003, §10 XII 2, hat Lange aber gemeint, dass die Differenzierung allein von der Schwere des Verschuldens abhängt, wenn die Verursachungsbeiträge gleichrangig sind,

305 MüKoBGB/*Oetker* (2019), § 254 Rn. 110; Erman BGB/*Kuckuk* (2004), § 254 Rn. 112; *Lange/Schiemann*, Schadensersatz, 2003, § 10 XII 1; *Roth*, Haftungseinheiten, 1982, S. 57 f.

306 Es war die herrschende Meinung in China in den 90er Jahre, dass die Gerichte einfach die beiden Quoten addieren und davon jeweils die Hälfte berechnet wird. Zu dieser Zeit hatte diese Quotenbildungsweise eine starke leitende Bedeutung, denn die beiden Elemente sind bei der Haftungsabwägung mindestens gleichzusetzen. Vgl. *Wang, Liming/Yang, Lixin* (王利明，杨立新), Deliktsrecht, 1996, S. 198.

Gefahrenquelle für die Schadensentstehung mitverantwortlich war.[307] Haftet der Schädiger aus Gefährdungshaftung, dann muss sich der Geschädigte über den Wortlaut des § 254 Abs. 1 BGB („Verschulden") hinaus eine von ihm zu vertretende Sach- oder Betriebsgefahr zurechnen lassen.[308] Nach dem Gleichbehandlungsgrundsatz soll die auf einer mitwirkenden Betriebsgefahr beruhende Mitverantwortlichkeit des Geschädigten berücksichtigt werden, weil das pflichtwidrige Verhalten keine Voraussetzung für die Haftung des Schädigers bei der Gefährdungshaftung ist.[309] Der Geschädigte kann, selbst wenn ihn kein Verschulden trifft, auch aufgrund einer von ihm zu vertretenden Sach- oder Betriebsgefahr mitverantwortlich sein. Die Voraussetzung dafür ist nur, dass ein gewisses Maß an Verantwortlichkeit dem Geschädigten im Wege der Gefährdungshaftung zugerechnet werden kann.[310] Außerhalb des Bereichs der Gefährdungshaftung gibt es nach bisheriger Rechtsprechung keine anrechenbare Betriebsgefahr.[311] Aber nach der heute herrschenden Meinung wird die Betriebsgefahr auch bei einer Verschuldenshaftung zugerechnet.[312] Der Grund liegt darin, dass, wenn die mitwirkende Betriebsgefahr des Geschädigten eigentlich bei einem Schaden durch mitwirkende Betriebsgefahr eines anderen Beteiligten, beispielsweise bei einem Verkehrsunfall, zu berücksichtigen ist, der Geschädigte sich diese auch bei einem eigenen Schaden zurechnen lassen muss.[313]

Diese Richtwerte für den Anteil der Betriebsgefahr sind wegen der verschiedenen Umstände in den Einzelfällen schwer zu bestimmen. Die Verschuldensgrade als ein Abwägungsfaktor taugen aber nur solange, wie auf beiden Seiten ein Verschulden vorliegt. Insoweit ist es missverständlich, das Verschulden der

---

307 MüKoBGB/*Oetker* (2019), § 254 Rn. 5; *Lange/Schiemann*, Schadensersatz, 2003, § 10 VII 1, S. 557 ff.; Erman BGB/*Ebert* (2017), § 254 Rn. 88.

308 *Lange/Schiemann*, Schadensersatz, 2003, § 10 XII 6e, S. 624 f.; MüKoBGB/*Oetker*, (2019), § 254 Rn. 13.

309 *Larenz*, SchuldR I, 1987, § 31 I b; MüKoBGB/*Oetker* (2019), § 254 Rn. 5; BeckOK BGB/*Lorenz* (2019), § 254 Rn. 12.

310 BeckOK BGB/*Lorenz* (2019), § 254 Rn. 12; MüKoBGB/*Oetker* (2019), § 254 Rn. 13 f.

311 *Kablitz*, JZ 1959, 348; *Böhmer*, JR 1972, 57 f.

312 BGH NJW 1972, 1415; BGH VersR 1981, 355; MüKoBGB/*Oetker* (2019), § 254 Rn. 15; BeckOK BGB/*Lorenz* (2019), § 254 Rn. 13; NJW-RR 2000, 549 (550); *Larenz*, SchuldR I, 1987, § 31 I b, S. 542; *Esser/Schmidt*, Schuldrecht AT I/2, 1995, § 35 I 4, S. 281; *Lange/Schiemann*, Schadensersatz, 2003, § 10 VII 1, S. 558; Staudinger/*Schiemann* (2017), BGB, § 254 Rn. 10.

313 MüKoBGB/*Oetker* (2019), § 254 Rn. 6; BeckOK BGB/*Lorenz* (2019), § 254 Rn. 12; NK-BGB/*Jürgen Knöfler* (2016), § 254 Rn. 11.

Betriebsgefahr zuzurechnen.[314] Zum Verhältnis von Verschulden und Betriebsgefahr können kaum nähere Angaben gemacht werden. Speziell beim Kraftfahrzeug beschreibt die Betriebsgefahr die Gefahr, die durch die Eigenart eines Fahrzeug für die anderen Verkehrsteilnehmer besteht und die sich in der konkreten Verkehrssituation erhöht,[315] während das Verschulden als eigenständiger Abwägungsfaktor das Verhalten des Fahrzeugführers betrifft.[316]

Die jeweiligen Eigenarten des Fahrzeuges wie etwa Fahrzeuggröße, Fahrzeugart, Gewicht und Fahrzeugbeschaffenheit sind nur dann von Bedeutung, wenn sie für den Unfall ursächlich waren.[317] Nachträglich zu berücksichtigten ist die besondere Betriebsgefahr. Es sind dabei nur die gefahrträchtigen Umstände in Betracht zu ziehen, die die Gefahr einer Schadensverursachung erhöhen. Meistens handelt es sich dabei um technische Mängel am Fahrzeug.[318]

Eine Erhöhung der Betriebsgefahr kann wegen eines Verschuldens vorliegen. Dies kann etwa in der Überschreitung der Geschwindigkeit, des Einhaltens eines nur ungenügenden Abstands zum vorausfahrenden Fahrzeug oder im Abbiegen ohne zu blinken bestehen. Aber die erhöhte Betriebsgefahr kann auch ohne Verschulden eintreten. Dies ist von den Umständen des Einzelfalls abhängig, wie etwa bei einem Fußgängerüberweg über Straßenbahngleise.[319]

e) Andere Elemente

Ob zu den vorstehend genannten Elementen andere Elemente hinzukommen, ist im deutschen Rechtssystem umstritten.[320] Ausdrücklich als Maßstab wird

---

314 Siehe *Schauseil*, MDR 2008, 360 (361), er meinte, dass dieser Begriff in der Judikatur manchmal weit verstanden und nicht eng ausgelegt wurde, sei der Betriebsgefahr von dem Maß des schuldhaften Handelns der jeweiligen Fahrzeugführer bestimmt.

315 BGH VersR 1967, 138; BGH VersR 1958, 541; BeckOK BGB/*Lorenz* (2019), § 254 Rn. 55.

316 BeckOK BGB/*Lorenz* (2019), § 254 Rn. 55.

317 BGH VersR 1967, 138; OLG Jena DAR 2000, 570; BGH NJW 1995, 1029; NJW 2014, 3097.

318 Z.B. Bamberg VersR 1987, 465, Motor verliert Öl; VersR 1961, 1145, Fehlender Rückspiegel.

319 OLG Düsseldorf VersR 1983, 861f.; OLG Köln, VersR 2002, 1424; OLG Saarbrücken, 14.03.2013 – 4 U 445/11-139.

320 Bejahend vgl. *Böhmer*, MDR 1962, 442 (442 ff.); OLG Celle NJW 1979, 724. Dagegen vgl. *Looschelders*, Mitverantwortlichkeit, 1999, § 31, S. 566ff.; Staudiger/*Schiemann* (2017), § 254 Rn. 112; Erman BGB/*Ebert* (2017), § 254 BGB, Rn. 91; MüKoBGB/*Oetker* (2019), § 254 Rn. 116;

auch in Art. 12, 14 HPflG nur das Gewicht der jeweiligen Verursachungsbeiträge erwähnt.

Zu berücksichtigen sind im Einzelfall noch andere Umstände, die wahrscheinlich die Höhe des Mitverschuldensanteils beeinflussen würden, um eine am Maßstab der Billigkeit ausgerichtete Schadensaufteilung zu erhalten. Solche Umstände können etwa die wirtschaftlichen Verhältnisse der Beteiligten,[321] die verwandtschaftlichen Beziehungen zwischen den Beteiligten,[322] das Vorhandensein oder Fehlen von Versicherungsschutz[323] oder die negative charakterliche Veranlagung eines Beteiligten[324] sein. Umstritten ist, inwiefern weitere Umstände außer Verursachung, Verschulden und Betriebsgefahr berücksichtigungsfähig sind.

Solchen Auffassungen kann nach der herrschenden Meinung im deutschen Recht nicht gefolgt werden.[325] Danach würde § 254 BGB entgegen seinem Wortlaut auf eine Schadensverteilung nach reinen Billigkeitsgesichtspunkten hinauslaufen. Aber die Berücksichtigung derartiger Faktoren zu einer in § 254 Abs. 1 BGB würde nicht lediglich zu der angenommenen Billigkeitsrechtsprechung führen.[326] Die Abwägung würde auch komplizierter werden und schwerer vorherzusehen sein. Zudem ist eine Einbeziehung der genannten Umstände nicht erforderlich, weil diese beispielsweise bei § 829 BGB (Vermögensverhältnisse, Versicherungsschutz) oder im Rahmen des Verschuldens (Jugendlichkeit, Verwandtschaft) hinreichend Berücksichtigung finden.[327] Es geht bei § 829 BGB um

---

321 *Böhmer*, MDR 1962, 442 (443); *Schlierf*, NJW 1965, 676 (676 f.); auch z.B. MVG Hunan Yueyang, Urteil (2012) – I S 57 [湖南省岳阳市中级人民法院 (2012) 岳中民一终字第 57 号民事判决书], das Gericht hat „Größe des Gewinns" als Berücksichtigungselement in der Quotenbildung berücksichtigt; MVG Hunan Yongzhou, Urteil (2013) – II S 200 [湖南省永州市中级人民法院 (2013) 永中法民二终字第 200 号民事判决书], der Gericht hat „Billigkeitsprinzip" als Kriterium berücksichtigt.

322 OLG Celle 06.12.1978 – 9 U 87/78 = NJW 1979, 724.

323 *Deutsch*, AllgHaftungsR, 1996, Rn. 583.

324 *Böhmer*, MDR 1962, 442 (442 ff.).

325 Vgl. *Looschelders*, Mitverantwortlichkeit, 1999, S. 566; *Dunz*, NJW 1964, 2133 (2133 ff.); *Hasselblatt*, NJW 1993, 2577 (2578 Fn. 26); *Klauser*, MDR 1963, 185 (186); *Klauser*, NJW 1965, 1893 (1896); *Lange/Schiemann*, Schadensersatz, 2003, § 10 XII 4; MüKoBGB/*Oetker* (2019), § 254 Rn. 116; Staudinger/*Schiemann* (2017), BGB, § 254 Rn. 112; jurisPK-BGB/*Rüßmann* (2017), § 254 Rn. 35; BGH NJW 1978, 421 = VersR 1978, 183 (184).

326 BGH v. 29.11.1977 – VI ZR 51/76, Rn. 27 – LM Nr. 22 zu § 823 BGB; *Lange/Schiemann*, Schadensersatz, 2003, § 10 XII 5, S. 619; Staudinger/*Schiemann* (2017), BGB, § 254, Rn. 112.

327 BeckOK BGB/*Lorenz* (2019), § 254 Rn. 56

eine Frage der Haftungsbegründung im eigentlichen Sinne.[328] Wenn die Billigkeitshaftung nach § 829 eingreift, ist ein Mitverschulden des Geschädigten erst zu berücksichtigen.

Die Meinungen zur Berücksichtigung von Versicherungsschutz beim Mitverschulden sind uneinheitlich.[329] Nach Ansicht des BGH ist der Haftpflichtversicherungsschutz für die Verantwortungsabwägung ohne Bedeutung.[330] Aber im Schrifttum ist geäußert worden, dass das Nichtbestehen einer Haftpflichtversicherung dazu führt, dass das Mitverschulden unterstellt wird, sich also die Haftpflichtversicherung nach der Sachlage anspruchserhaltend auswirkt.[331] Das heißt, wenn der Geschädigten eine übliche und zumutbare Versicherung nicht abgeschlossen hat, die er einfacher und billiger als von den Schädigern hätte erlangen können, so sollte dies ein Mitverschulden des Geschädigten begründen.[332] Dieser Ansicht darf man aber nicht zustimmen. Obwohl sie von der ökonomischen Leitlinie des „cheapest cost avoider" geprägt ist, bestehen gegen sie tiefgreifende Bedenken.[333] Der Abschluss einer Versicherung zielt nicht auf die Verhinderung eines Schadenseintritts ab. Außerdem liegt es gerade nicht im Verantwortungsbereich des Geschädigten, auf eigene Kosten Vorsorge zu betreiben, um mögliche künftige Schädiger zu entlasten.[334]

Doch sollte auch beachtet werden, ob individuelle Umstände für die Teilschuldlösung im chinesischen Recht für den Billigkeitsgedanken auch erheblich sind, ob beispielsweise der Umstand, dass der Geschädigte haftpflichtversichert ist, für die Schadensaufteilung relevant ist.[335] Die Vorschrift Art. 24 HPflG enthält den unbestimmten Rechtsbegriff der „Umstände", der sich auch auf die Billigkeitshaftung bezieht, bei der die Umstände des Einzelfalles zu betrachten sind.[336] Offensichtlich stellt der Art. 26 HPflG aber auch nicht auf Begriffe wie

328 MüKoBGB/*Wagner* (2017), § 829 Rn. 5.

329 *Fuchs*, AcP 191(1991), 318 (339 f.); *Armbrüster*, NJW 2009, 187 (188).

330 BGH, Urt. V. 29.11.1977-VI ZR 51/76, VersR 1978, 183 (184); BGH NJW 2010, 537 Rn. 14 mwN; BeckOK BGB/*Förster* (2019), § 823 Rn. 86.

331 *Fuchs*, a.a.O.; *Armbrüster*, a.a.O.

332 *Fuchs*, a.a.O.; *Armbrüster*, a.a.O.

333 *Armbrüster*, a.a.O.

334 *Looschelders*, Mitverantwortlichkeit, 1999, 3. Teil. III, S. 482.

335 MVG, Hunan Xiangxi, Urteil (2019) – 31 S. 265 [湘西土家族苗族自治州中级人民法院 (2019) 湘 31 民终 264 号], in diesem Urteil trug der Geschädigte wegen ohne Kfz-Versicherung die Mitverschuldensquoten in Höhe von 10%.

336 Deutsche Übersetzung siehe: *Liu/Pißler*, ZchinR Bd. 17 Nr. 1 (2010). Art. 24: *Wenn weder beim Geschädigten noch beim Handelnden ein Verschulden für den*

„Billigkeit" ab. Insofern ist der zentrale Anknüpfungspunkt die Verantwortlichkeit des Geschädigten für sein Verhalten in Bezug auf die Schadensentstehung. Aber die Frage bleibt bestehen, ob der Richter durch diese Vorschrift zu einer derartigen, allgemeinen Billigkeitsabwägung ermächtigt wird. Zur Begründung wird angeführt, dass Art. 26 HPflG eine besondere Ausgestaltung des Grundsatzes von Treu und Glauben sei.[337] Es ist auch die Möglichkeit, dem Richter die größte Freiheit in der Beurteilung des konkreten Falls zu lassen.

Speziell scheint die Berücksichtigung der Vermögensverhältnisse der Beteiligten und des Vorliegens oder Fehlens von Versicherungsschutz dem Geschädigten, dem der Schutz der gesamtschuldnerischen Haftung fehlt, einige Vorteile zu geben.[338] Solche Überlegungen sind auf das Fehlen des Schutzes aus der Gesamtschuld zurückzuführen. Gleichzeitig wird der Spielraum der Richter weiter vergrößert. Da die Anspruchskürzung auch unter sinngemäßer Anwendung der Faktoren durchgeführt werden soll, darf der Richter keine neuen Elemente ins Spiel bringen. Allerdings kann nicht als ungerecht kritisiert werden, dass im Fall einer Teilschuld im Nebentäterfall der kumulativen Kausalität diese anderen Umstände als Abwägungsfaktoren zugunsten des Geschädigten in die Schadensaufteilung einbezogen werden. Gegenwärtig würde eine Auslegung des Art. 26 HPflG als Klausel zur Billigkeitskorrektur notwendig sein. Man darf jedoch nicht übersehen, dass es auch das Problem der Rechtsunsicherheit bringt.

2. Abwägungsvorgang und Ergebnis

Es werden also die Verursachungs- und Verschuldensbeiträge sowie die jeweils bestehende Betriebsgefahr unter Betrachtung der jeweiligen Auswirkung im konkreten Fall in die Waagschale geworfen oder bildlich gesprochen „wie die Stücke einer Torte" aufgeteilt. Die genaue Festlegung der Mitverschuldensquote bereitet nicht unerhebliche Schwierigkeiten. Die Abwägung ist Sache des

---

Schadenseintritt vorliegt, kann der Schaden nach den tatsächlichen Umständen auf die beiden Parteien verteilt getragen werden.

337 *Zhou, Youjun* (周友军), in: Renmin University Law Review, 03/2010.

338 *Wang, Liming* (王利明), Erläuterung der Herausforderung zum Schadensersatz bei Köperschäden, 2004, S. 181; *Zhang, Xinbao/Li, Lin* (张新宝/李玲)， in: Volksgericht Zeitung, 09.11.2011; *Zhang, Xinbao/Ming, Jun* (张新宝/明俊), in: China Legal Science, 02/2005; *Zheng Zhong* (郑重), in: Volksgericht Zeitung, 23.02.2017. Die Stellung ist genommen, dass das Prinzip der Gerechtigkeit auch einen Faktor bei der Berücksichtigung der Justizpolitik darstelle. Der wirtschaftliche Status und andere relevanten Faktoren jedes Beteiligten können angemessen berücksichtigen werden, wenn die jeweilige die Schadensersatzanteile teilen.

Tatrichters, von dem innerhalb eines Beurteilungsspielraums jede Entscheidung als rechtmäßig anzusehen ist.[339]

a) Einige Abwägungsgrundsätze

In der Praxis hat sich auch eine Reihe von Abwägungsgrundsätzen, die sich in den Urteilen herauskristallisiert haben, herausgebildet. Aber es ist stets zu überprüfen, ob sie im konkreten Einzelfall aufgrund der jeweils vorliegenden Besonderheiten angewendet werden können.[340]

Allein leichtes Mitverschulden darf nicht automatisch eine Minderung des Ersatzanspruchs zur Folge haben. Dementsprechend werden regelmäßig Mitverschuldensquoten von weniger als 10% nicht mehr berücksichtigt, gelegentlich sogar bis zu 20%.[341] Die 10%-Grenze, nicht aber die zu weitgehende 20%-Grenze, mag durch Bedürfnisse der Praxis gerechtfertigt sein, da die kleinliche Bemessung nach Prozentanteilen nur eine Scheingenauigkeit vermittelt.

Die Betriebsgefahr kann vollständig zurücktreten, wenn das Verschulden des Schädigers bzw. Geschädigten an dem Schadensereignis deutlich überwiegt.[342] Die leichte Fahrlässigkeit eines Beteiligten schließt eine Berücksichtigung der Betriebsgefahr nicht aus. Neben der Betriebsgefahr ist das Verschulden als weiterer Umstand zulasten des Beteiligten in die Abwägung einzubeziehen ist. Die Schadensverteilung richtet sich jedoch nach dem Grad der Verursachung, der die Gesamtheit der Umstände einbezieht. Beim Zusammentreffen der verschiedenen Merkmale wie Vorsatz, grober, besonders grober oder leichter Fahrlässigkeit ist stets eine Abwägung dahin gehend vorzunehmen, welche Verursachungsbeiträge ein besonderes Gewicht haben.

b) Einzelfallbetrachtung

Das unabhängig vom konkreten Fall ständig zu bestimmende Gewichtungsmaß eines Beitrags für die Schadensentwicklung ist für das Ausmaß des tatsächlichen

---

339 BGH, 08.07.1986 – VI ZR 47/85 = VersR 1987, 45; VersR 2008, 416 = NJW 08, 1305; MüKoBGB/*Oetker* (2019), § 254 Rn. 117.

340 BeckOK BGB/*Lorenz* (2019), § 254 Rn. 57; MüKoBGB/*Oetker* (2019), § 254 Rn. 117; Erman BGB/*Ebert* (2017), § 254 BGB, Rn. 92; MüKoStVR/*Almeroth*, BGB § 254 Rn. 66 ff.

341 Staudinger/*Schiemann* (2017), BGB, § 254 Rn. 119; MüKoBGB/*Oetker* (2019), § 254 Rn. 118; BeckOK BGB/*Lorenz* (2019), § 254 Rn. 57.

342 OLG Celle MDR 2001, 1236 (1237); OLG Hamm VersR 1999, 1433; 2000, 375 (377 f.); 2001, 1169 (1170); r + s 2001, 412.

Mitverschuldens nicht sonderlich aussagekräftig. Man kann auch nicht die durch Richtlinien bestimmte viele unterschiedlichen Einzelentscheidungensituationen aufzählen. Die Komplexität des konkreten Geschehensablaufs lässt ohnehin keine genaue mathematische Formel erwarten, sodass der Versuch einer exakten mathematischen Erfassung gar nicht erst gemacht werden sollte. Auf der anderen Seite ist zu konstatieren, dass die Gerichte die Verantwortungsabwägung im Prozess sowohl in Deutschland als auch in China wenig transparent durchführen. Da entweder das Richtmaß der Verursachungsabwägung in der Gefährlichkeit einer Handlung oder in der Wahrscheinlichkeit eines Schadenseintritts besteht, oder die Gerichte schließlich bei der Bemessung des Verschuldens einen Ermessenspielraum haben, kann ein Richter sein Urteil nicht nur auf reine Sachverhalte stützen. Dem Richter muss zugetraut werden können, dass er sich mithilfe der Tatsachenfeststellung ein eigenes Urteil bilden kann, welcher von mehreren Kausalbeiträgen in welchem Grad zum eingetretenen Schaden beigetragen hat.[343] Bei der Begründung unter Berücksichtigung mehrerer Faktoren bedarf es einer fähigen Rechtsanwendung.

Für typische Unfallkonstellationen, insbesondere in den Fällen vom Straßenverkehrsunfall, haben sich in der Praxis Quotentabellen herausgebildet.[344] Die in der der Tabelle aufgeführten Quoten erfassen typische Fallgestaltungen. Die Systematik der Quotentabellen bei Verkehrsunfällen gliedert sich einerseits nach der Art der beteiligten Verkehrsteilnehmer, andererseits nach dem typischen Erscheinungsbild der Verkehrssituationen. Aber solche Quotentabellen führen weg von der Gesamtbetrachtung aller Umstände des konkreten Falles und hin zu seiner Subsumtion unter den in der Tabelle aufgeführten am ehesten passenden Musterfall. Dies geschieht häufig dadurch, dass der konkrete Fall so deformiert und beschnitten wird, dass er in das bestehende Muster passt.[345] Auch wenn der Richter noch die jeweiligen Verursachungs- und Verschuldensanteile im Einzelfall sorgfältig abwägen muss, ermöglichen solche Tabellen zumindest eine erste Einordnung des Unfalls. Es gibt bisher keine BGH-Entscheidung, die

343 *Hösch*, Der Schadensrechtliche Innenausgleich zwischen Kartellrechtsverletzern, 2015, S. 204.

344 Vgl. BeckOGK-BGB/*Looschelders* (2019), BGB, § 254 Rn. 300; *Kuhl* in: *Buschbell* MAH Straßenverkehrsrecht (2015), § 23 Rn. 306 ff.; *Bursch/Jordan*, VersR 1985, 512 (512 ff.); Bes. aktuell insoweit *Grüneberg*, Haftungsquoten bei Verkehrsunfällen, 2015; Zur Quotelung bei Verkehrsunfällen vgl. auch *Brüseken/Krumbholz/Thiermann*, NZV 2000, 411 ff.; *Nugel*, DAR 2008, 548 ff.; 2009, 105 ff.; 2009, 346 ff.; 2009, 721 ff.; 2010, 256 ff.

345 *Steffen*, zfs 2012(4), 184.

sich ausdrücklich mit den Quotenmodellen auseinandersetzt, allerdings kann die bisherige Rechtsprechung des BGH so verstanden werden, dass eine Einzelfallprüfung bevorzugt wird, da der BGH jedenfalls immer eine Abwägung der Umstände des Einzelfalls für erforderlich hält.[346]

Die Einzelfallbetrachtung erfordert, dass eine Entscheidung ausschließlich nach dem jeweiligen Einzelfall getroffen wird. Auch zur Bestimmung von Mitverschuldensquoten ist die rechtliche Absicherung des Spielraums dem § 287 ZPO entnommen. Dies gilt aber nicht zur Ermittlung der das Mitverschulden begründenden Umstände, da für diese § 286 ZPO anwendbar ist.[347]

Nimmt der Geschädigte mehrere Schädiger in Anspruch, ist eine Einzelabwägung nach der herrschenden Meinung gegenüber jedem Schädiger vorzunehmen.[348] Sie ist vor dem Hintergrund der Quotenbildung mithilfe der Quotentabellen und Fallgruppen in den wissenschaftlichen Artikeln dahin gehend durchgeführt worden, dass die Haftungsabwägung mit der ersten Stufe damit beginnt, die Haftungsquote bei zweiseitigen beteiligten Parteien zu bilden, und zunächst von 50:50 bzw. mit einem Unentschieden auszugehen. Die Nebentäterfälle entsprechen dieser Situation nicht. Es handelt sich nicht mehr nur um ein Verhältnis zweier Beteiligter, sodass Quotentabellen und Fallgruppen im Allgemeinen nicht mehr als Orientierungshilfe tauglich sind. Fallen diese Hilfsmittel weg, so ist es auch nicht mehr möglich, die im Einzelfall schwer nachweisbare Gefährdung durch eine Herausbildung von Fallgruppen näherungsweise zu bestimmen.

3. Sachverhaltsfeststellung der Verkehrsverwaltung des chinesischen öffentlichen Sicherheitsorgans

In der chinesischen Lehre und Rechtsprechung herrscht Einigkeit darüber, dass der Gesamtschaden mit einhundert Prozent angesetzt wird.[349] Bei der Bildung der Quoten ist eine Aufteilung nach groben Bruchteilen (z.B. 1/2, 1/3, 1/5) oder Prozentsätzen (20, 30, 45% etc.) üblich. Ein Teil der Lehre hat darauf hingewiesen, dass die Quotenbildung auf dem Weg der sektoriellen Verteilung dem schweizerischen Recht ähnelt.[350] Der Gesamtschaden stellt sich als Torte dar, und

346 BGH NJW 2011, 3299 = zfs 2011, 511.

347 MüKoBGB/*Oetker* (2019), § 254 Rn. 117; *Siebert*, in: Saenger/Ulrich/Siebert, ZPO-Formularbuch, ZPO § 287 Rn. 5.

348 Es wird ausführlich in kommendem Kapitel erklärt.

349 *Wang, Zhu* (王竹), in: Law und Business, 06/2010; *Wang, Liming/Yang, Lixin* (王利明、杨立新), Deliktsrecht, 1996, S. 198.

350 *Wang, Liming* (王利明), Haftpflichtgesetz Bd. I, 2010, S. 734–736.

diese wird in so viele Stücke zerschnitten, wie relevante Teilursachen bei der Schädigung mitgewirkt haben, wobei sich für die Teilursachen unterschiedliche Stückgrößen ergeben.[351] Deshalb muss zuerst der Anteil jedes Stückes dieser Torte geschätzt werden.

Im Vergleich zum deutschen Recht gibt es einen deutlichen Unterschied in der Schadensverteilung von Verkehrsunfällen, die die häufigsten Anwendungsfälle der Beteiligung mehrerer an einem Schaden sind, nach dem chinesischen Rechtssystem. Dieser besteht darin, dass in der Sachverhaltsfeststellung der Verkehrsverwaltung des chinesischen Sicherheitsorgans entsprechend dem jeweiligen Verschuldensgrad und der Schwere der Auswirkungen des jeweiligen Verantwortungsbeitrags festgestellt wird, in welchem Ausmaß die Haftung die einzelnen Beteiligten jeweils treffen muss. Sie spielt auch eine überaus große Rolle in der Durchführung der Schadensverteilung.

a) *Inhalte der Sachverhaltsfeststellung*

Die herrschende Meinung betrachtet die Sachverhaltsfeststellung der Verkehrsverwaltung als Sachverständigengutachten.[352] Aber im Beschluss über die Behandlungsweise des Straßenverkehrsunfalls sind das Sachverständigengutachten des Gutachters sowie die Feststellung aus der Verkehrsverwaltung unterschieden worden. In diesem Beschluss ist die Dokumentationsarbeit aus der

351 *Berger*, Die Bemessung des Selbstverschuldens, 2012, S. 147; *Roberto*, Schweizerisches Haftpflichtrecht, 2002, Rn. 889; *Stark*, Außervertragliches Haftpflichtrecht, Rn. 331. Weiter führt *Stark* aus, man solle sich die Gesamtheit der Ursachen am besten als Kuchen vorstellen und dann dem Schädiger und dem Geschädigten die ihnen zukommenden Stücke zuteilen. Bei massiver Intensität des Kausalhaftungsgrundes und gleichzeitig ganz geringem Verschulden des Geschädigten könne dies dazu fuhren, dass das entsprechende Kuchenstück so klein werde, dass ihm nicht mehr Rechnung zu tragen sei; andererseits könne es sein, dass das Selbstverschulden so groß werde, dass der Kausalzusammenhang unterbricht. Damit würde eine Haftung entfallen.

352 Vgl. *Shi, Naixing* (史乃兴), in: Volksgericht Zeitung, 06/2008; *Yu, Linyun* (余凌云), in: Chinese Journal of Law, 06/2016. Gegenmeinung vgl. *Wang, Yuejin* (王跃进), in: Tageszeitung der Staatsanwaltschaft, 23.08.2005. Im Jahr 2005 hat das Verkehrsverwaltungsbüro für öffentliche Sicherheit extra in einem internen Dokument [„Ordnung von der Qualifikation für die Behandlung von Verkehrsunfällen (Trial)"] formuliert, über das Qualifikationsmanagement der Verkehrspolizei für Verkehrsunfälle implementiert sie, dass es in drei Stufen unterteilt ist: primäre, mittlere und fortgeschrittene. Entsprechen jeweils unterschiedlichen Berechtigungen und bestehen die Prüfung zum Aufstieg.

Verkehrsverwaltung als „Haftungsfeststellung"[353] des Verkehrsunfalls bezeichnet worden. Erst im „Straßenverkehrssicherheitsgesetz der Volksrepublik China" vom 28.10.2003 fehlt der Wortteil „Haftung-". Es fällt aber auf, dass die Haftungsfeststellung die wichtige Eigenschaft dieses öffentlichen Dokuments ist. Gemäß Art. 46 der Verordnung zur Behandlung von Verkehrsunfällen[354] besteht die Haftungsfeststellung aus 5 Haftungsstufen: volle, überwiegende, gleichwertige, sekundäre und keine Haftung.

Nicht nur bei Körperschäden kommt es zu einer verkehrspolizeilichen Sachverhaltsfeststellung, sondern genauso bei den Unfällen mit einem Sachschaden. Anhand dieser Dokumente muss der Unfallverlauf nachvollziehbar dargestellt sein, es werden aber auch die Ursachen im technischen Sinne bestimmt und analysiert. Die Sachverhaltsfeststellung bildet eine zuverlässige Erkenntnisgrundlage für den Unfallablauf. Auch zur Feststellung einer haftungsrechtlich relevanten Verursachung sind die Polizeibeamten bevollmächtigt und befähigt. Die Sachverhaltsfeststellung sollte auch darstellen und feststellen, ob und welche Haftung die Unfallbeteiligten bei vollständiger Verantwortung für den Unfall tragen. Deshalb kann wegen der Haftungsfeststellung die Sachverhaltsfeststellung nicht mit einem Unfallbericht oder Unfallaufnahme gleichgesetzt werden.

b) Gehobene Bedeutung der polizeilichen Sachverhaltsfeststellung

Nach Art. 73[355] des chinesischen Straßenverkehrssicherheitsgesetzes wird dieses Beweismittel durch die Behörde für Verkehrsverwaltung des öffentlichen Sicherheitsorgans gefertigt. Die Sachverhaltsfeststellungen dienen vor Gericht als Dokumentation und Argumentation und werden als rechtserheblich betrachtet.

---

353 Hier bezieht sich der Begriff „Haftung" weder auf deliktische Haftung noch auf Haftung im Strafrecht, sondern genauer handelt es sich um einen Bericht über Verursachungsmaße jedes Beteiligten durch die Verkehrspolizei.

354 Diese Verordnung ist am 11. Juli 2008 auf der Sitzung des Ministers für öffentliche Sicherheit verabschiedet worden, wurde vom 1. Januar 2009 an angewendet.

355 Übersetzt von *Jan de Graaf*, in: ZchinR, Bd. 11 Nr. 4 (2004). Art. 73: *„Die Straßenverkehrsbehörden müssen gemäß den vor Ort durchgeführten Untersuchungen, Nachforschungen und Umfragen, der hiermit zusammenhängenden Sichtung der Unfallstelle und dem Ergebnis der Gutachten unverzüglich ein Verkehrsunfallprotokoll erstellen. Dieses dient als Grundlage für die Abwicklung des Verkehrsunfalls. Das Verkehrsunfallprotokoll muss grundlegende Angaben zum Unfallhergang, zur Unfallursache und zur Unfallschuld beinhalten und wird an die Beteiligten weitergegeben."* Obwohl hier der Begriff „Verkehrsunfallprotokoll" angewendet wird, sollte der Aussage zufolge eher „Sachverhaltsfeststellung" verwendet werden.

Zwar ist das Gericht theoretisch nicht verpflichtet, die Ergebnisse aus diesem Dokument der Verkehrsverwaltung bei der Haftungsaufteilung der Beteiligten zu akzeptieren, doch kann in der Praxis das Ergebnis der Sachverhaltsfeststellung einen Gerichtsprozess oder die Unfallabwicklung erheblich beeinflussen. Das Gericht ist grundsätzlich geneigt, diese Beweise nicht anzuzweifeln, es macht sein Urteil in den meisten Fällen sogar davon abhängig.[356] Das Gericht überprüft in der Regel das Beweismaß und Beweiswürdigung bei dem Dokument kaum, sondern übernimmt diese direkt.[357] Nach den Haftungsstufen aus der Sachverhaltsfeststellung bestimmt das Gericht regelmäßig die entsprechenden Haftungsquoten der Beteiligten.

Dass diese Sachverhaltsfeststellung durch die Behörde für Verkehrsverwaltung anscheinend die endgültige, überzeugende Beweiskraft hat, liegt daran, dass die Haftungsverteilung bereits vor dem Urteil von höchster Stelle festgehalten wurde. Die Organe der öffentlichen Sicherheit und die Gerichte gehören dem politischen und rechtlichen System an und arbeiten in vielerlei Hinsicht zusammen. Darüber hinaus ist die von der Behörde angestellte Sachverhaltsfeststellung überzeugender, weil ihre Repräsentanten unmittelbar nach einem Verkehrsunfall am Unfallort erscheinen und die Beweise aufnehmen. Die Sachverständigen nutzen professionelle Technik und kommen im Regelfall zu zuverlässigen Ergebnissen. Die Schwerpunkte des Gerichtsverfahrens liegen dann nur in der Klärung, ob die Grundlage der von dem Ankläger geltend gemachten Entschädigung gerechtfertigt ist, eben wie die Berechnung der Geldsumme der Beteiligten am Gesamtschaden. Deshalb ist das Urteilsergebnis meistens der psychologischen Erwartung entsprechend, dass die Parteien das Bessere akzeptieren, weil die Beteiligten bereits aus der Sachverhaltsfeststellung Anhaltspunkte erhalten, wie groß ihre jeweiligen Schadensersatzanteile voraussichtlich sein werden.

---

356 *Yu, Linyun* (余凌云), in: Chinese Journal of Law, 06/2016.

357 *Xu, Hong* (徐宏), Beweiskraft der Sachverhaltsfeststellung im Zivilprozess, 2016. In dieser Arbeit wurden insgesamt 420 Urteile gesammelt, davon haben 417 Urteile die Feststellung direkt übernommen. Von diesen 417 Urteile haben 63.55% den Prozess der Überprüfung und Identifizierung durch das Gericht nicht durchgeführt. Die Feststellung sind direkt als Grundlage für die Quotenbildung der jeweiligen Haftung angewendet worden. Auch *Jia, Yuanyuan/Liu, Wenyu* (贾媛媛/刘文裕), in: Hebei University of Science and Technology Journal 13/2013 Nr. 03, darin wurden 55 Urteile analysiert, die gerichtliche Anerkennungsquote der Feststellung betrug 90.07%.

c) Schwäche des Verfahrens

Die Gewinnung die Haftungsaufteilung aus der Sachverhaltsfeststellung lässt auf einer Seite die Gerichtsverfahren effizienter werden, führt auf der anderen Seite aber auch zu der Verwechselung von zivil- und verwaltungsrechtlicher Haftung. Die Feststellung wird also nicht auf Antrag der Beteiligten, sondern von Amts wegen ausgegeben. Eine Partei darf nur bei der höheren Ebene der Verkehrsverwaltung eine erneute Feststellung beantragen, wenn sie mit dieser nicht einverstanden war. Während die Feststellung als Beweis im Sinne des Gesetzes zu betrachten ist, gibt es zumindest zurzeit keinen umfassenden Rechtsbehelf für eine Rüge des Gutachtens, einschließlich etwaiger Rechtsstreitigkeiten, bzw. keine Möglichkeit gegen die Feststellung zu klagen.[358] Im Gerichtprozess ist es fast unmöglich, diese Ergebnisse mit einem Einwand zu widerlegen.

Die Bestimmung der endgültigen Haftungsquoten stützt sich in der Rechtsprechung direkt auf diese Haftungsstufen und es wurden auch die entsprechenden festen Referenzdaten gewonnen. Zweifellos ist, dass Verursachungsgewichte und Verschuldensgrad auch als die beiden Elemente zur Bemessung der Haftungsquote erwogen werden.[359] Aber bei der Prüfung werden primär objektive Faktoren berücksichtigt, während über die subjektiven Faktoren hinweggesehen wird. Letzteres hängt davon ab, wie weit das Verhalten der Beteiligten von den Normen und der Ordnung der Straßenverkehrssicherheit abweicht und wie diese Abweichung sich beim Schadenseintritt auswirkt. Einen Anhaltspunkt für eine Differenzierung auf der Ebene der Haftungsgrade bietet zunächst nur die Art der Pflicht- bzw. Obliegenheitsverletzung selbst. So werden meistens die anderen subjektiven Umstände nicht in Betracht kommen.

d) Zwischenergebnis

Die präsentierten Dokumente der Verkehrspolizei sollten nur die Funktion haben, dass eine detaillierte Beschreibung des Unfallverlaufs und eine Analyse der Unfallgründe vorliegen. Soweit eine Streitigkeit in einem Zivilverfahren eintritt, darf nur das Gericht die Auswirkung der Verantwortungsbeiträge und die Verschuldensgrade beurteilen, um die Haftungsquote durch eine Abwägung festzulegen.

---

358 *Yu, Lingyun* (余凌云), in: Chinese Journal of Law, 06/2016.

359 Siehe Art. 60 in „Ordnung des Verfahren zur Behandlung von Verkehrsunfällen“ [《道路交通事故处理程序规定》]， verabschiedet am 22.07.2017.

Vor Gericht besitzt nicht nur die Sachverhaltsfeststellung der Verkehrspolizei Beweismaß und Beweiswürdigung, auch einer Expertise durch einen qualifizierten Dritten kommt Beweiskraft zu. In entstehenden Situationen besteht die Möglichkeit, dass ein Sachverständiger und ein weiteres Gutachten im Widerspruch zu den Angaben der Verkehrspolizei stehen. Das Gericht entscheidet frei, welche Beweise zu akzeptieren sind. Das Gericht hat von sich aus solche Gutachten kritisch dahin gehend zu prüfen, ob eine vollständige Auswertung der vom Gericht vorgegebenen Anknüpfungs- oder Befundtatsachen erfolgt und ob die Gutachten in sich widerspruchsfrei und schlüssig sind. Gegebenenfalls sollte die Person, die diese Dokumente erstellt hat, zur Teilnahme am Verfahren aufgefordert werden, um dort auch befragt werden zu können. Die Haftungsstufen der Sachverhaltsfeststellung der Verkehrsverwaltung sollten sich von der Bildung der deliktischen Haftungsquoten unterscheiden.

IV. Abwägungsmethode im deutschen Rechtssystem

Über die Frage, welche Quote des Schadens der mitschuldige Geschädigte von den einzelnen Nebentätern ersetzt verlangen kann, und in welcher Höhe der in Anspruch genommene Nebentäter eine Gesamtschuld tilgen muss, konnte bisher keine einheitliche Lösungsmethode gefunden werden. Schlagwortartig lassen sich die den gegenwärtigen Diskussionsstand prägenden Verfahren als „Einzelabwägung“, „Kombinationsabwägung“ und „Gesamtabwägung“ charakterisieren.

In den Nebentäterunfällen verletzten die Schädiger unabhängig voneinander jeder für sich ein geschütztes Rechtsgut, und sind nach den allgemeinen Zurechnungsregeln für die Folgen verantwortlich. Aufgrund dieser Besonderheit gibt es bei der Abwägung von Verschuldens- und Verursachungsmaß des Mitverschuldens gegenüber den verschiedenen Schädigern auch keine identischen Ergebnisse. In einem Beispielfall des OLG Düsseldorf[360] ist ein 11-jähriger Junge von einem Pkw erfasst worden, nachdem er durch das Verhalten eines Hundes in Angst und Schrecken versetzt wurde und blindlings auf die Straße lief. Da der Tierhalter und der Pkw-Fahrer durch zwei selbstständige Einzelhandlungen den Schaden herbeigeführt haben, sind sie Nebentäter.[361] Der Tierhalter hat dem Grunde nach (§§ 833 S. 1, 847 BGB) für den Verkehrsunfall einzustehen, während der Pkw-Fahrer, der die zulässige Höchstgeschwindigkeit um mindestens

360 OLGR Düsseldorf 1994, 216 = NJW-RR1995, 281.

361 A.a.O.

10km/h überschritten hatte, auf Schadensersatz (§ 7 Abs. 1 StVG) haftet. Da die einzelnen Personen unabhängig voneinander gehandelt haben, könnten die Tatbeiträge diesen nicht wechselseitig zurechnet werden. In diesem Punkt liegt die große Schwierigkeit und damit auch der Grund für heftige Diskussionen bei der Bemessung des Mitverschuldens.

1. Einzelabwägung

Die Einzelabwägung ist eine von der früheren Rechtsprechung[362] entwickelte Methode zur Schadensaufteilung bei mehreren Nebentätern. Die Unfallbeiträge des Geschädigten und jedem einzelnen Nebentäter werden separat berücksichtigt und zugerechnet. Die Beiträge der übrigen Nebentäter bleiben in der Einzelabwägung unberührt. Die Anwendung der Einzelabwägung wird damit begründet, dass Schuldverhältnisse nur jeweils zwischen dem Geschädigten und einem Nebentäter bestehen. In dem oben angeführten Fall des OLG Düsseldorf bestehen die beiden Verhältnisse jeweils zwischen dem Geschädigten und dem Tierhalter, und zwischen dem Geschädigten und dem Kfz-Fahrer.

a) Die Begründung der Einzelabwägung

Die bisherige Rechtsprechung über das Mitverschulden gegenüber mehreren Haftpflichtigen hat die Ansicht vertreten, dass bei mehreren Nebentätern die Ersatzpflicht jedes Einzelnen gegenüber dem Geschädigte unabhängig voneinander zu bestimmen ist. So sollte bei ungleicher Haftungsverteilung das Gesamtschuldverhältnis nur bis zum jeweils geringeren Betrage bestehen.[363] In der Entscheidung RG DR 1940, 453 bedeutete die Einzelabwägung dann: Die Anrechnung des Mitverschuldens findet nur gegenüber dem jeweils beklagten Schädiger statt. Der Geschädigte sollte wegen eigenen Verschuldens oder aus anderen Gründen gegenüber dem Halter des gegnerischen Kraftfahrzeuges 1/4, gegenüber dem Fahrer des gegnerischen Kraftfahrzeuges 1/5 des Schadens selbst tragen. So sollten ihm gegen den Halter 3/4, gegen den Fahrer 4/5 zugesprochen werden.[364] Obwohl in dieser Entscheidung die hier vorliegende Haftungseinheit damals nicht berücksichtigt wurde, war die Mitverschuldensquote des

---

362 RG JW 1909,724 Nr. 17; RG DR 1940, 453 Nr. 16; BGH VI ZR 153/52 = BGHZ 12, 213 (220); VersR 1957, 168.

363 RG DR 1940, 453; vgl. *Dunz*, JZ 1955, 727 (728).

364 RG DR 1940, 453 Nr. 16; vgl. Staudinger/*Schiemann* (2017), BGB, § 254, Rn. 141; Staudinger/*Looschelders* (2017), BGB, § 426 Rn. 44; BGH VI ZR 153/52 = BGHZ 12, 213, Rn. 13; BGHZ 30, 203 = VersR 1959, 203, Rn. 14.

Geschädigten im Verhältnis zu jedem Schädiger gesondert festzustellen, und die Quote konnte aufgrund unterschiedlicher Umstände auch unterschiedlich ausfallen.[365]

Die Entscheidung von BGHZ 12, 213 setzte diese Abwägungsform konsequent fort und es ist nach der vom BGH vertretenen Auffassung festzustellen, dass eine nach §254 BGB vorzunehmende Abwägung gegenüber mehreren Schädigern verschieden ausfällt, je nachdem in welcher Höhe der mitschuldige Geschädigte jeweils gegen die einzelnen Schädiger vorgehen kann, und schließlich welche Haftungsquote die beiden Schädiger als Gesamtschuldner tragen.[366] Bei gleichem Verursachungsanteil aller Beteiligten konnte der Geschädigte von jedem Beteiligten nach der Einzelabwägung die Hälfte des Schadens ersetzt verlangen. Diese Hälfte ist dementsprechend die Gesamtschuldquote.

Bei den beiden Entscheidungen des BGH wurde den Nebentätern gegenüber dem Geschädigten nicht die gleiche Verschuldensbeitragsquote zugewiesen. Der BGH vertrat die Meinung, dass die Gesamtschuldquote nur bis zur Höhe der Deckung der beiden Einzelabwägungsquoten festgestellt werden könne. Deshalb sollte diese in der Entscheidung des RG einen Anteil von 3/4 betragen und den übrigen Teil der Kläger selbst tragen.

b) Kritik der Einzelabwägung

Bei der Einzelabwägung haften die Nebentäter als Gesamtschuldner nur für ihre jeweilige Einzelabwägungsquote. Diese Lösung führt wegen den folgenden Gründen zu unbefriedigenden Ergebnissen. Erstens würde dem Geschädigten weniger gewährt, während der einzelne Nebentäter wegen der größeren Anzahl der anderen Täter zum Ende immer weniger Schadensersatz bezahlen sollte.[367] Weil der Geschädigte von einem Nebentäter Schadensersatz in Höhe der Einzelabwägungsquote erhält, können sich die anderen Nebentäter durch die Einrede der Erfüllung auf der Grundlage des Gesamtschuldverhältnisses befreien. Danach kann der in Anspruch genommene Nebentäter dennoch im Innerverhältnis von den übrigen Nebentäten Ausgleich verlangen. Zweitens wies der BGH darauf hin, dass obwohl die Nebentäter durch gleichwertige Beiträge einen Schaden herbeigeführt haben, die sich ergebenden Schadensquoten nach der Einzelabwägung möglicherweise nicht aus identischen wirtschaftlichen und

---

365 Staudinger/*Vieweg* (2015), BGB, § 840 Rn. 35.

366 BGH VI ZR 153/52 = BGHZ 12, 213.

367 Dies wird von *Dunz* mit dem Beispiel von zehn Schädigern deutlich erklärt, in: *Dunz*, JZ 1955, 727 (728 f.).

rechtlichen Ursachen herrühren.[368] Es ist außerdem problematisch, die Gesamtschuld auf den Umfang der niedrigsten Haftungsquote zu beschränken, wenn die Einzelabwägung eine unterschiedlich hohe Quote für die Schädiger ergibt, von der der endgültige dem Geschädigten zugesprochene Schadensersatz abhängt, beziehungsweise davon, von welchem Schädiger der Geschädigte Ersatz verlangt. Zuletzt widerspricht die Einzelabwägung dem Grundsatz, dass jeder Schädiger in adäquater Weise für denselben Schaden haften muss. Würde bei der Einzelabwägung das gesamte Unfallgeschehen derart außer Betracht gelassen, so ließe sich dies schwerlich mit der Definition der Nebentäterschaft, dass der endgültige Schaden ohne das Zusammenwirken aller Beiträge der Schädiger nicht eingetreten wäre, vereinbaren. Die Einzelabwägungsmethode nimmt die Aufteilung analog des Ausgleichs im Innenverhältnis vor und dies ist weder mit dem Wesen der Gesamtschuld noch mit der Schadensersatzkürzung nach §254 BGB vereinbar.

2. Kombination von Einzelabwägung und Gesamtschau

a) Die Aufspaltung der Einzelabwägungsquote

Wegen des unbilligen Ergebnisses aus der Einzelabwägung wurde eine abweichende Rechtsauffassung in JZ 1955, 727 veröffentlicht. Zunächst wird bei Dunz die Anrechnung der Mitverschuldensquote analog dem Gesamtschuldverhältnis aus § 830 Abs. 1 S. 1 BGB vorgenommen. Das Gesamtschuldverhältnis wird seinerseits zu den summierten Verursachungsbeiträgen aller Schädiger in Beziehung gesetzt. So erhält man die gemeinschaftlichen ersatzpflichtigen Haftungsquoten (Absolute Beteiligungsquote).[369] Außerdem sollte eine relative Haftungsquote jedes Beteiligten ermittelt werden, für die der Nebentäter jeweils nicht gesamtschuldnerisch mit den anderen Nebentätern, sondern für sich alleine haftet.[370]

Später, in JZ 1957, 371 hat Dunz wieder den Unterschied zwischen Gesamtschau- und Einzelabwägungsquote betont.[371] Darüber hinaus beschreibt er eine Aufspaltung der Einzelabwägungsquote in eine Einzelschuld- und eine Gesamtschuldquote. In einem Beispiel wird der mitschuldige A von B und C verletzt und es sind die Verantwortungsverhältnisse aller Tatbeiträge zum Gesamtschaden

368 BGHZ 30, 203 = NJW 1959, 1772 (1774).
369 *Dunz*, JZ 1955. 727 (730).
370 *Dunz*, JZ 1955. 727 (730).
371 *Dunz*, JZ 1957, 371 (371 f.).

gleich. Die Einzelabwägungsquote von B und C jeweils gegenüber A beträgt jeweils 1/2. Die Gesamtschau bildet Dunz dadurch, dass die Tatbeiträge aller drei Beteiligten zueinander ins Verhältnis gesetzt werden.[372] Aus der Relation A: B: C (1:1:1) wird die Gesamtschau entwickelt und so ist es möglich, dass die sich daraus ergebende Schadensverteilung für A 1/3 beträgt, und für B und C insgesamt 2/3. Nach der Aufspaltungstheorie lässt sich eine Differenz von der Gesamtschauquote (2/3) und der Einzelabwägungsquote (1/2) ermitteln. Hier kann A von B 1/2 erhalten, sodass die Differenz 2/3 – 1/2 = 1/6 beträgt. Doch kann A diese 1/6 noch von C verlangen und deshalb gilt dieses 1/6 als Einzelschuldquote von C, und bezüglich der 1/3 (Gesamtschuldquote) haftet B als Gesamtschuldner gemeinsam mit C. Im Ergebnis kann A insgesamt 2/3 erhalten, während B einen Ausgleichsanspruch gegen C in Höhe der Hälfte der Gesamtschuldquote (1/3) hat. Tatsächlich hat B also 1/2 – 1/6 = 1/3 zu tragen und C ebenfalls auch 1/6 (Einzelschuldquote) + 1/6 (Innerausgleichsquote) = 1/3 zu tragen.

Ob diese Berechnungsart logisch und gerecht ist, wurde mit einem Beispiel von mehr als zwei Nebentätern geprüft.[373] Bei einem Fall mit drei Schädigern Fall beträgt die Gesamtschauquote 3/4 (1:1:1:1), und die Einzelabwägungsquote liegt unverändert bei 1/2. Die Einzelschuldquote ergibt sich aus der Differenz von Gesamtschauquote und Einzelabwägungsquote und beträgt so 1/2 – 1/4 = 1/4. Im Resultat erhält A von B 1/2 und A kann von den übrigen beiden Schädigern jeweils die Einzelschuldquote in Höhe von 1/4 verlangen. Auf diese Weise erhält der Geschädigte den gesamten Schaden ersetzt, während die drei Schädiger ihn jeweils zu 1/3 zu tragen haben. Ein ausgeglichenes Ergebnis kam so in einem Fall mit mehr als zwei Schädigern nicht zustande.

b) Entscheidung BGHZ 30, 203

In der späteren Entscheidung BGHZ 30, 203 gab der BGH die einfache Einzelabwägung in der älteren Rechtsprechung auf und hat eine neue Abwägungsart auf der Grundlage der Aufspaltungstheorie entwickelt. E und B haben in einem Verkehrsunfall fahrlässig i.S.d. § 276 BGB die Verletzung des K adäquat verursacht. K hat ein riskantes Überholmanöver durchgeführt, sodass ihn ein Mitverschulden trifft. Das OLG Köln als Berufungsgericht hatte die Mitverschuldensquote gegen die beiden Schädiger E und B jeweils in Höhe von 4/5 festgesetzt und so verlangte der Kläger von beiden Beklagten als Gesamtschuldner zu 2/5 des Gesamtschadens ersetzt, nachdem es zu der Ansicht gekommen war, dass die

372 *Dunz*, JZ 1955, 727 (730).
373 *Engelhardt*, JZ 1957, 369 (371).

Gesamtschuldquote direkt durch die Addition von je 1/5 der jeder Beklagten treffenden Schadensquoten berechnet werden konnte.[374] Nach der Deckungstheorie ist die Gesamtschuldquote hier unrichtig berechnet, da das Gericht übersehen hätte, dass die Beklagten nach dieser Bestimmung nur für 1/5 des Schadens Gesamtschuldner des Klägers sein können, ein Gesamtschuldverhältnis aber nur insoweit entstehen würde, als die Verpflichtungen der Beklagten sich decken.

Der Bundesgerichtshof hat dem Ausgangspunkt des Berufungsgerichts zugestimmt, dass das Mitverschulden des Geschädigten gegenüber jedem Schädiger getrennt abzuwägen ist. Es hatte festgestellt, dass B wegen der von ihm zu verantwortenden adäquaten Ursache zum Schadenseintritt und einem daraus resultierenden selbstständigen Schadensersatzanspruch verpflichtet sei, dem K 1/5 des Gesamtschadens zu ersetzen. Bei der Abwägung im Sinne des § 254 BGB ist der Verantwortungssphäre des Geschädigten auch eine getrennte Verantwortungssphäre des E gegenübergestellt.

Umstritten bei der Argumentation des BGH ist die Höhe der Gesamtschuldquote. Wäre der BGH bei der Theorie von BGHZ 12, 213 stehen geblieben, würden die Einzelabwägung hier zur gleichen Quote mit je 1/5 führen, sodass die E und B als Gesamtschuldner entsprechend dieser Quote haften. Wäre er der Annahme des OLG Köln gefolgt, hätte dies eine Herleitung der Gesamtschuldquote durch die Addition der E und B treffenden Schadensquoten bedeutet, sodass die Gesamtschuldquote dieser Summe (= 2/5) entspräche. Die beiden Lösungen hatte der BGH aufgrund Unbilligkeit und Uneinigkeit abgelehnt. Eine solche Addition habe die Folge, dass jeder Schädiger auch für den Beitrag der anderen mitverantwortlich wäre.[375] Liegt eine Nebentäterschaft vor, bei der mehrere Schädiger ohne gemeinschaftliches Handeln einen Schaden verursacht haben, so reicht das Zusammentreffen der Beiträge im Schadensereignis nicht aus, um bei der Abwägung jeden Täter mit den Unfallbeiträgen der anderen zu belasten.[376] Deshalb hatte der BGH auch die Berechnungsart der Gesamtschauquote[377] aufgenommen. Dies bedeutet, dass der Geschädigte selbst 4/6 des Schadens (im Verhältnis 4:1:1) zu tragen hat und insgesamt 1/3 des Gesamtschadens ersetzt erhalten kann. Wichtiger ist, dass er nach der Einzelabwägung von jedem Schädiger nur bis 1/5 dieses ganzen Schadens in Anspruch nehmen darf.

---

374 BGHZ 30, 203 = NJW 1959, 1772.

375 BGHZ 30, 203 = NJW 1959, 1772 (1773 f.).

376 BGHZ 30, 203 = NJW 1959, 1772 (1773 f.).

377 *Dunz*, JZ 1955, 727 ff.; 1957, 371 ff.; *Engelhardt*, JZ 1957, 369 ff.

Zusammenfassend bedeutet das, dass die Schädiger insgesamt für die Gesamtschauquote (= 1/3) haften, jeder allein schuldet aber nur in Höhe der Einzelabwägungsquote (= 1/5). Dabei ist das Prinzip, dass die Gesamtschuld mit dem Abwägungsprinzip des § 254 BGB (§ 17 StVG) in Einklang zu bringen sein muss, und die Einzelabwägung mit der Gesamtschau verknüpft ist.[378]

Eine solche Methode des proportionalen Verhältnisses im Sinne der Gesamtschau führt jedoch niemals dazu, dass der mitschuldige Geschädigte einen Anspruch auf Ersatz des gesamten Schadens erhält, wie das bei einfacher Addition der Verschuldensanteile der Nebentäter sein kann. Der BGH hat schon bei seiner Ablehnung der Addition der beiden Verantwortungsquoten der Schädiger argumentiert, dass § 830 Abs. 1 S. 1 BGB die Rechtsgrundlage dafür bietet, dass bei der Abwägung der Gesamtschuldquote ein einheitlicher Wert aller gemeinsamen Tatbeiträgen angenommen werden und sich einer der Beteiligten die Last der anderen Beiträge auferlegen kann. Ein Verklammen aller Beiträgen in der Folge des § 840 Abs. 1 BGB könnte dagegen zur Unbilligkeit führen, weil die übrigen Nebentäter das Insolvenzrisiko eines Schädigers tragen sollten, während der in gleicher Weise oder gar überwiegend schuldige Geschädigte von diesem Risiko völlig freigestellt wäre.[379]

Diese Kombinationsabwägung ist Bestandteil der herrschenden Meinung zur Abwicklung von Schadensfällen, in denen mehrere Nebentäter beim Mitverschulden des Geschädigten einen Schaden herbeigeführt haben. Sie erfordert neben einer Einzelabwägung zusätzlich eine Gesamtschau, durch die festzustellen ist, in welcher Höhe der Geschädigte insgesamt Schadensersatz verlangen kann.

c) Interpretationsversuche zu dieser Entscheidung

aa) Gegenmeinung von Engelhardt

Bei einer Anmerkung zu dieser Entscheidung hat Engelhardt zuerst einen Einwand gegen diese einseitige Freistellung vom Insolvenzrisiko zugunsten des mitschuldigen Geschädigten erhoben. Wenn das Mitverschulden des Geschädigten auch eine Ursache des Schadenseintrittes ist, so würde der Geschädigte tatsächlich als ein Glied dieser Gesamtschuldnergemeinschaft den Schadensersatz verlangen, und mache seine Forderung gegen die Schädiger nur als seine Ausgleichsforderung gemäß § 426 BGB geltend.[380] Die gesamtschuldnerische

378 BGHZ 30, 203 = NJW 1959, 1772 (1774)
379 BGHZ 30, 203 = NJW 1959, 1772 (1774)
380 *Engelhardt*, NJW 1959, 2059.

Haftung der Nebentäter sei auch entfallen, falls die mitschuldige Handlung des Geschädigten zufällig bei dem Schaden eingetreten sei.[381]

Zwar hat Engelhardt die Besonderheit der Nebentäterschaft hervorgehoben, doch seiner Ansicht kann aus vielen Gründen nicht gefolgt werden. Setzte der Ausgleichsanspruch ein Gesamtschuldverhältnis voraus, so würden Außenhaftung und Innenausgleich vermischt. Außerdem kann der Geschädigte nach der Auffassung der Rechtsprechung[382] nicht einem Schädiger gleichgestellt werden, obwohl das Mitverschulden und die Verursachungsbeiträge der Schädiger in gleicher Weise bei der Abwägung der Haftungsteilung gequotet werden sollten. Denn eine Selbstschädigung ist grundsätzlich nicht verboten und deshalb ist die das Mitverschulden hervorrufende Handlung des Geschädigten nicht im wirklichen Sinn rechtswidrig und greift auch nicht in die Rechtsgüter eines Dritten ein.[383] Weiterhin handelt es sich nach der Erklärung Engelhardts um eine Verwechselung von Forderung und Schuld. Denn die Schädiger als Gesamtschuldner erfüllen die Forderung des Geschädigten. Wenn die Anspruchskürzung als die Wegnahme des entfallenden Teils der Ausgleichspflicht betrachtet wird, bleibt sein Charakter aber dennoch der eines deliktischen Anspruchs.[384] Zum Letzten werden Schadenersatzansprüche oft mit einem Regressanspruch verwechselt, doch setzt § 254 BGB die Ersatzpflicht der Schädiger voraus.[385]

bb) Interpretation von Hartung und Heinrichs

Würde der in BGHZ 30, 203 zur Entscheidung stehende Fall mit der Aufspaltungstheorie erklärt werden, setzt sich die Einzelabwägungsquote wie folgt zusammen: Einzelschuldquote 4/30 (2/6 – 1/5) und Gesamtschuldquote 1/15 (1/5 – 4/30). Zweifelhaft ist, wie diese Abwägungsmethode in Verbindung mit der Aufspaltungstheorie in einem Fall mit mehr als zwei Schädigern angewendet wird. A, B, C als drei Schädiger und der Geschädigte haben mit gleich hohen Verantwortungsbeiträgen (1:1:1:1) einen Schaden verursacht. Wie oben erklärt würden B und C jeweils noch 1/4 schulden, wenn die Einzelschuldquote die Differenz von Gesamtschauquote und Einzelabwägungsquote ist. Darin liegt aber offensichtlich ein Fehler. Anders sieht es nach den Meinungen von Hartung

381 *Engelhardt*, a.a.O.

382 VersR 1953, 146 = LM BGB Nr. 2 zu § 830; OLG Karlsruhe, NJW 1971, 1944.

383 *Reinelt*, JR 1971, 177 (179).

384 *Schmidt*, Nebentäterhaftung und § 254 BGB, 1992, S. 28.

385 So auch *Stauder*, Probleme der Mehrtäterschaft, 1964, S. 136. Ähnlich *Brambring*, Mittäter, Nebentäter und Beteiligte, 1973, S. 149; *Reinelt*, Schadensverantwortlichkeit, 1969, S. 54; *Roth*, Haftungseinheiten, 1982, S. 25.

und Heinrichs aus. Nach ihrer Ansicht beträgt die Einzelschuldquote eigentlich 1/8.[386] Denn kann der A von B und C noch die Differenz bzw. 1/4 des Schadens verlangen, lautet die Berechnungsmethode der Gesamtschuldquote: (Summe der Einzelabwägungsquoten – Gesamtschauquote): (Anzahl der Schädiger – 1), hier ist (3/2 – 3/4): (3 – 1) = 3/8. Deswegen ist die Einzelabwägungsquote in 1/8 als Einzelschuldquote und 3/8 als Gesamtschuldquote aufgespalten.[387]

cc) Berechnung der Gesamtschuldquotenbildung

Der BGH hat bisher die genaue Berechnung der Gesamtschuld- und Einzelschuldquoten[388] ausdrücklich offengelassen.[389] Die Feststellung aus BGHZ 30, 203, wonach dem Geschädigten die Vorteile der Gesamtschuld zugutekommen würden, weil die beiden Nebentäter für die Gesamtschauquote gesamtschuldnerisch haften, führt dazu, dass der Geschädigte jeden Schädiger nach seinem Belieben bis zur Höhe der jeweils zustehenden „Einzelabwägungsquote“ in Anspruch nehmen kann, solange er die maximale Gesamtschauquote nicht voll erhalten hat.

Nach der bisherigen Betrachtungsweise könnte eine Lösung mit der niedrigsten Einzelabwägungsquote als die Höhe der Gesamtschuldquote bezeichnet werden, obwohl die Einzelabwägungsquoten der Schädiger nicht gleich sind.[390] Das heißt, die Gesamtschuld wäre demnach also auf den Umfang der niedrigsten im Einzelabgleich ermittelten gedeckten Quote zu beschränken.[391] Die Schwäche dieser Lösung könnte durch einen Fall des OLG Celle[392] verdeutlicht werden. Das Verhältnis zwischen dem Geschädigten und zwei Schädigern lautete 4:1:4. Zuerst musste die Einzelabwägungsquote berechnet werden. Der Geschädigte G durfte von dem Erstschädiger nicht mehr als 1/5 und von dem Zweitschädiger nicht mehr 1/2 ersetzt verlangen. 1/5 als Gesamtschuldquote entspräche der

386 *Engelhardt*, JZ 1957, 369 ff.; *Hartung*, VersR 1979, 97 ff.; VersR 1980, 797 (800); Palandt/*Heinrichs* (1989), BGB, § 254 Rn. 57.

387 Siehe *Steffen*, DAR 1990, 41 (45).

388 Siehe Staudiger/*Vieweg* (2015), BGB, § 840 Rn. 35 f., da werden Solidar- und Separatquoten genannt.

389 Übersichten in *Eibner*, JZ 1978, 50 (52); auch *Looschelders*, Mitverantwortlichkeit, 1999, S. 621 ff., 630 ff.; *Lange/Schiemann*, Schadensersatz, 2003, §10 XIII 3b.

390 BGH VersR 1959, 608 (613); *Sieg*, MDR 1959, 915; *Stauder*, Probleme der Mehrtäterschaft, 1964, S. 37.

391 BGHZ 72, 355 (363) = NJW 1979, 544 (545); BGH NJW 1982, 2307 = JR 1983, 62 mit Anm. U. H. Schneider; MüKoBGB/*Wagner* (2017), § 830 Rn. 62.

392 OLG Celle, OLGZ 1974, 203 ff.; ausführlich auch in: *Hartung*, VersR 1980, 705 (800).

oben dargestellten Theorie einer Beschränkung der Gesamtschuld auf die niedrigste Einzelabwägungsquote. Zahlt der Erstschädiger an den Geschädigten 1/5, könnte der Geschädigte von dem Zweitschädiger noch weitere 5/9 - 1/5 = 16/45 fordern. Hier müsste der Zweitschädiger die Einzelschuldquote von 16/45 plus die Innenausgleichsquote von 4/25 (1/5×4/5) tragen. Die Summe, wäre mehr als 1/2 (Einzelabwägungsquote des Zweitschädigers). Deshalb ist 1/5 als Gesamtschuldquote nicht gerechtfertigt.

Im Wesentlichen ist die Aufspaltung der Einzelabwägungsquote als eine Berechnungslösung in der Rechtsprechung der Oberlandesgerichte übergenommen worden.[393] Nach der obengenannten Berechnungsformel der Gesamtschuldquote beträgt hier die Gesamtschuld 13/90 = [(1/5+1/2) - 5/9]: (2 - 1). Jeder Schädiger haftet demnach auf 13/90 des Schadens als Gesamtschuldner. Der Erstschädiger haftet auf 5/90 und der Zweitschädiger auf 32/90 als Einzelschuldner.

Dass die Schadensquoten auf Grundlage der obengenannten Weise zu berechnen sind, ist noch nachvollziehbar. Schwieriger ist es hingegen, wenn die Tatbeiträge der Schädiger nicht gleichmäßig sind. Dann gerät die Verteilung des Schadens in Nebentäterfallen zur mathematischen Prüfung. Diese Aufteilungsweise ist deshalb aufgrund ihrer scheinbaren Willkürlichkeit und aus dem Grund, dass sie nicht zu befriedigenden Ergebnissen führt, kritisiert worden.[394]

d) Die Verteilung des Insolvenzrisikos

Die Berechnung der Gesamtschuldquotenbildung steht eigentlich in engem Zusammenhang zur Verteilung des Insolvenzrisikos. Die Gesamtschuldquote bürdet das Insolvenzrisiko eines Schädigers den anderen Nebentätern auf. Der Kombinationsabwägung nach der Entscheidung BGHZ 30, 203 verdankt sie die befriedigende und gerechte Verteilung des Insolvenzrisikos zwischen dem mitschuldigen Geschädigten und den Schädigern.[395] Aber es ist tatsächlich nicht ausdrücklich geregelt, wie genau das Insolvenzrisiko bei Ausfall eines oder mehrerer Schädiger zu verteilen ist.

Roth hat den Begriff der idealen Schadensteilung verwendet, die in einem Fall vorliegt, in dem die Anteile aller Beteiligten klar und die Schädiger bekannt und solvent sind.[396] Wie im Entscheidungsfall des BGHZ 30, 203 ist hier das

393 VersR 1991, 234; OLG Celle, OLGZ 1974, 203 (206).
394 *Reinelt*, JR 1971,177 (178); *Roth*, Haftungseinheiten, 1982, S. 6.
395 BGHZ 30, 203 = NJW 1959, 1772 (1774).
396 *Roth*, Haftungseinheiten, 1982, S. 12.

Beteiligungsquotenverhältnis 1(B):1(E):4(Geschädigter). Wenn hier B und E jeweils 1/6 zu ersetzen hätten, würde eine ideale Haftungsteilung bestehen. Wird hier jedoch der Schädiger B während der Schadensabwicklung zahlungsunfähig, so bekommt G statt 1/3 (ideale Quote, auch Gesamtschauquote) nur 1/5 (Einzelabwägungsquote) des Schadens ersetzt. E muss statt der idealen Quote (1/6) real 1/5 an G zahlen. Trotz der Erfüllung der Einzelabwägungsquote werden noch 1/3 - 1/5 = 2/15 als ausfallender Teil wegen des insolventen Schädigers nicht zurückerstattet. Es darf auch nicht übersehen werden, dass ein Ausgleich im Innenverhältnis zwischen E und B mit der Quote (1/30 = 1/5 - 1/6) ebenfalls nicht stattfinden kann. Die Verteilung des Insolvenzrisikos zwischen G und E ist im Verhältnis 2/15:1/30 = 4:1. Das Ergebnis entspricht genau dem Einzelabwägungsverhältnis zwischen beiden.[397]

So kommt wieder der Fall mit mehr als zwei Schädigern in Betracht, hatte der BGH einen solchen Fall doch noch nicht berücksichtigt. In dem oben bereits erwähnten Beispiel mit Engelhardts Argumenten, wonach A, B, C als drei Schädiger und der Geschädigte mit gleichen hoch Verantwortungsbeiträgen im Verhältnis 1:1:1:1 belastet sind, beträgt die Einzelabwägungsquote jeder Person 1/2. Insgesamt kann G deshalb 3/4 beanspruchen. Nach der idealen Schadensverteilung muss hier jeder 1/4 tragen. Wenn A nun insolvent ist, kann er trotzdem von B 1/2 ersetzt verlangen, für die noch fehlenden 3/4 - 1/2 = 1/4 wäre dann C in Anspruch zu nehmen. G wird also voll befriedigt. Wenn die Risikoteilung mit der Schadensbeteiligung verbunden würde, dann müsste die ausfallenden 1/4 von dem Geschädigten, auf B, C und den Geschädigten im Verhältnis 1:1:1 verteilt werden.

Kann die Aufspaltungstheorie also zu einem gerechten Ergebnis der Insolvenzrisikohaftung führen? Die Einzelabwägungsquote von 1/2 besteht aus einer Einzelschuldquote in Höhe von 1/8 und der Gesamtschuldquote in Höhe von 3/8. Ist A insolvent, dann kann G die Gesamtschuldquote und zweimal die Einzelschuldquoten von B und C erhalten, real also 5/8. Aus diesem Ergebnis lässt sich ersehen, dass der Geschädigte eine Insolvenzrisikoquote von 1/8 (3/4 - 5/8) trägt und die beiden verbleibenden Schädiger ebenfalls gemeinsam 1/8 tragen (jeweils 1/16). Das heißt, dass die beiden Seiten auch nicht gleichrangig nach dem Verhältnis 1:1:1 das Risiko tragen.[398]

397 Keuk, AcP 168 (1968), 175 (201); *Roth*, Haftungseinheiten, 1982, S. 14; *Selb*, JZ 1975, 193 (194).

398 *Roth*, Haftungseinheiten, 1982, S. 17.

Selb hat einen Vorschlag zu dieser Verteilung nach der Gesamtschau ohne Einzelabwägung vorgelegt. Er hat auf Basis der idealen Schadensteilung die folgende Meinung entwickelt. Bei dem letztgenannten Fall (1:1:1:1) kann der G insgesamt 3/4 ersetzt verlangen. B und C sollten dann aufgrund der Insolvenz des A jeweils 3/8 tragen. Auf diese Weise tragen die beiden Schädiger wegen der besonderen Gesamtschuldkonstruktion das volle Insolvenzrisiko. Tragen aber die restlichen solventen Beteiligten das Risiko nach dem Verhältnis 1:1:1, folgt daraus, dass G 1/3 der ausfallenden idealen Quote 1/4 (A) selbst tragen muss. Er kann also, bis zu 3/4 - 1/12 = 2/3 erhalten. Die Schädiger B und C schulden zuletzt real jeweils 1/3 = (1/4 + 1/12).[399] Die Untergrenze des Schadensersatzanspruchs, der durch die Einzelabwägung bestimmt wird (hier 1/2), ändert sich zwar nicht, doch der Umfang des Ersatzes, den der Geschädigte tatsächlich erhalten kann, ist hier durch die Insolvenzsituation von 3/4 auf 2/3 gesunken, da der Anspruch je nach der Anzahl der ausfallenden Schädiger verkürzt wird.[400]

Wie sich aber das Insolvenzrisiko auf die Nebentäter und den Geschädigten nach dem Maß ihrer letztlichen Tatbeiträge verteilen lässt, ist nach der oben dargestellten Lehre, bzw. nach der idealen Schadensteilung von Roth, der Aufspaltungstheorie und dem Vorschlag von Selb jeweils unterschiedlich. Bei der Entscheidung BGHZ 30, 203 hat der Geschädigte kein Insolvenzrisiko (er wird mit den vollen 3/4 des Schadens befriedigt) zu tragen, doch lehnte der BGH auch grundsätzlich ab, im Nebentäterfall dem Geschädigten alleine das Insolvenzrisiko aufzuerlegen.[401] Während durch die Aufspaltungstheorie dem Geschädigten noch weniger (5/8 des Schadens) gewährt wird, beträgt der Anspruch des Geschädigten nach der Meinung von Selb auf die Quote von 2/3 des Schadens. Stauder, der für die Ansicht der idealen Schadensteilung eintritt, plädiert dafür, dass die Schädiger, wenn sie mehr als die ideale Quote gezahlt haben, sogar wenn sich die Insolvenz erst später im Innenverhältnis der Schädiger herausstellen sollte, von dem Geschädigte diesen Teil zurückfordern können, der diesem bei einem Ausfall des insolventen Schädigers in einer Gesamtschau nicht zugestanden hätte.[402]

---

399 *Selb* ist mit dieser Art zustimmend, siehe *Selb*, JZ 1975, 193 (194).

400 *Schmidt*, Nebentäterhaftung und § 254 BGB, 1992, S. 34; Roth, Haftungseinheiten, 1982, S. 24.

401 BGHZ 30, 203 (206); *Selb*, JZ 1975, 193 (194 f.); *Dunz*, JZ 1959, 592 (593).

402 *Stauder*, Probleme der Mehrtäterschaft, 1964, S. 137; *Schmidt*, Nebentäterhaftung und § 254 BGB, 1992, S. 44.

e) *Kombinationsabwägung in heutigen Rechtsprechungen*

Heutzutage ist die Kombinationsabwägung als die herrschende Berechnungsart der Schadensquoten zwischen dem mitschuldigen Geschädigten und den Nebentätern als Gesamtschuldner anerkannt. Im Folgenden werden einige Urteile ausgewählt, um an ihnen die praktischen Schwierigkeiten und Konfusionen bei der Anwendung des jeweiligen Urteils zu demonstrieren.

aa) BGH NJW 2006, 896

Zunächst wird auf ein Urteil des BGH[403] Bezug genommen, bei dem in den vorinstanzlichen Urteilen entschieden wurde, dass die denselben Schaden zufällig verursachenden Nebentäter als Teilschuldner für den Anteil des Schadens haften, für den sie die Verantwortung tragen und der auch im Urteil für die Quotelung herangezogen wurde.

Der Tatbestand: Der Kläger ist ein Sozialversicherungsträger, das Fahrzeug der bei dem Kläger versicherten Verletzten war auf ein anderes Fahrzeug aufgefahren und deshalb beschädigt worden. Die Versicherte war als Beifahrerin im Fahrzeug, als ihr Onkel, der es fuhr, es auf dem rechten Standstreifen der Autobahn abstellt. Zur Unfallzeit herrschten Nieselregen und schlechte Sicht. Das Warndreieck war im Abstand von mindestens 100 m zur Fahrzeug aufgestellt und dieses war durch eine eingeschaltete Warnblinkanlage kenntlich gemacht. Zehn Minuten später näherte sich der von einem Fahrschüler gesteuerte LKW der Beklagten zu 4 ebenfalls auf der rechten Fahrspur. Als er das Wahrzeichen gesehen hatte, verringerte der Beklagten zu 4 seine Geschwindigkeit und zog den LKW innerhalb der Fahrspur nach links zur Mittellinie. Auf derselben Fahrspur folgte dem Fahrschüler der von dem Beklagten zu 1 geführten LKW, der mit einer Geschwindigkeit von mindestens 80 km /h fuhr. Dieser setzte an, um den LKW der Beklagten zu 4 zu überholen. Zu diesem Zeitpunkt zog der neben dem Beklagten zu 4 sitzende Fahrlehrer den LKW nach links auf den linken Fahrstreifen, um der Versicherten und ihrem Onkel auszuweichen, die sich beide außerhalb ihres PKW bewegten. Der Beklagte zu 1, der bereits auf den linken Fahrstreifen gewechselt war, fuhr auf den LKW des Beklagten zu 4 auf. Der Anhänger des LKW von 1 wurde dadurch nach rechts geschleudert und erfasste die Versicherte und ihren Onkel.

Das Landgericht nahm die Schadensverteilung so vor, dass der Klageanspruch gegen die Haftungseinheit von den Beklagte zu 1 bis 3 als Gesamtschuldner zu

403 BGH v. 13.12.2005 – VI ZR 68/04 – NJW 2006, 896.

45 % des Schadens und gegen die Beklagte zu 4 zu 30 % festgestellt wurde.[404] Danach wurde in der Entscheidungsbegründunge des Berufungsgerichts ausführlich erläutert, dass bei der Abwägung der Schadensquote auf der Seite der Beklagten zu 1 bis 3 diese in einer Haftungseinheit betrachtet werden, dass eine höhere Betriebsgefahr des LKW nebst Anhänger bestehe und der Beklagten trotz schlechter Sicht und nasser Fahrbahn zu schnell gefahren sei. Darüber hinaus habe er bei unklarer Verkehrslage zum Überholen angesetzt. Deshalb habe er den Unfall durch allgemeine Unaufmerksamkeit (§ 1 Abs. 2 StVO) und unangepasste Geschwindigkeit (§§ 3 Abs. 1, 18 Abs. 5 Nr. 1 StVO) verschuldet. Auf der Seite des Beklagten von 4 entsprang die Haftung lediglich aus §7 StVG bezüglich der Betriebsgefahr des LKW. Außerdem würde die Versicherte und ihren Onkel auch ein Mitverschulden treffen, da sie beide nach dem Abstellen des Fahrzeugs ausgestiegen seien und sich auf dem rechten Standstreifen aufgehalten hätten (Verstoß gegen § 18 Abs. 9 StVO). Im Ergebnis urteilen die Richter, dass nachdem die Betriebsgefahr des PKW der Versicherten zuerst mit 15% zu bemessen sei, die Quote nun wegen dieser Mitwirkung auf 35% erhöht sei.[405] Die Quote von 35% als Mitverschuldensquote begründe sich durch die Betriebsgefahr und das Verschuldensmaß beim Unfallhergang. Die Haftungsquote der Beklagte zu 4 sei dann auf 20% reduziert. Der Haftungsanteil der Beklagten zu 1 bis 3 betrage 45%.[406]

Zweifelhaft ist, ob sich diese vorliegenden Haftungsquoten der Schadensverteilung nach der Gesamtabwägungsmethode ergeben hätten, da die Verursachungs- und Verschuldensbeiträge aller Beteiligten im ganzen Unfallverlauf abgewogen und ohne Einzelabwägung ins Verhältnis gesetzt worden sind. Der BGH hat danach auf den Rechtsfehler hingewiesen, dass die Beklagten zu 1 bis 4 nicht als Gesamtschuldner anzusehen sind.[407] Obwohl die Höhe der Haftungsverpflichtungen zwischen den einzelnen Schädigern im Innenverhältnis unterschiedlich ist, besteht zwischen den Beklagten zu 1 bis 3 und der Beklagten zu 4 nach § 840 Abs. 1 BGB im Außenverhältnis ein Gesamtschuldverhältnis. Hier waren die Quoten 45% (1–3) und 20% (4) nach den Anteilen, die sie an der Herbeiführung des Schadens hatten, festgesetzt worden. Danach wurde die Höhe von 35% als Mitverschuldensquote gegenüber den Beklagten zu 1–4 als Einheit genannt. Der BGH konnte dem aber nicht zustimmen und kam zu der Ansicht,

---

404 A.a.O.
405 A.a.O.
406 A.a.O.
407 A.a.O.

dass es vielmehr richtig sei, das Prinzip der gesamtschuldnerischen Haftung mit dem Abwägungsprinzip des § 254 BGB bzw. des § 17 Abs. 1 S. 2 StVG in Einklang zu bringen, indem die Kombinationsabwägung anzuwenden sei.[408] Da deshalb im Regelfall der jeweilige Schädiger dem Geschädigten dessen Mithaftungsquote entgegenhalten könne, sei zu betonen, dass die Mitverschuldensquote mit Einzelabwägung gegen die Beklagten zu 1 bis 3 55% und gegen den Beklagten zu 4 80% betrage.[409] Nach der Ansicht des BGH hat das Berufungsgericht eine für die Schadensverteilung erforderliche Gesamtschau auf das gesamte Unfallgeschehen und die Bildung der Gesamtschauquote vermissen lassen. Hier waren die Quoten von 20% (Beklagter zu 4) und 45% (Beklagte 1 bis 3) jeweils die Einzelabwägungsquoten.

bb) Eigene Beurteilung dieser Entscheidung

Mit diesem Urteil hat der BGH nach vielen Jahren wieder Gelegenheit gehabt, das Problem anzusprechen, dass die Schadensverteilung unter Beteiligung mehrerer Nebentäter bei Mitverschulden des Geschädigten in der Praxis und im Prozess der Gerichte falsch behandelt wird, ohne dass die Nebentäter als Gesamtschuldner für die wegen Mitverschulden reduzierte Haftung haften, und die Mitverantwortung des Geschädigten nicht durch die sogenannte Kombinationsmethode gewichtet wird.[410] Die proportionale Verteilung in den Rechtsauffassungen ist im Beispiel meistens mit 1:1:1 gegeben. Selbst wenn ein Beispiel mit mehr als zwei Schädigern in Betracht kommt, ist die Proportion im Verhältnis zwischen den Schädigern bereits gegeben. Ohne ausführliche Erklärung wird ein Proportionsverhältnis aus der Gesamtschau erzeugt.

Im Streitfall war die Quote von 35% als die gesamte (absolute) Mitverschuldensquote gegenüber allen Beklagten einheitlich festgesetzt worden. Ein Mitverschuldensvorwurf trifft den Geschädigten und führt durch die Abwägung nach §254 BGB und §17 StVG dazu, dass die sich gegen mehrere Nebentäter richtenden Ersatzansprüche zu mindern sind. Aber diese Gesamtabwägungsquote unterscheidet sich von der Quote aus der Gesamtschau. Deshalb hat das Urteil zum Ausdruck gebracht, dass eine solche Gesamtschau mit Einzelquoten im Verfahren vor dem Instanzgericht nicht stattgefunden hat.[411] Die 45% und 20% sind nach den Umständen dem jeweiligen Verantwortungsbeitrag

---

408 A.a.O.

409 A.a.O.

410 Vgl. *Lemcke*, r + s 4/2006, 172 (172 f.)

411 BGH NJW 2006, 896.

zum Schaden entsprechend bestimmt. Wenn die Beklagten zu 1 bis 3 und die Beklagte zu 4 zusammen für 65 % (100% – 35%) des Schadens gesamtschuldnerisch haften, wäre die Beklagte zu 4 mit dem niedrigsten Verantwortungsanteil nicht nur für die eigene Quote, sondern auch für die der anderen Beteiligten verantwortlich. Aus diesem Grund hat der BGH das Problem durch eine Kombination von Einzel- und Gesamtschau auf recht komplizierte Weise gelöst, um diese Ungerechtigkeit zu vermeiden. Eine Einzelabwägung zwischen der Mitverschuldensquote und der dem einzelnen jeweiligen Tatbeitrag entsprechenden Quote findet statt, sodass der Anspruch gegenüber den Beklagten zu 1 bis 3 im Verhältnis von 55:45, und gegenüber der Beklagten zu 4 im Verhältnis von 80:20 besteht. Der BGH hat jeweils die 20% und 45% als die Quote des einzelnen Nebentäters zur Einzelabwägung angewendet. Aber hätte er hier 35% nicht als die Mitverschuldensquote des Geschädigten in Einzelabwägung angesetzt, dann wäre dessen Mitverschulden im Rahmen der Gesamtschau zweimal berücksichtigt worden? Welches Element aber berücksichtigt wird, sodass die Einzelabwägungsquote von 45% bzw. 20% wirklich das Verhältnis zwischen dem einzelnen Schädiger und dem Geschädigten repräsentiert, stellt der BGH nicht klar. Sind die zu berücksichtigenden Umstände für die Bildung der Mitverschuldensquoten des Geschädigten in den zweimaligen Einzelabwägungen doch nicht gleich? Wie kann es überzeugen, dass der Tatbeitrag des isolierten einzelnen Schädigers ohne Berücksichtigung der Schadensbeiträge der anderen beurteilt wird, während der Gesamtschaden unter Einbeziehung der Beiträge aller Schädiger doch mit 100 Prozent veranschlagt wird? Dies lässt unberücksichtigt, dass die mit „55%" und „80%" bezifferten Mitverschuldensanteile einen anderen schuldhaften Verursachungsbeitrag des Nebentäters erfassen.

Außerdem entsteht die sehr komplizierte rechnerische Operation mit der Kombinationstheorie. In der Orientierung des BGH lautet das Verhältnis der dreiseitigen Beteiligten (G: S[1–3]: S) = 44:36:11 (weil die Einzelabwägungsverhältnisse 11:9 und 4:1 lauten). Die neu errechneten Haftungsanteile, die beim Geschädigten als Kläger verbleiben, betragen 44/91. Der Kläger darf insgesamt nicht mehr als 47/91 des Schadens ersetzt erhalten, und die Beklagten zu 1–3 tragen nicht mehr als 36/91 des Schadens und der Beklagte zu 4 nicht mehr als 11/91. Dieses genannte Abwägungsergebnis führt dazu, dass der Schadensersatz, den der Kläger letztendlich ersetzt bekommen kann, unter 65% liegt. Dies hat zur Folge, dass im Ergebnis der Geschädigte eine höhere Haftungsquote als die bloße Mitverschuldensquote trägt, nachdem der von ihm selbst zu tragende Mitverschuldensanteil vom Ganzen abgezogen worden ist.

cc) OLG Celle v. 19.12.2007 – 14 U 78/07, MDR 2008, 741

Der Tatbestand: Bei Dunkelheit und Schnee gerieten auf der Autobahn drei Fahrzeuge ins Schleudern und kollidierten. Beteiligt waren ein PKW VW Passat Variant, gefahren vom Beklagten zu 2 und versichert bei der Beklagten zu 3, ein PKW Seat Toledo, bei der Beklagten zu 1 haftpflichtversichert und ein PKW VW Passat, gefahren von dem Beklagten zu 4 und bei der Beklagten zu 1 haftpflichtversichert. Durch die Kollision geriet der Seat Toledo auf die Fahrspur der Klägerin. Diese konnte wegen überhöhter Geschwindigkeit nicht rechtzeitig reagieren und kollidierte mit ihrem Fahrzeug ihrerseits mit dem Seat Toledo.[412]

Der Fall behandelt auch die Schadensaufteilung bei einem Verkehrsunfall mit mehreren Fahrzeugen. Das Landgericht hat zuerst die angelastete Haftungsquote des Geschädigten in Höhe von 30% begründet. Der Senat des OLG Celle hält 70% als Gesamthaftungsquote aller Beklagten als Schädiger gegenüber dem Geschädigten für angebracht. Außerdem hat das OLG beschlossen, dass die Einzelabwägungsquote nicht vom Landgericht festgesetzt wurde.[413] Obwohl die Einzelabwägung im Urteil erwähnt ist, wurde die exakte prozentuale Verteilung in den Einzelverhältnissen nicht festgeschrieben. Auffällig ist, dass eine Abwägung durch die „Gesamtschau" durch den Senat vorgenommen wurde und im Ergebnis die Haftungsverteilung besagte, dass 70% des Schadens von allen Beklagten als Gesamtschuldner getragen werden sollten. In der Folge waren diese 70% ihrerseits unter den Nebentätern zu verteilen, woraus sich folgende Haftungsverteilung ergab: Die Beklagten zu 2 und 3 haben für 28% (40% von den 70% des Schadens) und die Beklagten zu 4 und 1 für 21% (30% von den 70% des Schadens) sowie die Beklagte zu 1 allein nochmals für 21% (30% von den 70% des Schadens, PKW Seat Toledo) einzustehen.

dd) Eigene Beurteilung dieser Entscheidung

Obwohl der Senat die Abgrenzung zwischen der Gesamtquote und der Einzelquote gekannt hat, ist die Kombinationsmethode nicht richtig eingesetzt worden, da die Haftungsverteilung in den Einzelverhältnissen nicht vorliegt. Um eine Gesamtschau durchführen zu können, ist es erforderlich, im Verhältnis des Klägers zu den jeweiligen Tatanteilen eine Haftungsverteilung vorzunehmen.

---

412 OLG Celle v. 19.12.2007 – 14 U 78/07, MDR 2008, 741.

413 Im Urteil wurde deutlich ausgedrückt, dass die Einzelquote dem jeweiligen Verhältnis der eigenen Verantwortung des einzelnen Schädigers im Vergleich zur Mitverantwortung des Geschädigten entspricht. Während die Gesamtquote in Höhe von 70% die höchste Quote ist, die der Geschädigte fordern kann.

Die sogenannte Gesamthaftungsquote im Urteil ist durch den Abzug der Mitverschuldensquote berechnet worden.

ee) LG Kassel 08.03.2013

Auch von einem verkehrswidrig parkenden Fahrzeug geht stets eine gewisse Betriebsgefahr aus, sodass eine Teilursache an einem Unfallschaden gegeben sein kann. In der Rechtsprechung wird die Betriebsgefahr je nach der Schwere des Verstoßes und nach dem Grad der Behinderung bewertet.[414]

Der Tatbestand: Der Kläger fuhr mit seinem Skoda in Richtung Ausfahrt eines Parkplatzes. Die Beklagte zu 1 fuhr mit ihrem VW Touran von der einmündenden Straße kommend auf den Parkplatz ein. Die beiden Fahrzeuge kollidierten auf der Höhe von Ein- und Ausfahrt. Auf dem direkt an die Ein- und Ausfahrt grenzenden Parkplatz stand ein bei der Beklagten zu 3 haftpflichtversicherter Sprinter außerhalb der vorgesehenen Parkplatzmarkierung und verdeckte deshalb die Sicht des Klägers und der Beklagten zu 1.

Das Landgericht hat entschieden, dass die Beklagte zu 1 für den Unfall insgesamt zu 80% (also zu 4/5) hafte, davon zu 1/3 als Gesamtschuldner mit der Beklagten zu 3. Die Betriebsgefahr des Fahrzeuges des Klägers ist von dem Gericht auf die Höhe von 20% eingeschätzt worden.[415] Bei der Abwägung ergibt sich, dass der Sprinter durch das Parken den Unfall des Klägers zurechenbar schuldhaft verursacht hat, weil die Sichtbehinderung des Klägers und der Beklagten zu 1 durch das geparkte Fahrzeug vom Beklagten zu 3 verursacht wurde. Das Gericht hat sich auf die Rechtsprechungen in ähnlichen Fällen[416] bezogen, wonach sich bei falschem Halten oder Parken eine Mithaftungsquote in der Regel von 25% bis hin zu 40% aus der Betriebsgefahr des haltenden Fahrzeugs ergaben. Deshalb hat das Gericht eine Mithaftung von 33% (zwar sind im Urteil 33% genannt, aus Vereinfachungsgründen wird jedoch in der folgenden Rechnung 1/3 statt des Prozentwertes benutzt) für gerechtfertigt gehalten.

---

414 BGH v. 25.10.1994 – VI ZR 107/94; LG Mönchengladbach, 28.04.2009; OLG Frankfurt, 15.03.2018.

415 LG Kassel 08.03.2013 – 5 O 118/12, es ist dargestellt: Alle Beklagten seien als Gesamtschuldner verpflichtet dem Kläger sämtlichen weiteren Schaden aus dem Verkehrsunfallereignis vom 24.11.2011 zu 33 % zu ersetzen, darüber hinaus die Beklagten zu 1) und 2) (Versicherer) als Haftungseinheit zu weiteren 47%.

416 LG Duisburg, Urt. V. 24.03.1994, 5 s 8/94; OLG Karlsruhe, Urt. V.04.12.1991, 1 U 156/91.

In seinem Urteil hat das Gericht auf Grundlage der Kombinationsmethode die Quoten veranschaulicht.[417] Die Verhältnisse von 4/5 und 1/3 haben sich aus einer Einzelabwägung ergeben. Die Beklagte zu 1 schuldet also dem Kläger Ersatz in Höhe von 4/5 (Verhältnis 4:1), während die Beklagte zu 3 dem Kläger Ersatz in Höhe von 1/3 (Verhältnis 2:1) schuldet. Bei der Berechnung der Haftungsquote ist auch die kombinierte Abwägung von Einzelabwägung und Gesamtschau angewendet worden. Der materielle Gesamtschaden des Klägers beträgt hier 25,00 €.[418]

In der Gesamtschau lautet das Verhältnis 2:8:1 (G: S1: S3). Die Gesamtschauquote der Beklagten zu 1 und zu 3 ist 9/11 (20.45€). Nach der Berechnung des Gerichts ist die Einzelschuldquote des Beklagten zu 3 1/55 (0.45€) des Schadens, 80/165 (12.20€) ist die Einzelschuldquote des Beklagten zu 1, die Gesamtschuldquote von beiden beträgt 52/165 (7.80€) des Schadens.[419] Außerdem ist es nach der Berechnung auffällig, dass die Einzelschuldquote des Beklagten zu 3 nicht im endgültigen Ergebnis einkalkuliert ist.

ff) Eigene Beurteilung dieser Entscheidung

Zuerst betrachten wir die Gründe der Quotenbildung von 4/5 (80%) und 1/3 (33%). Das Gericht hat im ersten Absatz seiner Begründung bestätigt, dass die Fahrweise des Beklagten zu 1 die Hauptursache für die Kollision der beiden Fahrzeuge gewesen ist. Zieht man die Haftungsquote des Klägers ab, würden die drei Beklagten für die restlichen 80% des Gesamtschadens haften. Deshalb sollten die 80% als die Gesamtabwägungsquote aller Schädiger behandelt werden. Danach hat das Gericht deutlich ausgedrückt, dass „die Beklagte zu 1) für den Fall insgesamt zu 80% hafte, davon zu 1/3 als Gesamtschuldner mit der Beklagten zu 3)". Aus dem Wortlaut dieses Satzes ergibt sich wörtlich, dass die Beklagten zu 1–3 für ein Drittel multipliziert mit 80 % des Gesamtschadens als Gesamtschuldner haften. Dies könnte so gedeutet werden, dass die Haftungsquoten 20%:47%:33% (Kläger: Beteiligte zu 1–2: Beteiligte zu 3) sind. Die referenzierten ähnlichen Fälle, die für die Begründung der regulierten Quote von 1/3 angeführt wurden, betreffen die Haftungsquote bei mehreren Teilnehmen nicht, sondern ein lediglich zweiseitiges Verhältnis.[420] Anschließend ergeben sich nach

---

417 LG Kassel 08.03.2013 - 5 O 118/12, Leitsatz.

418 LG Kassel 08.03.2013 - 5 O 118/12.

419 A.a.O.

420 Etwa, LG Duisburg, Urt. v. 24.03.1994, 5 S8/94; in LG Mönchengladbach 28.04.2009 - 5 S 159/08, eine Kollision eines rückwärts ausparkenden Fahrzeugs mit einem verkehrswidrig geparkten Fahrzeug. Aber in dem Urteil mit ähnlichem Tatbestand des

der Kombinationsabwägung die Höhe der Gesamtschuld und die Höhe der Einzelschuld für jeweils Beklagte zu 1–2 und Beklagte zu 3 neu. Die birgt die Gefahr von Unklarheiten und Verwirrung.

gg) Zwischenergebnis

Betrachten wir die Quotenbildung in den oben zitierten Urteilen, so wurde in BGH NJW 2006, 169 die Haftungsquote des Klägers in den Vorinstanzen (35%) unter einer Gesamtabwägung festgesetzt. Nachdem der BGH dem nicht folgte, bestimmte er eine separate Einzelabwägung, die auf Grundlage der aus der Gesamtabwägung jeweils angenommenen Haftungsquote der Beklagten (20% und 45%) durchgeführt wurde. So erhielt er die verschiedenen Mitverschuldensanteile des Klägers, sodass der Betrag bei einer Gesamtschau ermittelbar wurde. In dem Urteil vom OLG Celle ist trotz der Berücksichtigung der Kombinationsmethode eine solche Einzelabwägung nicht berührt worden, doch ist der Eigenanteil der Klägerin (30% des Schadens) im ersten Schritt auch gegeben. Im letzten Urteil ist auch die Mithaftungsquote des Klägers (20%) festgelegt worden, wobei nach der Ansicht des BGH zu beachten ist, dass hier die Haftungsquote aller drei Beklagten (80% = 100% – 20%) als die Einzelquote der Beklagten zu 1 und 2 gilt. Die Einzelabwägungsquote des Beklagten zu 3 beträgt 33%. So hat es den Anschein, dass die Gesamtschau, die mit der Einzelabwägung verknüpft ist, mit der Gesamtabwägung der Beteiligten unter der Berücksichtigung aller Umstände leicht zu verwechseln ist. Bemerkenswert ist jedoch, dass der Eigenanteil bzw. der Mitverschuldensanteil des Geschädigten in den drei Urteilen (jeweils 35%, 30% und 20%) feststellbar sind, ohne dass die Einzelabwägungen mit einer aus der Gesamtschau gewonnenen Solidarabwägung verknüpft worden wären.

f) Kritik an der Gesamtschau aus der Einzelabwägung

Die nach wie vor überwiegende Meinung im Schrifttum hält an der Kombinationsmethode in unterschiedlichen Ausprägungen fest.[421] Koch[422],

LG Mainz, 3 S 113/94, 21.02.1995 – ZfS 1995, 168, trifft den Falschparker ein Mitverschulden an der Kollision der beiden anderen Verkehrsteilnehmer.

421 MüKoBGB/*Oetker* (2019), § 254 Rn. 120 ff.; MüKoBGB/*Wagner* (2017), § 840 Rn. 22; Palandt/*Grüneberg* (2015), BGB, § 254 Rn. 69; Knerr, in: *Geigel*, Haftpflichtprozess (2015), Kap.2, Rn. 25; *Dunz*, JZ 1955, 727 ff.; *ders.*, JZ 1959, 592; *ders.*, NJW 1964, 2133 ff.; ders., NJW 1968, 679 ff.; *Eibner*, JZ 1978, 50 ff.; *Hartung*, VersR 1980, 797 ff.; *Steffen*, DAR 1990, 41 ff.; *Sedemund*, ZGS 2003, 337 (346); vgl. auch *Figgener*, NJW Spezial 2006, 543 ff.; *Lemcke*, r + s 2009, 45 (48 ff.); *Kirchhoff*, MDR 2012, 1389 ff.

422 *Koch*, NJW 1967, 181 ff.

Keuk[423], Reinelt[424], Brambring[425] und Lorenz[426] sind sich in der Positionierung gegen diese Kombinationsabwägung auf der Grundlage der Einzelabwägung einig und zweifeln an, ob diese Berechnungsart tatsächlich mit der gesamtschuldnerischen Haftung aus § 840 Abs. 1 BGB vereinbar ist. Diese erscheint genauso als eine wesensfremde Teilschuld. Daraus ergibt sich die Frage, warum der Geschädigte nicht direkt jeden einzelnen Nebentäter selbstständig in Anspruch nimmt. Die Gesamtschau setzt voraus, dass der Geschädigte gegen mehrere Schädiger gleichzeitig vorgeht, bzw. alle Beteiligten die Parteien eines Verfahrens geworden sind.[427] Es kann sich auch nach der Inanspruchnahme eines Schädigers die Frage stellen, was die übrigen Schädiger noch aufzubringen haben.[428] Deshalb kann das Gesamtschauverhältnis nicht unmittelbar ermittelt werden, wenn der Geschädigte nur einen Nebentäter auf Schadensersatz in Anspruch nimmt.

aa) Zweifel an Gerichtsverfahren

Roth[429] hat auch eine Prozessschwierigkeit dargestellt. In einem Beispielfall gibt es die beiden Nebentäter A und B, die nach der Einzelabwägung jeweils gegenüber dem Geschädigten im Verhältnis 1:1 haften. Der Geschädigte nimmt nur A auf dem Prozessweg in Anspruch. Dieser wird im Prozess zur Zahlung von 1/2 seines Schadens verurteilt, weil A dem Geschädigten nicht mehr als die aus der Einzelabwägung gewonnene Quote zu zahlen braucht. Hat B aber nach der Verurteilung des A freiwillig auch 1/2 gezahlt, bevor A dem G seinen Schadensersatz gezahlt hat, so bleibt die Frage offen, wie der G zu den übrig gebliebenen 1/6 kommen soll. A könnte sich dann im Wege der Vollstreckungsgegenklage gemäß § 767 Abs. 1 ZPO auf die Erfüllungswirkung des § 421 BGB berufen, wenn der Geschädigte gegenüber A die Vollstreckung des 1/6 fordern würde.[430] Es wäre demnach möglich, die Gesamtschau im Verfahren nach § 767 I ZPO durchzuführen und diese Klage abzuweisen, soweit sich A gegen die Vollstreckung des 1/6 wendet.[431]

423 *Keuk*, AcP 168 (1968), 175 ff.
424 *Reinelt*, JR 1971, 177 ff.
425 *Brambring*, Mittäter, Nebentäter und Beteiligte, 1973, S. 172 ff.
426 *Lorenz*, Haftungs- und Zurechnungseinheiten, 1979, S. 32 ff.
427 OLG Hamm, Urteil vom 20.03.2000 - 6 U 216/99.
428 BGH NJW 2006, 896.
429 *Roth*, Haftungseinheiten, 1982, S. 21.
430 *Roth*, a.a.O.
431 *Roth*, a.a.O.

Da auf dem Klageweg hier aber lediglich einer von mehreren möglichen Verursachern in Anspruch genommen wurde, ist im Rahmen einer Einzelabwägung allein das Verhältnis der Parteien untereinander maßgeblich. Anders wäre dies nur dann gewesen, wenn der Kläger (also der Geschädigte) bereits irgendwelche Zahlungen von dem anderen, nicht am Verfahren beteiligten Unfallverursacher („Nebentäter") erhalten hätte, die er sich dann möglicherweise zugunsten der anderen Verursacher ganz oder teilweise anrechnen lassen müsste.[432] Vor diesem Hintergrund kommt bei der Prüfung durch die Gesamtschau in Betracht, inwieweit diese Zahlung zugunsten des Beklagten wirkt, also schuldbefreiend ist. Bei dieser Prüfung müssten die Gesamtschuldquote und Einzelschuldquote folgen. Nimmt der Geschädigte die anderen Unfallbeteiligten gesamtschuldnerisch in Anspruch, dann kommt kein Teilurteil in Bezug auf nur einen Unfallbeteiligten in Betracht. Vielmehr muss im Rahmen einer Gesamtschau eine Abwägung aller Tatbeteiligungen durchgeführt werden.

Brambring hat zugegeben, dass die Kombinationsmethode des BGH den Vorteil der Prozessökonomie bietet. Es bleiben im Verfahren gegen einen Nebentäter dem Gericht umfangreiche Ermittlungen aller Ursachen- und Schuldbeiträge erspart, da das Gericht nach der Einzelabwägung schon die Haftungsquote des jeweiligen Nebentäters festlegen kann.[433] Gleichzeitig hat sie auch Zweifel geäußert, ob der Geschädigte in einem einzigen Verfahren gegen einen Nebentäter den ihm zustehenden Schadensersatz in voller Höhe erlangen könnte.[434] Es ist dabei unmöglich, dass die aus der Einzelabwägungsquote gefolgerte Gesamtschauquote niedriger ist als eine Einzelabwägungsquote eines Zwei-Personen-Verhältnisses.

Brambring hat ihre Argumentation weiterhin durch ein drastisches Beispiel gestützt. Der Schaden ist zwischen einem Geschädigten und dem ersten Schädiger im Verhältnis 1:4 aufgeteilt worden. Gegen den zweiten Schädiger ist die Aufteilung im Verhältnis 4:1 erfolgt. Deshalb kann G von A 4/5 des Schadens beanspruchen, aber insgesamt darf er höchstens 17/21 ersetzt verlangen. Dieses Beispiel zeigt, dass der Geschädigte auf jeden Fall auf die Inanspruchnahme von mindestens zwei Schädigern angewiesen ist, wenn er seinen Schaden vollständig

---

432 *Kirchhoff*, MDR 2012, 1389 (1391f.); auch BGH VersR 1991, 196; BGH NJW 1992, 1684 (1686); OLG Hamm DAR 2000, 356. Für den Fall, dass nur einer von mehreren Schädigern in Anspruch genommen wird, und es auf Leistungen anderer an den Geschädigten nicht ankommt. Ausnahme ist, dass anderer Schädiger schon vorher bezahlt hat.

433 *Brambring*, Mittäter, Nebentäter und Beteiligte, 1973, S. 165 f.

434 *Brambring*, a.a.O., S. 166.

ersetzt erhalten möchte. Obwohl er von dem zweiten Schädiger nur noch Ersatz in Höhe von 1/105 eines verbleibenden Restes nach dem Erhalt der ersten Einzelabwägungsquote des Schadens verlangen kann, sind zwei Prozesse notwendig. Es besteht auch die Möglichkeit, dass das Gericht im zweiten Prozess zu dem Ergebnis kommt, dass die für die Anwendung von § 254 BGB maßgeblichen Umstände in einer vom Gericht des ersten Prozesses abweichenden Weise gewürdigt werden müssen.

bb) Unpraktische und fiktive Einzelabwägung

Bei der Kombinationstheorie sollte die Einzelabwägung vorgezogen werden, doch gibt es in der Erläuterung der Entscheidung (BGHZ 30, 203) keinen Hinweis darauf, wie die Abwägung in einem Zwei-Personen-Verhältnis ausschließlich bezüglich der Beiträge von anderen auch am Schadenseintritt beteiligten Täter durchgeführt wird. Der Schadenseintritt ist schließlich durch einen gesamten Kausalverlauf realisiert worden, sodass auch die einzelnen Tatbeiträge normalerweise in einer Gesamtheit ermittelt werden. Es bleibt offen und führt zu großen Schwierigkeiten, wie die Gewichtung der Verursachungsbeiträge in isolierten Zwei-Personen-Verhältnissen in der Praxis aussehen soll. Die Besonderheit von Nebentäterschaft mit kumulativer Kausalität ist, dass jeder Beitrag der Nebentäter eine notwendige Bedingung für den Schaden ist. Dem gegenüber reißt die sogenannte Einzelabwägung aus einer zusammengehörenden Kausalkette offensichtlich einzelne Glieder heraus.[435] Die Abwägung eines einzelnen Schädigers und des Geschädigten unter Ausklammerung der übrigen Beteiligten würde zu der Illusion führen, dass der Schaden von diesen beiden und nicht von mehreren Beteiligten verursacht worden ist.[436] Wären die Ursachenketten durchgetrennt, würde der Schaden auch nicht entstanden sein.[437] Deshalb liegt die Vermutung nahe, dass die Tatsache, dass die Instanzgerichte immer Einzelabwägungsquoten festgestellt haben, hier vielmehr dazu dient, dem Richter durch Anwendung des § 287 ZPO die nötige Freiheit zur individuellen Entscheidung zu lassen.[438] Die Fälle mit mehreren Schädigern würden gewissermaßen in mehrere Fälle aufgespalten, in denen dem Geschädigten jeder einzelne Schädiger separat gegenübersteht.[439]

---

435 *Lange/Schiemann*, Schadensersatz, 2003, § 10 XIII 3, S. 633.
436 *Brambring*, a.a.O., S. 172.
437 *Koch*, NJW 1967, 181 (182).
438 Staudinger/*Schiemann* (2017), BGB, § 254, Rn. 119.
439 *Lorenz*, Haftungs- und Zurechnungseinheiten, 1979, S. 33.

Die Richter hatten bei der Einzelabwägung immer auch das Verhalten der anderen Beteiligten vor Augen, weil die Abwägung ansonsten tatsächlich nicht durchzuführen wäre[440], und weil die Verursachungsbeiträge unter dem Gesichtspunkt der jeweiligen Auswirkung im ganzen Unfallgeschehen gewichtet werden sollen, steht der Beitrag eines jedes anderen Schädigers in einem wesentlichen kausalen Zusammenhang zum Unfallgeschehen, der sich nicht ignorieren lässt.[441] Die Ermittlung der richtigen Haftungsquote erfordert, dass die Umstände vollständig und richtig in Betracht gezogen werden. Es ist deswegen nicht möglich, intuitiv zu ermitteln, zu welchem Anteil der in Anspruch genommene Schädiger diesen Schaden zu ersetzen hat, wenn die weiteren Schädiger außer Betracht bleiben. Auf einer Seite sind die Fälle mit notwendig koinzidenter Kausalität bezüglich der Wahrscheinlichkeit des Eintritts der Schäden durch eine Einzelabwägung unmöglich rational zu beurteilen. Auf der anderen Seite wird für die Fälle mit kumulativ koinzidierenden Kausalität die Verursachungsgrad durch die Einzelabwägung niedriger einzuschätzen sein, da der Gesamtschaden nicht einfach die Summe der Schäden, die jeder Betrag allein nachgewiesenermaßen verursacht hätte, ist.

Die zitierten Entscheidungen des BGH, die zugunsten einer Kombinationstheorie argumentierten, haben meistens die Fehlerquelle der nicht-isolierten Einzelabwägungsquote verdeckt, da das Revisionsgericht lediglich prüft, ob alle in Betracht kommenden Umstände berücksichtigt wurden und ob dabei rechtsirrtümliche Erwägungen vom Richter angestellt wurden. Ob die Einzelabwägung verfälscht ist oder nicht, wurde nicht geprüft.[442] Die Gesamtschau des BGH ist vielmehr ein rechnerisch auf der Grundlage der isolierten Einzelabwägung ermitteltes Verhältnis der Verursachungsanteile.

Dass die Schadensverteilung beim Nebentäterfall unter der Prüfung der Ursachen- und Schuldbeiträge aller Beteiligten sehr kompliziert ist, ist unvermeidlich. Es erscheint jedoch zu viel verlangt, dass der Richter hinsichtlich des komplizierten Sachverhalts noch einen weiteren komplizierten Berechnungsvorgang durchführt.

Obwohl die Kombinationsmethode angewendet wird, ist der einzelne Schädiger nicht nur für die eigene zurechenbare Verursachung verantwortlich. In dem Fall mit zehn Beteiligten trägt jeder der neun Schädigern gegenüber dem Geschädigte nur 1/10 des Anteils am Schaden, haftet aber in Höhe von 50%.

440 *Roth*, Haftungseinheiten, 1982, S. 18.
441 OLG Celle, Urteil vom 19. Dezember 2007 - 14 U 78/07 -, Rn. 21.
442 *Roth*, a.a.O., S. 19, Fn. 33.

Das bedeutet, dass tatsächlich die fremden Tatbeiträge in Höhe von 80% dieser Ersatzquote ihm zugerechnet werden.

g) Haftungseinheit aufgrund tatsächlicher Verknüpfung

Die Kombinationsmethode, deren Ergebnisse durch die Annahme von Zurechnungs- und Haftungseinheiten wieder korrigiert werden, ist auch nicht dogmatisch-methodisch einwandfrei.[443]

Wenn die unabhängigen Kausalitätsbeiträge mehrerer Schädiger zu demselben unfallbedingten Umstand geführt haben, werden die Schädiger in einer Gruppe zusammengefasst und so zur Haftungseinheit, deren Mitglieder als Gruppe so behandelt werden, als wären sie eine Person. Deshalb soll die Gesamtschau auf Basis der Einzelabwägung zwischen einem Mitglied der Haftungseinheit und dem Geschädigten hier unanwendbar sein.[444] Auf die Haftungseinheit entfällt nur ein quotenmäßiger Anteil und die Mitglieder tragen im inneren Ausgleich die gesamtschuldnerische Haftung.[445] In der Rechtsprechung ist die Sonderstellung einer tatsächlich begründeten Haftung bzw. Zurechnungseinheit im Außenverhältnis durch den BGH bestätigt worden.[446]

Aus einem Urteil des Oberlandesgerichts Hamm[447] ergibt es sich, dass eine Haftungseinheit bei gemeinsamem Grillen mit dem Einsatz von Brennspiritus gebildet wird, sodass die vier Beteiligten als Nebentäter dem Geschädigten gegenüber auf Schadensersatz haften.[448] Nach Auffassung des Gerichts ist der gemeinsam festzusetzende Verursachungsbeitrag der Haftungseinheit aller

---

443 *Koch*, NJW 1967, 181 (181 ff.); *Otzen*, VersR 1997, 808 (809); *Brambring*, Mittäter, Nebentäter und Beteiligte, 1973, S. 170; *Larenz/Canaris*, SchuldR II/2, 1994, § 82 III 3a.

444 Staudinger/*Schiemann* (2017), BGB, § 254, Rn. 142; MüKoBGB/*Heinemeyer* (2019), § 426 Rn. 36; BHHJ/*Jahnke* (2018), BGB, § 840 Rn. 55 f.; MüKoBGB/*Wagner* (2017), § 840 Rn. 29; MüKoBGB/*Oetker* (2019), § 254 Rn. 123; BGH NJW 2006, 896; *Steffen*, DAR 1990, 41 (43 f.)

445 jurisPK-BGB/*Rüßmann* (2017), § 426 Rn. 24.

446 BGHZ 54, 283 = NJW 1971, 33; BGH NJW 1978, 2392 = BGH JZ 1978, 522; vgl. auch BGH NJW 1980, 2348 = VersR 1980, 770; BGHZ 61, 213 = NJW 1973, 2022 = VersR 1984, 34.

447 NJW-RR 2009, 1034 = MDR 2009, 1171.

448 Eine Gruppe von Jugendlichen hatte sich zum Grillen verabredet. Schon bei den Absprachen im Vorfeld entschlossen sie sich, zwecks Beschleunigung des Feuers eine Flasche flüssigen Brennspiritus zu besorgen. Am Ort des Geschehens nahm ein Jugendlicher die Flasche und schüttete Spiritus in das Feuer, was zu einer großen Stichflamme führte. Daraufhin ließ der Akteur die Flasche fallen, einige Tropfen des

Nebentäter, die an der Schaffung der Gefahrenquelle beteiligt waren, einschließlich des Beklagten im Verhältnis zum Geschädigten mit 1/2 festzusetzen. Das Gericht hat begründet[449], dass nach ständiger höchstrichterlicher Rechtsprechung[450] im Rahmen der Abwägung der Verursachungsanteile unter mehreren Unfallbeteiligten diejenigen für die Feststellung der auf sie entfallenden Quote eine Einheit bilden, deren Verhalten sich im Wesentlichen in ein- und demselben zum Unfall führenden Ursachenbeitrag ausgewirkt hat. Dies ist dann der Fall, wenn die Verhaltensweisen mehrerer Schädiger zu einem einheitlichen unfallursächlichen Umstand geführt haben.

Bei der Berechnung des Mitverschuldensanteils des Geschädigten ist dieser nach Ansicht des Senats mit 1/2 zu bewerten. Innerhalb der Haftungseinheit belastet die vier Nebentäter jeweils ein gleich hoher Verantwortungsanteil am Schaden.[451] Problematisch ist, dass der Geschädigte in Bezug auf den Grad der Beteiligung an dem Schadensgeschehen wie die anderen Nebentäter behandelt werden soll. Aufgrund der Bildung der Haftungseinheit würde der Eigenanteil des Geschädigten sich alleine deswegen vermehren, weil der Geschädigte die Gesamtschauquote mit 4/5 (1:1:1:1:1)[452] des Schadens von den Nebentätern insgesamt verlangen dürfte. Dabei würde jeder für maximal 1/2 des Schadens haften, wenn diese Nebentäter nicht miteinander verbunden wären.

Die Rechtsfigur der Haftungseinheit bezweckt, dass identische Verursachungsfaktoren zum Nachteil der Schädiger nicht doppelt angesetzt werden,[453] sodass der Eigenanteil des mitverantwortlichen Geschädigten sich allein mit der Zahl der Beteiligten verringern müsse.[454] Unter dieser Voraussetzung geht es nicht erst um den Innenausgleich zwischen den einzelnen Nebentätern, sondern primär um das Außenverhältnis, nämlich um den Ersatzanspruch des Geschädigten gegenüber dem Schädiger. Die vier Beteiligten bildeten so eine

---

brennenden Spiritus trafen einen der Umstehenden und setzten dessen Kleidung in Brand, wodurch diese schweren Brandverletzungen erlitt.

449 NJW-RR 2009, 1034 = MDR 2009, 1171.

450 vgl. BGH v. 25.4.1989 – VI ZR 146/88, VersR 1989, 730; v. 13.12.1994 – VI ZR 283/93, MDR 1995, 365 = VersR 1995, 427; v. 16.4.1996 – VI ZR 79/95, MDR 1996, 1013 = VersR 1996, 856.

451 NJW-RR 2009, 1034 = MDR 2009, 1171.

452 Denn der Urteil wies darauf hin， dass der Tatbeitrag zur Herbeiführung der Gefahrenlage ebenso groß wie der des Beklagten sei, des S und des F und – insoweit wird auf die vorstehenden Ausführungen verwiesen – auch im Wesentlichen wie der des I.

453 BGH NJW 1995, 1150 (1151).

454 *Selb*, JZ 1975, 193 (194); *Looschelders*, Mitverantwortlichkeit, 1999, § 29, S. 547.

Haftungseinheit mit der Folge, dass dem Verhalten des Geschädigten der Unfallbeitrag der mehreren Schädiger gegenüberstand. Diese Quote (1/2) ist identisch mit dem Tatbeitrag des Beklagten als des am höchsten haftenden Schädigers, dessen Umfang mit der Rechnung einer Einzelabwägung ermittelt wurde.[455] Die komplizierte Bildung der Haftungseinheit aus tatsächliche Verbindung wirkt wie eine überflüssige Einrichtung, da man allenfalls hätte sagen können, dass das, was der Geschädigte bestenfalls zu bekommen hätte, durch die reinen Einzelabwägungen ohne Korrektur durch eine Gesamtschau die höchste Einzelquote eines Schädigers gegenüber dem Geschädigten ist.[456]

Es ist unstreitig, dass wenn das jeweilige Gewicht der reinen Verursachungsbeiträge bei der Haftungsabwägung berücksichtigt wird, die Vermeidung der Doppelberücksichtigung nicht erforderlich ist, weil ein Umstand, obwohl er von mehreren Personen herbeigeführt worden ist, nicht zur doppelten Gewichtung führt.[457] Der Zweck würde vielmehr einer gegenseitigen Zurechnung der Tatbeiträge ohne gesetzliche Grundlage nahekommen.[458] Wenn die Verantwortungsabwägung nach der Kombinationsmethode stattfindet, gibt es einige Fallgruppen, in denen einige Beteiligte die Mitglieder einer Haftungseinheit sind, deren Quote im Verhältnis vom Geschädigten und zu den zu dieser Einheit verbundenen Personen durch die Einzelabwägung zu bestimmen ist. Die Einzelabwägung findet außerdem mit den außerhalb der Haftungseinheit stehenden Schädigern statt.[459] Der in der Haftungseinheit stehende Schädiger hätte eine schlechtere Position als eine Einzelabwägung zwischen ihm und dem Geschädigten, da er den Verantwortungsbeitrag eines Nebentäters aus der Haftungseinheit nach außen hin mitverantworten muss, während er ohne die Bildung der Haftungseinheit auf die sich für ihn ergebende Einzelquote aus der Einzelabwägung beschränkt bleibt.[460]

Es soll so auch verhindert werden, dass der Geschädigte bei einer Haftungseinheit von mehreren Schädigern letztlich einen größeren Teil des Schadens zu tragen hat, als es seinem Verursachungsbeitrag entspricht. Eine solche Lehre von den Haftungseinheiten in Form einer tatsächlichen faktischen Verschmelzung der Tatbeiträge mehrerer Schädiger birgt die Gefahr, dass einige Abwägungsfaktoren auf der Seite der Schädiger unberücksichtigt bleiben, was zu einer normativ

---

455 *Schmidt*, Nebentäterhaftung und § 254 BGB, 1992, S. 166.

456 *Roth*, Haftungseinheiten, 1982, S. 128; *Selb* JZ 1975, 193 (196).

457 *Lange/Schiemann*, Schadensersatz, 2003, § 10 XIII 4, S. 639.

458 Staudinger/*Vieweg* (2015), BGB, § 840 Rn. 46; *Hartung*, VersR 1979, 97 (97 ff.); *Lange/Schiemann*, Schadensersatz, 2003, § 10 XIII 4, S. 639.

459 BGH NJW 2006, 896.

460 *Lange/Schiemann*, Schadensersatz, 2003, §10XIII 4, S. 637.

ungerechten Verschiebung der Verantwortlichkeiten zulasten des Geschädigten führt.[461]

Unabhängig davon ist schwer festzustellen, ob sich eine Haftungseinheit auf der Seite der Schädiger begründen lässt, insbesondere aus tatsächlichen Gründen,[462] und ob es notwendig ist, eine Haftungs- oder Zurechnungseinheit im Fall zu bilden, beziehungsweise ob und inwieweit die Handlungen der Mitglieder einer Haftungseinheit vor dem Eintritt einer Verletzung zu einem schadensverursachenden Faktor verschmolzen sind. Die tatsächlichen Haftungseinheiten sind zu unterscheiden von Haftungseinheiten aus rechtlichen Gründen, deren Voraussetzungen klar konturiert sind.[463] Es ist auch nicht zum Zeitpunkt der Klageerhebung sicher zu sagen, ob die Tatbeiträge der Beteiligte tatsächlich eng miteinander verknüpft sind. Es befinden sich jedoch die Tatbeiträge im Nebentäterfall mit kumulativer Kausalität innerhalb einer Kausalkette. Außerdem ist es kaum feststellbar, ob ein Verantwortungsbeitrag für das Gesamtgeschehen größeres oder geringeres Verursachungsgewicht hat, da dieses davon abhängt, ob der jeweilige Beitrag vor oder nach dem Verantwortungsbeitrag des Geschädigten mit dem eines anderen Nebentäters zusammengeflossen ist.[464] Wenn die Nebentäter zu einer Haftungseinheit zusammengefasst werden und ein Mitverschulden den Geschädigten trifft, sind zur Bestimmung der auf die Haftungseinheit entfallenden Quote die Verantwortungsbeiträge der einzelnen Mitglieder nicht einfach zu addieren.[465] Dies führt trotzdem noch zu einem Abwägungsprozess. Zusammenfassend liegt hier das gleiche Ergebnis vor, wie bei den drei Urteilen, nämlich dass es logisch und unproblematisch ist, zunächst in einer Gesamtabwägung den absoluten Anteil zu bestimmen, den der Geschädigte selbst zu tragen hat.

In systematischer Hinsicht ist zwar zu beachten, dass es sich hierbei nicht um eine Ausnahme von der Gesamtschau handelt.[466] Aber es würde anscheinend

---

461 *Looschelders*, Mitverantwortlichkeit, 1999, § 32, S. 628.

462 Vgl. *Roth*, Haftungseinheiten, 1982, S. 47f.; *Lorenz*, Haftungs- und Zurechnungseinheiten, 1979, S. 17.

463 *Looschelders*, Mitverantwortlichkeit, 1999, § 32, S. 628. Die häufigste Haftungseinheit aus rechtlichen Gründen, z.B. besteht aus Halter und Fahrer. Damit möchte man vermeiden, dass das Verschulden des Fahrers doppelt dem Geschädigten zugutekommt, da es bei der Einzelabwägung nicht nur dem Fahrer, sondern auch dem Halter angerechnet würde, und zwar im Rahmen der erhöhten Betriebsgefahr.

464 *Lange/Schiemann*, Schadensersatz, 2003, § 10 XIII 4, S. 639.

465 Staudinger/*Looschelders* (2017), BGB, § 426 Rn. 106.

466 Staudinger/*Vieweg* (2015), BGB, § 840 Rn. 46.

manche so geartete Situation geben, in der die erweiterte Anerkennung der Haftungseinheit die Irrationalität der Einzelabwägung und Gesamtschau offenlegt, weil die fiktive und künstliche Abwägung eines Verhältnisses mit nur zwei Personen nicht durchführbar ist. Es könnte sogar möglich sein, dass, wenn sich die Verursachungsbeiträge der anderen Beteiligten außerhalb der Einzelabwägung nur schwer beurteilen lassen, diese Handlungen als ein vereinter Ursachenbeitrag dem Geschädigten gegenüber zu berücksichtigen sind.

3. Gesamtabwägung

Die Kombinationsmethode des BGH, die zudem erhebliche praktische Nachteile hat, ist aus den zuvor dargelegten Gründen abzulehnen.[467] Einige Juristen betrachten das Unfallgeschehen in seiner Gesamtheit und bevorzugen deshalb eine reine Gesamtabwägungsmethode, ohne dass eine Korrektur durch die Einzelabwägung erfolgt.[468]

a) Unterschiede zwischen Gesamtabwägung und Gesamtschau

Bei der Gesamtabwägung ist eine abwägende Gesamtbetrachtung aller relevanten Umstände maßgeblich. Die sogenannte Gesamtabwägung ist zu unterscheiden von der Gesamtschau aus der Kombinationsmethode. Beide dürfen nicht

---

467 ebenso z.B. *Lorenz*, Haftungs- und Zurechnungseinheiten, 1979, S. 28 ff.; *Roth*, Haftungseinheiten, 1982, S. 43 ff., S. 136; *Keuk*, AcP 168 (1968), 175 (175 ff.); *Schmidt*, Nebentäterhaftung und § 254 BGB, 1992, S. 53 ff; dem BGH folgend aber u.a MüKoBGB/*Oetker*, § 840 Rn. 120; Soergel/*Kuntz* (2014), BGB, § 254 Rn 167; Palandt/*Grüneberg* (2015), BGB, § 254 Rn. 69; Erman BGB/*Ebert* (2017), § 254 Rn. 103; *Larenz/Canaris*, SchuldR II 2, § 82 III 3 a, weitgehend auch Staudinger/*Vieweg* (2015), BGB, § 840 Rn. 44 ff.; Staudinger/*Schiemann* (2017), BGB, § 254 Rn. 145; NK-BGB/*Katzenmeier* (2016), § 840 Rn. 29; *Lange/Schiemann*, Schadensersatz, 2003, § 10 XIII 3c, S. 634 f.; *Lorenz*, Haftungs- und Zurechnungseinheiten, 1979, 26 ff.; Staudinger/*Looschelders* (2017), BGB, § 426 Rn. 119; *Looschelders*, Mitverantwortlichkeit, 1999, S. 626 ff.; *Medicus/Lorenz*, SchuldR AT, 2015, Rn. 761.

468 *Brambring*, Mittäter, Nebentäter und Beteiligte, 1973, S. 174; *Reinelt*, Schadensverantwortlichkeit, 1969, S. 43; *Keuk*, AcP168 (1968), 175 (200); *Koch*, NJW 67, 181 (181 ff.); vgl. Staudinger/*Schiemann* (2017), BGB, § 254 Rn. 145; NK-BGB/ *Katzenmeier* (2016), § 840 Rn. 29; *Lange/Schiemann*, Schadensersatz, 2003, § 10 XIII 3c; *Lorenz*, Haftungs- und Zurechnungseinheiten, 1979, S. 26 ff.; *Roth*, Haftungseinheiten, 1982, S. 43 ff.; *Looschelders*, Mitverantwortlichkeit, 1999, § 32, S. 626 ff.; *Keuk*, AcP 168 (1968), 175 (200); tendenziell auch *Medicus/Lorenz*, SchuldR AT, 2015, Rn. 761.

gleichgesetzt werden.[469] Gesamtabwägung bedeutet, dass die Beiträge aller Beteiligten untereinander in Beziehung zu setzen sind, damit es sich ergibt, welchen Anteil der Geschädigte im Verhältnis zu allen Schädigern selbst zu tragen hat. Die Gesamtschau beruht dabei lediglich auf einer mathematischen Gleichung, womit eine aus der Gesamtschau gewonnene „Gesamtabwägung" erreicht wird.[470] In der Gesamtschau aus der Kombinationsmethode ist eine Einzelabwägung enthalten.

Es ist nicht erforderlich, dass die Schädiger wie Mittäter dem Geschädigten gegenüber unbedingt eine Haftungseinheit bilden. Die Tatbeiträge könnten zuerst als eine Gesamtheit zusammengefasst sein, um dann die dem mitschuldigen Tatbeitrag des Geschädigten entsprechende Quote separat abzuziehen. Nach Durchführung dieser Abwägung ergibt sich die Höhe der Mitverschuldensquote des Geschädigten und damit der Bereich, indem dem Geschädigten ein Ersatz seines Schadens versagt bleibt. Weiterhin bleiben die Nebentäter hinsichtlich des restlichen Betrags gesamtschuldnerisch zum vollen Ausgleich verpflichtet.[471]

Es können sich aber auch für sie verschiedene Abwägungen in einer Ganzheit ergeben. Das heißt, dass die idealen Haftungsanteile voraussetzen, die Beiträge aller Beteiligten untereinander in Beziehung zu setzen. Dies richtet sich nach den allgemeinen Regeln eines Gesamtschuldnerausgleichs. Dies wurde deutlich im oben behandelten Urteil von dem BGH,[472] in dessen die Mitverschuldensquote für den ganzen Unfallverlauf in Höhe von 35% festgestellt worden war, und die anderen beiden Ersatzpflichtigen für 20% bzw. 45% des Schadens haften mussten. Ein anderes Beispiel bildet das OLG-Urteil,[473] bei dem der Mitverantwortungsanteil des Geschädigten festgesetzt worden war und das Innenverhältnis zwischen den Nebentätern im Ausgleich berücksichtigt wird. Die Abwägung zwischen dem einzelnen Schädiger und dem Geschädigten ist hier nicht durchgeführt worden, sondern beruht auf einer Gesamtbetrachtung des Schadensgeschehens und bezeichnet eine tatsächliche Betrachtung aller Tatbeiträge. Daher sollten auch nur Quoten gebildet werden, die nicht zu große Bruchzahlen

---

469 In MüKoBGB/*Wagner* (2017), § 840 Rn. 25, die Gesamtabwägung wird da als Gesamtbetrachtung genannt, und die Gesamtschau aus der Kombinationsmethode als Gesamtabwägung.

470 *Hartung*, VersR 1980, 797 (800 ff.).

471 *Brambring*, Mittäter, Nebentäter und Beteiligte, 1973, S. 175; *Lorenz*, Haftungs- und Zurechnungseinheiten, 1979, S. 37; *Schmidt*, Nebentäterhaftung und § 254 BGB, 1992, S. 68.

472 BGH NJW 2006, 896.

473 OLG Cell, 19.12.2007 – 14 U 97/07.

enthalten (z.B. bis 1/6 oder 1/7) oder mit auf Zehner lautenden Prozentzahlen (z.B. ab 20%).[474]

Es gibt auch Zweifel, ob die Nebentäter bei der Ermittlung der Gesamtabwägungsquote als eine Haftungseinheit oder vielmehr als eine Schadenstragungsgemeinschaft[475] gelten. Brambaring hat deutlich diese Zusammenaddierung der Tatbeiträge auf Schädigerseite abgelehnt, und festgestellt, dass die Frage bei der Gesamtabwägung Priorität genießt, bis zu welchem Anteil der Geschädigte keinen Ersatz seines Schadens verlangen kann.[476] Die Höhe der gesamtschuldnerischen Haftung mehrerer Schadensbeteiligter resultiert nicht daraus, dass mehrere Einzelbeitragsergebnisse „zusammengerechnet" werden. Vielmehr muss die Schadensquote nach den Berücksichtigungselementen für jede Seite bestimmt werden. Wie im Nebentäterfall ohne Mitverschulden des Geschädigten haften alle Nebentäter auf den ganzen Schaden gesamtschuldnerisch, sodass sich die Haftungstragung auch nicht auf eine Addition mehrerer Einzelposten bezieht.

b) *Nicht die Einzelabwägung, sondern die Gesamtabwägung als Basis zur Schadensverteilung*

Durch die Darstellung im letzten Absatz über die Schwäche der Kombinationsmethode lässt sich verdeutlichen, dass diese Berechnungsmethode bei den Fallkonstellationen nicht zu befriedigenden Ergebnissen geführt hat oder zu kompliziert ist, um eine sichere Rechtsanwendung mit dem Modell zu gewährleisten.[477]

Die Befürworter[478] der Gesamtabwägung behaupten, dass die Schadensverteilung in den Nebentäterfällen bei Mitverschulden des Geschädigten nur durch die Gesamtabwägung gesetzesnah vorgenommen werden kann. Die Nebentäter haften auf den Teil des Schadens, der nach Abzug der Mitverschuldensquoten des Schadens bleibt, gesamtschuldnerisch. Der Grund liegt darin, dass, wenn den Nebentäter als eine Form der Mehrtäterschaft die Solidarhaftung nach § 840 BGB auferlegt ist, sie im Außerverhältnis nicht sehr viel anders als Mittäter oder

---

474 Staudiger/*Schiemann* (2017), BGB, § 840 Rn. 119.

475 *Brambring*, Mittäter, Nebentäter und Beteiligte, 1973, S. 173.

476 *Brambring*, a.a.O., S. 174.

477 *Lange/Schiemann*, Schadensersatz, 2003, § 10 XIII 4, S. 635.

478 Vgl. *Koch*, NJW 1967, 181 (182); *Keuk*, AcP 168 (1968), 175 (206); *Lorenz*, Haftungs- und Zurechnungseinheiten, 1979, S. 33; auch *Lange/Schiemann*, Schadensersatz, 2003, § 10 XIII 3c, S. 635 f.; *Schmidt*, Nebentäterhaftung und § 254 BGB, 1992, S. 68 ff.

Beteiligte behandelt werden sollen. Zweitens bietet die Statuierung einer solidarischen Haftung für die Nebentäter dem Geschädigten einen Interessenschutz, doch hat die Kombinationsmethode aus BGHZ 30, 203 im Ergebnis das Prinzip der solidarischen Haftung ins Gegenteil verkehrt. Der BGH müsste demnach, um der Eigenart des Gesamtschuldverhältnisses bei der Abwägung nach §254 BGB gerecht zu werden, in beiden Fällen (Mit- und Nebentäterschaft) zum gleichen Ergebnis kommen. Außerdem wird eine Quasi-Quotenhaftung vermieden, sodass eine zweifelhafte mathematische Formel im Ergebnis durch eine schematische und unpraktische Rechenoperation ersetzt wird. Nach § 254 BGB müssten auch alle relevanten Umständen einbezogen und abgewogen werden, die zum Schadenseintritt geführt haben. Diese Einbeziehung kann nur durch die Gesamtabwägung verwirklicht werden, indem von vornherein die Tatbeiträge aller Beteiligten im Abwägungsprozess gemeinsam gewichtet werden. Der Tatbeitrag des Geschädigten ist den Beiträgen der Schädiger gegenüberzustellen, sodass, nachdem ein dem Mitverschulden des Geschädigten entsprechender quotierter Anteil von dem Gesamtschaden abgezogen wurde, ein Ersatzanspruch übrigbleibt.[479] Ohne Einzelabwägung führt die Gesamtabwägung auch nicht zu der Folge, dass der einzelne Nebentäter durch den Ausgleich dem Geschädigten gegenüber für eine höhere Schadensquote einzustehen hat, als die durch die Einzelabwägung festgestellte.[480]

c) Gleichwertigkeit der Gesamtschuld in den Nebentäter- und Mittäterfällen

Wird der Beitrag eines weiteren Schädigers einem Schädiger in den Mittäterfällen gemäß § 830 Abs. 1 S. 1 BGB zugerechnet, sind die Schädiger als Einheit dem Mithaftungsanteil des Geschädigten gegenüberzustellen. Der einzelne Nebentäter haftet nach § 840 Abs. 1 BGB auf den ganzen Schaden, selbst wenn sein Verschuldensanteil im Vergleich zu anderen Beteiligten der geringste ist. Bei den Nebentätern statuiert § 840 Abs. 1 BGB eine kollektive Haftung für eine Zufallsgemeinschaft, die aber durch die angeordnete Solidarität die individuelle Verantwortlichkeit eigentlich nicht ausschaltet. Die Kombinationsmethode aus BGHZ 30, 203 geht davon aus, dass die Voraussetzung des § 830 Abs. 1 S. 1 BGB nicht vorliegt. Es ließe sich dann nicht rechtfertigen, dass ein Nebentäter für den

---

479 Ähnlich *Brambring*, Mittäter, Nebentäter und Beteiligte, 1973 S. 175; *Lorenz*, Haftungs- und Zurechnungseinheiten, 1979, S. 37.

480 *Looschelders*, Mitverantwortlichkeit, 1999, § 32 4 d), S. 635.

Unfallbeitrag des anderen Beteiligten mitverantwortlich wäre.[481] Dieser Ansicht kann nicht zugestimmt werden, weil sich die Einstandspflicht der Nebentäter für den ganzen Schaden bereits aus den allgemeinen Kausalitäts- und Zurechnungsgrundsätzen aufgrund der Conditio-sine-qua-non-Theorie ergibt, sodass keinesfalls der § 830 Abs. 1 S. 1 BGB die Rechtsgrundlage ist. Hieran kann das Mitverschulden des Geschädigten nichts ändern.[482]

Von welchem Standpunkt aus die Gesamtschuld den einzelnen Schädigern auferlegt worden ist, ist unerheblich. Die Grundsätze der Gesamtschuldverhältnisse aus § 830 Abs. 1 BGB und § 840 Abs. 1 BGB sind gleich. Wenn ein Gesamtschuldverhältnis nicht auf der Grundlage des § 830 Abs. 1 S. 1 BGB vorliegt, bedeutet dies nicht, dass eine Besserstellung von Nebentätern gerechtfertigt wäre.[483]

Die im § 830 Abs. 1 S. 2 BGB geregelte Art des Beteiligten mit alternativer Kausalität ist tatsächlich auch einer dieser Fälle der Nebentäterschaft. Nach der oben gegebenen Erläuterung stehen die in § 830 Abs. 1 S. 2 BGB geregelten Fälle ihrer Struktur nach den in dieser Arbeit behandelten Fallgruppen bei Mitverschulden des Geschädigten in vielen Aspekten besonders nahe.[484]

Bei Mitverschulden des Geschädigten gibt es eine strukturelle Ähnlichkeit im Nebentäterfall zu den Fällen des Beteiligten nach § 830 Abs. 1 S. 2 BGB, worin die Einstandspflicht der Beteiligten um die Mitverschuldensquote gekürzt werden muss, aber kein Einfluss gemäß § 254 BGB auf die Verteilung des Insolvenzrisikos vorliegt.[485]Trifft einen der nach § 830 Abs. 1 S. 2 BGB alternativ haftenden Beteiligten ein Mitverschulden, so kann auch ein Beteiligter dessen Verursachungsbeitrag nicht positiv festgestellt worden ist, nur zu der geringsten (hypothetischen) Haftungsquote verurteilt werden, obwohl sich der Geschädigte gegenüber dem Alternativtäter verschiedene Haftungsquoten ergeben können.[486] Anders als bei der Nebentäterschaft mit kumulativer Kausalität, obwohl bei jeder der unter den als „Beteiligten" zusammengefassten Personen ein anspruchsbegründendes Verhalten vorliegt, hat hier nur einer davon den Schaden verursacht.

---

481 Staudinger/*Looschelders* (2017), BGB, § 426 Rn. 120. Vgl. BGHZ 30, 203 (206); MüKoBGB/*Wagner* (2017), § 840 Rn. 26; Soergel/*Krause* (2005), BGB, § 840 Rn. 22; *Steffen*, DAR 1990, 41 (42 m Fn. 6).

482 *Lange/Schiemann*, Schadensersatz, 2003, §10 XIII 3c. S. 635 f.; Staudinger/*Looschelders* (2017), BGB, § 426, Rn. 123.

483 *Looschelders*, Mitverantwortlichkeit, 1999, § 32, S. 634 f.

484 *Roth*, Haftungseinheiten, 1982, S. 37.

485 MüKoBGB/*Wagner* (2017), § 830 Rn. 62

486 BGHZ 72, 355 (363) = NJW 1979, 544 (545); BGH NJW 1982, 2307.

Deshalb ist der Mitverschuldensanteil anzusetzen, der sich im Verhältnis zu jedem der Beteiligten ergibt.

d) Gerechtigkeit der Gesamtabwägung

Der Abzug der Mitverschuldensquote des Geschädigten ist eine dem Gesamtschuldnerausgleich ähnliche Situation, doch ist er kein „Schädiger" mit einem echten Verschulden. Der Gesamtschuldner nach § 840 BGB müsste zunächst für den ganzen Schaden aufkommen, danach ist es im Wege des Innenausgleichs erreichbar, dass letztlich jeder nur in dem Maße seines Verantwortungsanteils die Haftung trägt. Auch bei einem Schädigungsbeitrag des Geschädigten kann vorbehaltlich etwaiger Ausgleichsansprüche aus § 426 Abs. 1 S. 2 BGB analog die angemessene Schadensquote bestimmt werden.[487] Lorenz stimmt der Doppelstellung des Geschädigten zu: zunächst ist dieser wegen des erlittenen Schadens Gläubiger der gesamten Schadensersatzforderung. Sein tatsächliches Mitverschulden an der Schadensentstehung lässt ihn in die Stellung eines Mitschädigers hinübertreten, der wie jeder andere Schädiger in Höhe der Gesamtschadensquote eine Ausgleichspflicht tragen soll. Deshalb muss der Geschädigte beim Verlangen des vollen Schadensersatzes seinen Ausgleich nach Maß seines Mitverschuldens leisten.[488] Der Mitverschuldensanteil wird nicht schon bei der Erhebung des Schadensersatzanspruchs im Wege der Anspruchskürzung berücksichtigt, da die Seite des Schädigers die Beweislast trägt.[489] Außerdem können kleine Mitwirkungsanteile des Geschädigten auch außer Betracht bleiben. Bereits daran lässt sich erkennen, dass der Gedanke, es dem Geschädigten zugunsten ist, bei der Anspruchskürzung in Betracht kommt.

Die Quotenbildung mit der Gesamtabwägung erfolgt ausschließlich durch eine einmalige gesamte Beurteilung des geschehenen Sachverhalts. Es wird so eine mathematische Berechnungsmethode gänzlich vermieden. Sie basiert außerdem auf dem anerkannten Grundsatz der gesamtschuldnerischen Haftung aller Nebentäter. Keine Schwierigkeit bereiten die Mittäter- und Alternativtäterfälle, bei denen der Mitverursachungsbeitrag des Geschädigten demjenigen der Schädiger als Ganzes gegenübersteht. In normativer Hinsicht ist auch zu beachten, dass der Geschädigte in Mehrtäterfällen wesentlich schutzbedürftiger

---

487 Vgl. *Lorenz*, Haftungs- und Zurechnungseinheiten, 1979, S. 34 ff.; *Looschelders*, Mitverantwortlichkeit, 1999, § 32 4 d) S. 636; Staudiger/*Schiemann* (2017), BGB, § 254 Rn. 145.

488 *Lorenz*, Haftungs- und Zurechnungseinheiten, 1979, S. 36 f.

489 BGH vom 20.02.2013 – VIII ZR 339/11.

als gegenüber einem einzelnen Schädiger ist. Deshalb ist es gerechtfertigt, dass ein Nebentäter als Gesamtschuldner im Außerverhältnis, auf eine höhere Quote haftet als ein fiktiver Alleinschädiger und Einzelschuldner.[490] Die Gegner der Kombinationsmethode nehmen an, dass diese Abwägungstheorie nicht allein zu einer angemessenen Beteiligung des mitschuldigen Geschädigten führen würde, sondern eine darüberhinausgehende Sanktion darstellt, wenn man den Geschädigten wegen einer eigenen Beteiligung gleich mit dem „Verlust" des Gesamtschuldprivilegs „strafen" würde.[491]Die Begründung hat auf den entscheidenden prozesswirtschaftlichen Vorzug hingewiesen, dass der Kläger von dem Gesamtschuldner die Leistung in einem einzigen Verfahren insgesamt fordern kann, wenn er nur gegen einen der Nebentäter auf den ihm zustehenden Schadensersatz klagt.

e) *Die Verteilung des Insolvenzrisikos bei Gesamtabwägung*

Nach der Auffassung der Gesamtabwägung beteiligt sich der Geschädigte nicht an der Teilung des Insolvenzrisikos. Es ist eine Folge der gesamtschuldnerischen Haftung, dass das Ausgleichsrisiko erst im Innenvergleichen berührt wird, und gemäß § 426 Abs. 1 S. 2 BGB zulasten der Schädiger geht.[492] Außerdem spricht aus der Entwicklungsgeschichte des § 254 BGB nichts dafür, dass diese Vorschrift noch die Verteilung von Insolvenzrisiken regelt. Die Motivation der Vorschrift ist es, klarzustellen, dass bei Mitverschulden des Geschädigten an die Stelle des Alles-oder-Nichts-Prinzips das richterliche Ermessen treten sollte.[493]

Andererseits ist auch zu bedenken, dass die Nebentäter das gesamte Insolvenzrisiko füreinander tragen, und sie mit einem höheren Schadensteil belastet würden, obwohl der Geschädigte wegen seiner Doppelstellung ebenfalls im Gesamtschuldnerverband wäre. Ein Grundsatz der Kombinationsabwägung ist die Unbilligkeit, dass die gesamtschuldnerische Haftung jeden Beklagten das Insolvenzrisiko für die übrigen Nebentäter tragen lässt, dagegen den in gleicher Weise oder gar überwiegend mitschuldigen Geschädigte von diesem Risiko völlig freistellt.[494] In den in der Literatur verbreiteten Interpretationen wird die Frage

---

490 *Looschelders*, Mitverantwortlichkeit, 1999, § 32, S. 636.

491 Staudiger/*Schiemann* (2017), BGB, § 254 Rn. 145; *Lange/Schiemann*, Schadensersatz, 2003, S. 631 ff.; *Schmidt*, Nebentäterhaftung und § 254 BGB, 1992, S. 53 ff.

492 *Brambring*, Mittäter, Nebentäter und Beteiligte, 1973, S. 173.

493 Mugdan II, S. 13; *Schmidt*, Nebentäterhaftung und § 254 BGB, 1992, S. 73.

494 BGHZ 30, 203 (207).

für die Beurteilung der Kombinationsmethode herangezogen, wie das Risiko der Insolvenz eines Nebentäters angemessen auf die Beteiligten zu verteilen ist.[495]

Es stellt sich die Frage, ob die Vorschrift des § 254 BGB aufgrund der Berücksichtigung der Billigkeit auch die Verteilung des Insolvenzrisikos beeinflussen sollte, die den Anspruch des Geschädigten um den seiner Schadensverantwortung entsprechenden Beitrag kürzt.

aa) Ablehnung der Beteiligung an der Insolvenzrisikoteilung

Es ist nach der Auffassung Roths[496] unlogisch, dass es dahin gehend eine Billigkeitsentscheidung bedeutet, wenn der mitschuldige Geschädigte am Insolvenzrisiko beteiligt werden muss. Der Sinn dieser Vorschrift ist eindeutig, dass der Ersatzanspruch des mitschuldigen Geschädigte nicht oder nicht in vollem Umfang entstehen sollte. Die Beteiligung am Insolvenzrisiko des Geschädigten erschwert das Verwirklichen der Wertungen, die aus den §§ 426, 840 BGB entspringen, sodass der Anwendungsumfang des § 254 BGB zu verschwimmen droht.[497]

Das Mitverschulden des Geschädigten i.S.d. § 254 BGB bedeutet auch eine Außerachtlassung der eigenen Interessen. Ein mitwirkendes Verschulden ist entweder bei der Entstehung (§ 254 Abs. 1 BGB) oder bei der Entwicklung des Schadens (§ 254 Abs. 2 BGB) gegeben. Der Geschädigte hat möglicherweise auch erst nach dem zufälligen Zusammenwirken aller Tatbeiträge durch Unterlassung den Schaden vergrößert und vor diesem Hintergrund entspricht das Mitverschulden des Geschädigten grundsätzlich nicht völlig dem Verschulden auf die Seite der Schädiger. Deshalb besteht keine Notwendigkeit, dem Geschädigten zusätzlich zu der Verkürzung des Schadensersatzanspruches auch noch das Insolvenzrisiko aufzulasten. Weil die Selbstschädigung kein rechtswidriges Verhalten ist, müsse sich seiner Ansicht nach deshalb der Geschädigte nicht gemäß § 426 Abs. 1 S. 2 BGB am Insolvenzrisiko beteiligen.[498] Die gesamtschuldnerische Haftung der Nebentäter gemäß § 840 BGB gibt dem Nebentäter, der seine Schadensersatzpflicht erfüllt hat, die Möglichkeit, von den nicht in Anspruch genommenen

---

495 Siehe oben C Teil III, 2, d); auch *Lemcke*, r + s 2009, 45 ff.; *Keuk*, AcP 168 (1968), 175 (201); *Roth*, Haftungseinheiten, 1982, S. 14ff.; *Selb*, JZ 1975, 193 ff.; *Steffen*, DAR 1990, 41ff.; *Hartung*, VersR 1980, 797ff.; *Steffen*, DAR 1990, 41ff.; *Kirchhoff*, NZV 2001, 361ff.; ders., MDR 1998, 377 ff.; *Figgener*, NJW-Spezial 06, 543 ff.

496 *Roth*, Haftungseinheiten, 1982, S. 35ff.

497 *Roth*, a.a.O. S. 6.

498 *Brambring*, Mittäter, Nebentäter und Beteiligte, 1973, S. 149.

Schädigern Ausgleich zu verlangen. Das Insolvenzrisiko ist mit dieser Forderung verbunden.[499]

Dass die Gesamtabwägung eine gewisse Begünstigung des Geschädigten bewirkt, kann zwar nicht übersehen werden, doch gleicht diese Begünstigung lediglich den Nachteil aus, dass der Geschädigte durch Erleiden des gesamten Schadens notwendig in „Vorleistung" tritt und damit auch das Insolvenzrisiko sämtlicher Nebentäter trägt.[500]

bb) Zustimmung der Beteiligung an der Insolvenzrisikoteilung

Im Gegenteil dazu stehen die abweichenden Meinungen von Keuk[501] und Lorenz[502] in Bezug auf die Verteilung des Insolvenzrisikos.[503] Sie haben zugestimmt, dass der Ersatzanspruch bei Insolvenz eines Schädigers um den Teil gemindert werden sollte, der dem Anteil des Geschädigten im Verhältnis zu den solventen Schädigern entspricht. Keuk sieht den mitschuldigen Geschädigten als Glied der gesamtschuldnerischen Gemeinschaft. Lorenz berücksichtigt die in den Motiven und Protokollen dokumentierten Bezugspunkte in keiner Weise. Der Geschädigte müsse folgerichtig gemäß § 426 Abs. 1 S. 2 BGB analog an dem Insolvenzrisiko beteiligt werden. Lorenz folgt auch der Argumentation nicht, dass der mitschuldige Geschädigte am Insolvenzrisiko nicht beteiligt werden sollte, nur weil die Selbstschädigung als rechtmäßig gelten soll, und der Kläger und die Beklagte nicht den gleichen rechtlichen Status haben.[504] Die Freiheit zur Verletzung der eigenen Interessen führt nicht zur Befreiung von der Verantwortlichkeit für die von ihm herbeigeführten Folgen seines Verhaltens. Der mitschuldige Geschädigte wird auf keinen Fall wegen des schuldhaften Tatbeitrags i.S.d. § 254 BGB günstiger behandelt als andere Schädiger, auch in Bezug auf eine Beteiligung am Insolvenzrisiko.[505] Deshalb sollte im Entschädigungsprozess zwischen dem Geschädigten und einem Schädiger festgestellt werden, ob andere Schädiger ihren Ausgleichsverpflichtungen nachkommen können. Bei Leistungsunfähigkeit des Schädigers ist der Anteil des Geschädigten an dem Ausfallbetrag schon in diesem Prozess nach einer analogen Anwendung des § 426

---

499 *Reinelt*, Schadensverantwortlichkeit, 1969, S. 41 f.

500 *Looschelders*, Mitverantwortlichkeit, 1999, § 32, S. 636.

501 *Keuk*, AcP 168 (1968), 175 (203f.).

502 *Lorenz*, Haftungs- und Zurechnungseinheiten, 1979, S. 34 ff.

503 Ebenso, von der Kombinationstheorie herkommend MüKoBGB/*Oetker* (2019), § 254 Rn. 121; jurisPK-BGB/ *Rüßmann* (2017), §254 Rn. 31; Larenz/Canaris II 2 § 82 III 3 b.

504 *Lorenz*, Haftungs- und Zurechnungseinheiten, 1979, S. 38.

505 *Lorenz*, a.a.O., S. 38 f.

Abs. 1 S. 2 BGB von der Schadensersatzforderung abzuziehen. Aus dieser Sicht ist es folgerichtig, dass ein etwaiger Ausfallbetrag von dem solventen Schädiger und dem Geschädigten als Ausgleichspflichtigen von den Gesamtschuldnern nach dem Verhältnis der auf sie entfallenden Gesamtabwägungsquoten zu tragen ist.[506] Das bedeutet, dass der in Anspruch genommene Nebentäter die Ausgleichspflicht des Geschädigten bereits im Haftpflichtprozess geltend machen kann, wenn die Insolvenz eines Mitschädigers feststeht, sodass der ausgefallene Mitschädiger bei der Gesamtabwägung außer Betracht bleibt.[507] Die Gründe, die Lorenz anführt, sind erwägenswert. Dies scheint zu bedeuten, dass für alle Gesamtschuldner, die nicht nur in der Nebentäter, sondern auch der Mittäter oder Beteiligte sind, überlegt werden muss, ob der Geschädigte demgemäß auch das Insolvenzrisikosteilung mittragen muss.

f) Beteiligung des Geschädigten am Insolvenzrisiko mit Gesamtabwägung

aa) Billigkeitsargumente zur Beteiligung am Insolvenzrisiko

Die Auferlegung der gesamtschuldnerischen Haftung mithilfe der Adäquanz und nach § 840 Abs. 1 BGB erwächst aus dem Interessenschutz des Geschädigten. Daher ist die Überlegung wichtig, ob es die Schutzbedürftigkeit auf der Seite der Nebentäter ohne bewusstes Zusammenwirken in solchen Fällen erhöht, in denen der Geschädigte auch selbst den Schaden mitschuldig verursacht hat. Der Grundsatz von Treu und Glauben unter §242 BGB ist eigentlich eine Abwägung zwischen den Interessen aller an dem Rechtsverhältnis Beteiligten. Der Richter muss die Entscheidung fällen und im Einzelfall den Interessen ihren legitimen Rang zuzuweisen, die in den speziellen Rechtsvorschriften nicht oder nicht in dem für erforderlich gehaltenen Maße geschützt werden, und die notwendigerweise allgemeinen Sätzen des objektiven Rechts gegenüber den individuellen Besonderheiten des Einzelfalls zur Geltung bringen.[508] Bei der Verteilung des Insolvenzrisikos im Nebentäterfall ist auch eine Interessenabwägung zur Risikozuordnung zu berücksichtigen, um zu einer sachgerechten Erfassung der einzubeziehenden Interessen und ethischen Wertungsgesichtspunkte beizutragen.[509] Der mitschuldige Geschädigte sollte den Schädigern gegenüber einem

---

506 *Lorenz*, a.a.O., 1979, S. 42.

507 Vgl. Staudinger/*Vieweg* (2015), BGB, § 840 Rn. 47; Soergel/*Krause* (2005), BGB, § 840 Rn 23; *Lorenz*, Haftungs- und Zurechnungseinheiten, 1979, S. 42; *Looschelders*, Mitverantwortlichkeit, 1999, § 32, S. 636.

508 MüKoBGB/*Schubert* (2016), § 242 Rn. 26.

509 MüKoBGB/*Schubert* (2016), § 242 Rn. 26.

insolventen Schädiger gleichbehandelt werden, da das Mitverschulden des Geschädigten bereits zum Zeitpunkt der Schadensentstehung oder während der weiteren Schadensentwicklung existierte. In diesem Zusammenhang sind auch sowohl das Interesse des im Vergleich zum Geschädigten nur in geringem Maße verantwortlichen Nebentäters an einer angemessenen Schonung als auch die ihm drohenden wirtschaftlichen Nachteile zu berücksichtigen. Hat die Handlung des Geschädigten im Vergleich zu mehreren Schädigern meistens in gleicher Weise oder überwiegend zum Schaden geführt, so sollten die Interessen der solventen Schädiger natürlich angemessen abgewogen werden. Durch die Beteiligung am Insolvenzrisiko wird der Grundsatz von Treu und Glauben aus § 254 BGB in einem hinreichend hohen Maße erreicht und verwirklicht.[510] Das Billigkeitsargument wirkt mehr in die Richtung, das Interesse der Nebentäter beim Mitverschulden des Geschädigten auch in angemessener Weise zu schonen. Die Jagd nach Billigkeit in der Rechtsfindung darf sich nicht einfach in einem Appell erschöpfen, sondern muss vielmehr den Eigenarten und den gesetzlichen Regelungen des jeweiligen Rechtsgebiets angepasst sein. Das nach § 242 BGB geforderte Prinzip von Treu und Glauben ist im Wesentlichen die Denkregel einer positiven rechtlichen Gewalt. Es sollte in methodischer Hinsicht die Verwirklichung des gesetzgeberischen Ziels und die wertungsrelevanten Maßstäbe ermöglichen.[511]

Auch die Auferlegung der gesamtschuldnerischen Haftung gemäß § 840 BGB im Nebentäterfall ist als Ergebnis auf die schutzwürdigen Interessen des Geschädigten zurückzuführen. Die entwickelte Kombinationstheorie und ihre spätere Anwendung und Interpretation von Literatur und Rechtsprechung deutet darauf hin, dass die Interessenbalance und der Schutzwert zwischen beiden Seiten neu überdenkt und eingestellt werden sollte, wenn der Geschädigte durch Mitverschulden am Schadenseintritt auch beteiligt war.[512] Die Insolvenzrisikoverteilung nur auf der Seite der Schädiger sollte aus Rücksicht auf die Billigkeit überwunden werden. Außerdem trägt der Geschädigte dem Alleintäter gegenüber ohnehin das Risiko, dass dieser nicht hinreichend solvent oder nicht identifizierbar oder auffindbar ist. Daher ergibt sich hieraus eigentlich kein Grund, den Geschädigten bei mehreren Nebentätern zu privilegieren, da es scheint, dass

---

510 *Schmidt*, Nebentäterhaftung und § 254 BGB, 1992, S. 88.

511 *Schmidt*, a.a.O., S. 83.

512 BGHZ 30, 203 (207): Die Unbilligkeit einer derartigen Lösung ist darauf zurückzuführen, dass sie bei mehreren Tatbeteiligten jeden Beklagten das Insolvenzrisiko für die übrigen Nebentäter tragen lässt, dagegen den in gleicher Weise oder gar überwiegend schuldigen Kläger von diesem Risiko völlig freistellt.

man das Außenverhältnis zwischen den Nebentätern und dem Geschädigten in diesem Fall so behandelt, als existierte der insolvente Schädiger überhaupt nicht.[513]

bb) Modifikation der Gesamtabwägung bei Mitverschulden des Geschädigten

Bei Insolvenz eines Mitschädigers kann eine Modifikation der Gesamtabwägung durchgeführt werden. Die Beteiligung am Insolvenzrisiko braucht nicht durch die Aufspaltung von Gesamtquote und Einzelquote in der Kombinationsmethode verwirklicht werden.[514]

Die Beteiligung am Insolvenzrisiko im Nebentäterfall sollte teilweise anerkannt werden, wenn das Mitverschulden des Geschädigten einen überwiegenden oder zumindest großen Teil beträgt. Die Beschaffenheit des Insolvenzrisikos mit Gesamtabwägung ist allerdings keine Universallösung. Eine abgestufte Gesamtabwägung als Lösungsvorschlag ist in Anbetracht des Insolvenzrisikos dargestellt worden.[515] Ob und wann der mitschuldige Geschädigte sich am Insolvenzrisiko beteiligen muss, hängt dabei vom Umfang seines Verschuldens und Verursachung im Vergleich zu dem auf der Schädigerseite ab. Wenn das Ausmaß der Verantwortung der Schädiger stark überwieg, könnte die Mitverantwortlichkeit des Geschädigten auch vollständig zurücktreten.[516] Im Fall mit „extrem geringem Mitverschulden“ wird die Mitverschuldensquote nicht mehr berücksichtigt. Wäre der Geschädigte hingegen mit „extrem hohem Mitverschulden“ belastet, kann dies andererseits auch bedeuten, dass er den Schaden ganz tragen muss.[517] Diese von der Rechtsprechung anerkannte Grenze mag durch bestimmte Bedürfnisse gerechtfertigt sein[518], so wird argumentiert, dass die Abstufung der sich aus § 254 BGB ergebenden Rechtsfolgen in Abhängigkeit zum Mitverschuldensgrad stehen soll.[519] Aber in den beiden „Extrembereichen“ handelt es sich um die Frage, ob überhaupt die Kürzung des Schadensersatzes in Betracht kommen soll.

---

513 Staudinger/*Schiemann* (2017), BGB, § 254 Rn. 146.

514 So auch *Steffen*, DAR 1990, 43 (45); *Kirchhoff*, MDR 2012, 1389 (1391).

515 *Schmidt*, Nebentäterhaftung und § 254 BGB, 1992, S. 89 ff.

516 BGH NJW 1998, 1137 (1138); NJW-RR 2007, 1110 (1112); 2009, 239, (241); BeckOGK-BGB/Looschelders (2019), BGB § 254 Rn. 317.

517 MüKoBGB/*Oetker* (2019), § 254 Rn. 118; Staudinger/*Schiemann* (2017), BGB, § 254 Rn. 119; Soergel/*Kuntz* (2014), BGB, § 254 Rn. 147; Palandt/*Grüneberg* (2015), BGB, § 254 Rn. 64–67; jurisPK- BGB/*Rüßmann* (2017), § 254 Rn. 37.

518 jurisPK-BGB/*Rüßmann* (2017), §254, Rn. 37.

519 *Schmidt*, Nebentäterhaftung und § 254 BGB, 1992, S. 92.

Ein „hohes Mitverschulden“ besteht, wenn der Tatbeitrag des Geschädigten im Vergleich zu mehreren Schädigern mit gleich hoher Intensität oder überwiegender Intensität mitgewirkt hat. In einer solchen Situation wird der Geschädigte nach der abgestuften Gesamtabwägung nicht nur keinen Ersatz in Höhe der Mitverschuldensquote bekommen, sondern auch in Hinsicht auf diese Höhe am Insolvenzrisiko zu beteiligen sein.[520] Dieser Lösungsvorschlag wird durch die folgenden Beispiele verdeutlicht.

Beispiel 1: Der Schaden beträgt insgesamt 2000 Euro. Die auf G entfallende Quote beträgt allerdings nur 25%, A und B als Gesamtschuldner haften für 75% des Schadens. Hier hat C keinen im Vergleich zur Schädigergemeinschaft gleich hohen oder überwiegenden Tatbeitrag zu verantworten. Der Geschädigte kann den Schädiger A auf 1500 Euro ohne Berücksichtigung des Insolvenzrisikos in Anspruch nehmen.

Beispiel 2: wie Beispiel 1, doch entfällt auf den Geschädigten die Mitverschuldensquote in Höhe von 50%, die Nebentäter A und B haften für die 50% des Schadens gesamtschuldnerisch. Die Verursachungsbeiträge der Nebentäter sind jeweils gleich hoch. Jetzt gerät B in die Zahlungsunfähigkeit. Der Geschädigte könnte nach der Gesamtabwägung insgesamt 1000 Euro bekommen. Wäre B nicht insolvent, würden A und B nach dem Innenausgleich zum Ende jeweils 500 Euro bezahlen. Da G einen im Vergleich zu den Schädigern gleich hohen Tatbeitrag zu verantworten hat, ist er dann am Insolvenzrisiko in Höhe von 50% zu beteiligten. Deshalb trägt G $1/2 \times 500 = 250$ Euro. Er kann deshalb A in Höhe von 750 Euro in Anspruch nehmen.

Beispiel 3: wie Beispiel 1, doch entfällt auf den Geschädigten die Mitverschuldensquote in Höhe von 60%. Auf die beiden Nebentäter entfällt eine Quote von 40%. A und B schulden im Innenausgleichsverhältnis jeweils 10% und 30% des Schadens. Jetzt hat A die gesamten 40% des Schadensersatzes bezahlt, und könnte die 30% wegen Insolvenz des B nicht erlangen. Dieser Ausfall ist von G und A im Verhältnis zu 3:2 (60%:40%) zu tragen. Der G kann deshalb den A in Höhe von 440 Euro $[(40\% - 18\%) \times 2000]$ in Anspruch nehmen.

Es ist nicht zu leugnen, dass diese abgestufte Gesamtabwägung die Möglichkeit bietet, auf dem Grundsatz von Treu und Glauben die vom BGH geforderten Billigkeitsargumente in der Entscheidung[521] zur Geltung zu bringen. Die Kombinationsmethode und die Aufspaltung von Einzelschuld- und Gesamtschuldquote stellen Bemühungen um ein Schadensverteilungsverfahren dar, das in

520 *Schmidt*, a.a.O., S. 91 ff.

521 BGHZ 30, 203 (207).

seiner Tendenz insbesondere die Interessen der gesamtschuldnerisch haftenden Nebentäter ohne bewusstes und gewolltes Zusammenwirken in relativem Umfang schützt, wenn ein Verschulden des Geschädigten bei der Entstehung eines Schadens vorliegt. Im Vergleich dazu ist die abgestufte Gesamtabwägung praktikabel und dogmatisch überzeugend.[522] Diese Methode beruht auf der Basis des gesetzlichen Leitbildes i.S.d. §§ 840 Abs. 1, 426 BGB und lässt eine Beteiligung des mitschuldigen Geschädigten am Insolvenzrisiko in Betracht kommen.

cc) Eigene Stellungnahme

Die abgestufte Gesamtabwägung könnte als Referenz verwendet werden, die sich an den gesetzlichen Wertungen orientiert, damit die Schadensverteilung in Hinsicht auf die gesamtschuldnerische Haftung gemäß § 840 Abs. 1 BGB durch die bestehende Ausgleichspflicht gemäß § 426 BGB und auch die Rechtsfolge des Mitverschuldens nach § 254 BGB bestimmt ist. Gleichzeitig ist der Billigkeit Rechnung getragen, denn das schutzwürdige Interesse des Geschädigten unter Berücksichtigung der Statuierung einer Gesamtverbindlichkeit der Nebentäter nach § 840 Abs. 1 BGB sollte beim Mitverschulden beschränkt werden.

Es ist zu bezweifeln, ob nach dieser Begründung der abgestuften Gesamtabwägung der Geschädigte im Verhältnis zu jedem Schädiger wie bei der Mittäterschaft die Beteiligten auch an der Verteilung des Insolvenzrisikos beteiligt würde. Denn es ist schon oben ausgeführt worden, dass die Gesamtschuld im Mittäterfall und Nebentäterfall gleichwertig ist, da die Grundlage des Gesamtschuldverhältnisses sowohl aus § 830 Abs. 1 BGB als auch aus § 840 Abs. 1 BGB übereinstimmend ist. Bei Fehlen eines mitverschuldensrelevanten Tatbeitrags des Geschädigten ist dementsprechend zu Recht anerkannt, dass jeder Nebentäter als Gesamtschuldner in gleicher Weise wie ein Mittäter für den ganzen Schaden einstehen muss, den er in zurechenbarer Weise verursacht hat.[523] Sinn und Zweck des § 840 Abs. 1 BGB liegen zweifellos darin, den Geschädigten gegenüber den Schädigern zu begünstigen.[524] Die gesamtschuldnerische Haftung der Nebentäter ist selbst nicht besonderer Art. Nicht zu leugnen ist jedoch, dass sich der nicht mitverantwortliche Geschädigte in der Nebentäterschaft in einer besser geschützten Position befindet als die selbstständigen Schädiger. Nicht nur im Falle des Nebentäters mit notwendig-, sondern auch kumulativ-koinzidierender Kausalität ist kein Tatbeitrag der Nebentäter alleine eine ausreichende

522 *Schmidt*, Nebentäterhaftung und § 254 BGB, 1992, S. 96.
523 Zur Anwendbarkeit des § 840 Abs. 1 BGB auf Nebentäter oben B Teil, II.
524 jurisPK-BGB/*Rüßmann* (2017), § 421 BGB, Rn. 15.

Bedingung für den ganzen Schaden. Die Tatbeiträge treffen nur zufällig mit den anderen zusammen und wirken mit diesen zusammen. So entsteht die Verbindung zwischen dem Tatbeitrag und dem Schaden. Ohne die Gesamtschuldanordnung müsste der Geschädigte alle einzelnen Nebentäter verfolgen.[525] Die Gesamtabwägung würde die Lage des Verletzten verbessern, indem der selbst zu verantwortende Beitrag zu allen Schädigern in Relation gesetzt wird. Dies hat zur Folge, dass der zu erlangende Schadensatz sich für ihn günstiger auswirkt, als eine Addition der Einzelanteile von mehreren Einzelverhältnisse. Aber soweit der Geschädigte für den Eintritt des Schadens mitverantwortlich ist, befindet er sich nicht mehr in der Rolle des „unschuldigen Opfers". Der Schutzzweck des § 840 Abs. 1 BGB kann es insoweit daher auch nicht gebieten, den Geschädigten bei der Verteilung des Insolvenzrisikos gegenüber den mithaftenden Schädigern zu begünstigen.[526] Durch die Beteiligung des mitverantwortlichen Geschädigten am Insolvenzrisiko des Schädigers sollen vielmehr die Vorteile der Gesamtschuld ausgeglichen werden, als wäre er für den Schaden nicht mitverantwortlich.[527]

Obwohl die Kombinationsmethode wegen der bereits geschilderten Schwächen zurückgewiesen wird, ist dem Gedanken der Berücksichtigung des Insolvenzrisikos absolut zuzustimmen. Nur der Mittelweg aus der Kombinationsmethode, wodurch das Insolvenzrisiko der Schädiger bereits bei der Bemessung der dem Geschädigten gegenüber den einzelnen Nebentätern zustehenden Schadensquoten im Blick zu behalten ist, erscheint nicht recht nachvollziehbar, weil es auf dieser Grundlage der höchst komplizierteren Berechnungen bedarf. Bei mehr als zwei Schädigern gelingt außerdem keine angemessene Verteilung des Insolvenzrisikos. Die abgestufte Gesamtabwägung verneint die Gesamtschuldanordnung nicht, sondern sie ermöglich eine Korrektur, sodass der mitverantwortliche Geschädigte in dem Maße seines Mitverschuldens das Insolvenzrisiko trägt. Im Vergleich zur Kombinationsmethode ist die abgestufte Gesamtabwägung als ein Lösungsweg viel rationaler und ökonomischer. Denn die Aufspaltung der Einzel- und Gesamtquote scheint dem Ausfallbetrag des insolventen Schädigers vorzugreifen. Die abgestufte Gesamtabwägung ist überzeugend, weil das Problem der Insolvenz eines Nebentäters hiernach nur dann behandelt werden muss, wenn es sich wirklich stellt. Der in Anspruch genommene Gesamtschuldner, soweit die Insolvenz der übrigen zum Ausgleich

525 Z.B. die frühere Rechtsprechung für Einzelabwägung, vgl. BGH 12, 213.

526 *Looschelders*, Mitverantwortlichkeit, 1999, § 32, S. 636.

527 *Lange/Schiemann*, Schadensersatz, 2003, § 10 XIII 3; *Looschelders*, Mitverantwortlichkeit, 1999, § 32 IV 2b und c.

verpflichteten Schuldnern bekannt ist, kann diese auch bereits im Prozess gegen den auf Schadensersatz klagenden Geschädigten geltend machen. Natürlich besteht die Möglichkeit, dass die Insolvenz eines Schädigers nach dem Prozess während der Verhandlung erscheint. Ob unter diesen Umständen die Schädiger, die bereits den Schadensersatz geleistet haben, den Ausfallbetrag des insolventen Schädigers wieder von dem Geschädigten in Höhe des Anteils nach der Gesamtabwägungsquote zurückverlangen können, hat die abgestufte Gesamtabwägung nicht geklärt. Der Geschädigte soll nach dem Maß seines Mitverschuldens am Insolvenzrisiko der Mitschädiger beteiligt sein. Daher ist es maßgeblich, ob der Ausgleichsanspruch zu befriedigen sein wird.

Der Grund liegt darin, dass der mitverantwortliche Geschädigte im Prozess zuerst nur gegen einen Gesamtschuldner auf Schadensersatz geklagt hat, sodass nur die selbst vom Geschädigten zu tragende Schadensquote ermittelt und abgezogen worden ist. Über die endgültige Verteilung des Schadensbetrages auf die Gesamtschuldner wird erst im Ausgleichsprozess entschieden. Fällt einer der Schädiger aus, ist der auf Ersatzanspruch genommene Schädiger auf einen weiteren Prozess gegen den Geschädigten angewiesen, um seinen wegen Insolvenz ausfallenden Beitrag zurückzuerlangen.

V. Schadensverteilung im chinesischen Rechtssystem

In der chinesischen Rechtswissenschaft wird eine andauernde Diskussion über die Haftung von mehreren Nebentäter geführt. Wer sich über die Haftungsverteilung im Nebentäterfall mit Mitverschulden des Geschädigten informieren will, findet keine einschlägigen Forschungen.[528] Mehr Wert wurde auf die Feststellung der endgültigen Haftungsquoten zwischen mehreren Beteiligten gelegt, sodass das Insolvenzrisiko und die Verfahrensbelastung ignoriert worden sind.

Ein Großteil der Lehre äußert sich nicht zur Problematik des Mitverschuldens des Geschädigten bei einer Mehrzahl Ersatzpflichtiger und behandelt diese nur grundsätzlich im Rahmen der Schadensersatzbemessung. Außerdem kommt in der Praxis dem Gericht, die Bemessungs- und Reduktionsgründe betreffend, bei der Bestimmung der Haftungsquote ein so großer Ermessenspielraum zu, dass es keine einheitliche Theorie und keinen einheitlichen Maßstab dafür gibt.

Das folgende Kapitel beschäftigt sich hauptsächlich mit den folgenden Fragen. Erstens wird die Frage untersucht, ob bei der Berechnung der endgültigen

528 Darum nur die folgenden Artikel gehen: *Wang, Zhu* (王竹), in: Tsinghua Law Review, 02/2010; *Zhou, Jianghong* (周江洪), in: Zhejiang Social and Science, 10/2014; *Li, Zhongyuan* (李中原), in: Law und Business, 01/2016.

Schadensquoten aller Beteiligten eine gleiche Abwägungsweise nicht nur bei Mittäterschaft mit Gesamtschuld, sondern auch bei Nebentäterschaft mit Teilschuld, genutzt wird. Zweitens wird erörtert, ob bei Mitverschulden des Geschädigten in solchen Fällen die Schadensverteilung auch nach der gleichen Formel vorgenommen wird. Hinzu kommt noch, dass im Prozess jeder Nebentäter eine Teilschuld trägt, diese ist die Schadensquote im Außenverhältnis wie auch die Innenausgleichsquote. Muss der Richter zuerst überprüfen, ob und wie viel Schadensersatz der Geschädigte bekommen kann und im gleichen Prozess auch die Haftungsquote jeweiligen Schädigers beurteilen?

Die Beweislast zum Mitverschulden des Geschädigten trägt manchmal auch nicht die Seite der Beklagten, sondern der Richter überprüft ein etwaiges Mitverschulden aus eigener Initiative bei der Feststellung der Haftungsquote. Im Gerichtsverfahren scheint auch das Problem häufig zu begegnen, dass anders als bei der Nebentäterschaft mit gesamtschuldnerischer Haftung, bei der ein Geschädigte nur von einem Schädiger von mehreren Nebentätern den Anteil des Schadens ersetzt verlangt, das Gericht dem Geschädigten als Kläger mitzuteilen hat, dass die anderen Beteiligten, aber nicht der verklagte Schädiger bei der Berechnung hinzugefügt wurden. Wenn dem nicht so wäre, wäre die endgültige anteilige Quote kaum zu ermitteln. Zuletzt wird das Insolvenzrisiko schon im Prozess bei der Schadensverteilung berücksichtigt. Das heißt, wenn im Prozess schon die Insolvenz eines Schädigers besteht, ist bereits offenkundig, dass der Geschädigte die Schadensquote des zahlungsunfähigen Schädigers nicht erhalten kann. Sind dazu die Interessen des Geschädigten hinreichend geschützt? Insbesondere ist diese Frage vor dem Hintergrund zu beachten, dass das Versicherungssystem in China nicht die Vorzüge des Deutschen aufweist.

1. Teilschuld mit Gesamtabwägung

Wenn die Schädiger unter den Voraussetzungen der gemeinschaftlich handelnden Mittäter nach Art. 8 HPflG oder Anstifter und Gehilfe nach Art. 9 HPflG oder Beteiligten mit alternativer Kausalität nach Art. 10 HPflG, an der Schadensentstehung beteiligt waren, dann haften alle Schädiger dem mitverantwortlichen Geschädigten gesamtschuldnerisch in Höhe des Schadens. Diese Schadensregulierung richtet sich nach der Gesamtschuldkonzeption. Jedoch ist diese Gesamtschuldkonzeption in Nebentäterfällen mit Teilschuld nicht anzuwenden.

Bei Nebentäterschaft mit kumulativer Kausalität ist eine Teilschuld nach Art. 12 HPflG den Schädigern auferlegt. Bezüglich des Falls, dass der Geschädigte selbst den Schaden mitverursacht hat, spricht sich die überwiegende Mehrheit der Urteile für die Anwendung der Methode der Gesamtabwägung zur

Berechnung der Schadensquoten aus.[529] Bei der Durchführung der Abwägung sind der Geschädigte und die Schädiger gleichwertig. Es muss jeder Beteiligte den Schaden nach dem Maß seiner Verantwortlichkeit tragen, da der Geschädigte aufgrund seines Mitverursachungsanteils wiederum Teil dieses Verhältnisses ist. Der Umfang der Reduktion kann zwischen null und hundert Prozent liegen, je nachdem ob den Geschädigten gar kein Verschulden oder aber ein das Verschulden des Schädigers völlig überwiegendes Verschulden trifft.

Dem Urteil des Obergerichts in Zhoukou[530] lag folgender Fall zugrunde. Der Geschädigte Yang wollte in einem künstlich angelegten See schwimmen. Als er mit dem Wasser in Berührung kam, erlitt er einen tödlichen Stromschlag. Die Ursache für den Stromschlag war, dass ein von einem Drittem durchschnittenes Kommunikationskabel, das eine Bahngesellschaft verlegt hatte, ins Wasser des Sees herabhing. Das durchtrennte Kabel wurde aufgrund mangelnder regelmäßiger Sicherheitsüberprüfung nicht entdeckt. Außerdem floss durch den direkten Kontakt mit einer Stromleitung Strom durch die Kommunikationsleitung. Dafür sollte der Stromversorger haften, da er bei der Errichtung der Stromleitung gegen eine Regelung verstoßen hatte, die besagte, dass bei der Verlegung von Stromleitungen ein Sicherheitsabstand zu anderen Leitungen einzuhalten sei. Diese Missachtung führte zur Kreuzung von der Kommunikationsleitung und Stromleitung. Das Berufungsgericht kam zu der Ansicht, dass in diesem Fall, weil Yang von dem Badeverbot wusste und die auffällige Warnung und die Gefahr für die eigene Sicherheit ignorierte, er also grob fahrlässig gehandelt hatte, der Schadensersatz der Schädiger gemindert werden sollte. Unabhängig davon, ob es sich um den Beitrag der Bahngesellschaft oder des Stromversorgers handelte, so reichte jeder Beitrag nicht aus, um Yangs Tod überwiegend verursacht zu haben. Aus diesem Grund wurde beiden eine ihrem Verschulden entsprechende Haftung zugewiesen. Da der Umfang der jeweiligen Verantwortung sich nicht feststellen ließ, sollten sie jeweils 45% Haftungsquote tragen während Yang für 10% des Schadens haften sollte. Hier ist die Mitverschuldensquoten, obwohl sie unter 10% lag, trotzdem berücksichtigt worden.

529 *Wang, Liming* (王利明), Haftungspflichtrecht, Bd. I, 2010, S. 623; *Wang, Zhu* (王竹), in: Law und Business, 06/2010; *Li, Zhongyuan* (李中原), in: Social Science of Jiangsu, 01/2016.

530 Vgl. MVG Henan Zhoukou, Urteil (2010) – S 259 [河南省周口市中级人民法院 (2010) 周民终字第 259 号民事判决书].

Das Urteil geht vom Quotenprinzip aus. Die Gesamtheit der Haftungsquoten beträgt 100%. Wenn der Geschädigte für den Schaden mitverantwortlich ist, wird zuerst der Umfang dieser Mitverantwortlichkeit bestimmt. In diesem Fall setzt dies eine Unterlassung des Geschädigten voraus, die adäquat kausal zu dem Schaden geführt hat. Yang hat gegen eine Obliegenheit zum Schutz der eigenen Rechtsgüter und Interessen verstoßen. Sodann wird die entsprechende Haftungsquote des mitschuldigen Geschädigten festgelegt. Die Abwägung der allseitigen Verursachungs- und Verschuldensanteile führt zu einem Gesamtergebnis. Hier muss, anders als bei der Auferlegung der gesamtschuldnerischen Haftung in den Nebentäterfällen nach § 840 BGB, wo die Höhe der Haftung der Nebentäter im gesamtschuldnerischen Verhältnis festgestellt werden muss, die jeweilige Quote der Anteilshaftung der Beteiligten gebildet werden.

Durch den Abgleich ähnlicher Fälle lässt sich feststellen, dass der Richter zuerst eine Abwägung von beiden Seiten durchführt. Der Verursachungs- und Verschuldensanteil des Geschädigten wird gegenüber den gegenseitigen Verursachungs- und Verschuldensanteilen der Schädiger als eine Einheit zuerst abgewogen. Es besteht in der Praxis keine sogenannte Einzelabwägung, die zwischen dem Geschädigten und dem jeweiligen einzelnen Schädiger vorgenommen wird.

2. Prozessuales in der Rechtsprechung

Im Nebentäterfall mit Teilschuld ist es umstritten, ob alle Nebentäter als notwendige Streitgenossenschaft (Art. 5 EoBKS) zu betrachten sind oder nur als die Beklagten in einem allgemeinen gemeinsamen Prozess.

a) Einzelne Nebentäter als Beklagte

Für den Fall, dass der Geschädigte aus subjektivem Grund nur einen oder einen Teil der Schädiger verklagt, existieren zwei Auffassungen an den Volksgerichten.

aa) Hinzufügung der nicht am Prozess Beteiligten von Amts wegen

Wenn notwendig, kann das Volksgericht von Amts wegen berücksichtigen, dass die am Prozess nicht Beteiligten als Partei hinzugezogen zu werden.

Der Geschädigte G wurde während seiner Arbeit durch Hochspannungsleitungen verletzt. Er verklagte den Arbeitgeber und den Stromversorger. Die Beklagten haben beantragt, dass der Eigentümer des Unfallortes für die Schädigung mithaften soll und auch als Beklagter der Streitgenossenschaft beitreten sollte. Das Gericht hat diesen Antrag zugelassen und geurteilt, dass die drei Parteien gemeinsam für den Schaden verantwortlich sind und alle Beklagten aus Art. 12 HPflG die Haftungsquote dem Verursachungsbeitrag entsprechend übernehmen sollten.[531]

In diesem Fall hat der Ersatzberechtigte nur gegen einen Teil der Nebentäter Klage erhoben. Das Volksgericht hat von Amts wegen die Möglichkeit, andere Schädiger als gemeinschaftlich Beklagte i.S.d. § 52 Abs. 1 des Zivilprozessgesetzes der Volksrepublik China[532] hinzuzuziehen.

bb) Selbstständige Urteile gegenüber einem Teil der Nebentäter

Bei einem Zusammenstoß der beiden Fahrzeuge von Chen und Sun, die beide jeweils ihre Fahrzeuge steuerten, ist der Beifahrer Wang schwer verletzt worden. Nach der Sachverhaltsfeststellung der Verkehrspolizei trägt Chen die überwiegende Haftung und Sun die sekundäre Haftung. Wang hat allein gegen Chen als Beklagten einen Schadensersatzanspruch geltend gemacht. Im Prozess war Sun nicht anwesend. Das Gericht hat bestätigt, dass der Schaden durch den selbstständigen Beitrag von Sun und Chen verursacht worden ist, hat aber gemäß Art. 12 HPflG nur die Haftungsquote des Chen in Höhe von 60% festgelegt.[533]

Hier erhebt der Ersatzberechtigte auch nur gegen einen der Nebentäter Klage. Das Volksgericht hat in seinem Urteil den Haftungsanteil des anderen Schädigers nicht berührt, und obwohl der Tatbeitrag eines weiteren Haftpflichtigen durch das Gericht ermittelt werden kann, ist er nicht dem Verfahren hinzuzufügen. Es handelt es dabei vielmehr um einen selbstständigen Prozess. Die Haftungsquote wird auch nach der Relation der beiden Tatbeiträge unter Ausklammerung der Mitverantwortung der weiteren Haftpflichtigen bestimmt. Der Schritt vom errechneten Schaden zum vom Schädiger zu bezahlenden Schadenersatz wird als Schadenersatzbemessung bezeichnet und hat die Aufgabe, mittels neutralerer Schadenersatzberechnung zu Einzelfallgerechtigkeit zu führen.

Obwohl es in der Rechtsprechung einige Urteile gibt, in denen das Gericht in Kenntnis der anderen nicht geklagten Schädiger aktiv diese als Beklagte hinzuzieht, sind diese in der Minderheit. Nach der herrschenden Meinung ist eine

---

531 MVG Zhuanghe, Urteil (2015) – C 328 [庄河市人民法院 (2015) 庄民初字第 328 号民事判决书].

532 Übersetzung von *Caspar Heinrichowski* und *Knut Benjamin Pißler*, in: ZChinR 2012. § 52 Abs. 1: „*Wenn die Parteien auf einer oder auf beiden Seiten aus mehreren Personen bestehen, denen der Streitgegenstand gemeinsam ist, oder wenn ihre Streitgegenstände gleichartig sind, und das Volksgericht der Ansicht ist, dass [die Fälle] gemeinsam behandelt werden können, und die Parteien einverstanden sind, bilden [diese Fälle] einen gemeinsamen Prozess.*"

533 UVG Shandong, Urteil (2016) – 0302 C 1663 [(2016) 鲁 0302 民初 1663 号民事判决书].

notwendige Streitgenossenschaft in den ähnlichen Fällen zu verneinen.[534] Bei der Klageerhebung gegen einen Teil der Nebentäter hat der Kläger die Freiheit zu entscheiden, ob er die anderen Schädiger verklagt. Bevor die Klage in einem Schadensunfall erhoben wurde, sind die Beteiligten am Straßenverkehrsunfall zu ermitteln und der Umfang ihrer Beiträge durch die Sachverhaltsfeststellung der Verkehrspolizei zumindest als Referenz festzulegen, sofern deren Kausalität und Verursachungsausmaß restlos aufgeklärt worden ist. Vor diesem Hintergrund kann der Gläubiger frei wählen, welchen der Nebentäter er in Anspruch nehmen will.

b) Klageerhebung gegen allen Nebentätern

Wenn alle Nebentäter verklagt worden sind, ist es im Prozess weniger kompliziert als im Falle einer Klageerhebung gegen einen Teil der Nebentäter. Im Urteil werden die jeweiligen Haftungsquoten von allen Beteiligten festgelegt. Die Festlegung der Haftungsquoten muss generell für jeden Einzelfall separat behandelt werden. Die einzelnen Verursachungs- und Haftungsanteile werden bestimmt und bemessen. Wie bereits ausgeführt, bestimmt sich nach der sektoriellen Verteilungsweise die Größe des einzelnen Stückes anhand der Anzahl und der Art sowie der Bedeutung der beteiligten Ursachen. Die Summe aller Haftungsquoten ist die Gesamtheit des Schadens.

In den Forschungen über die Schadensverteilung der Nebentäterschaft bei Mitverschulden scheint es stillschweigend so gehandhabt zu werden, dass der Geschädigte als Kläger alle Beteiligten in einem Verfahren verklagt hat.[535] Die Festlegung der einzelnen Haftungsquoten dabei hängt auch von denen der übrigen Beteiligten ab. Zum Zeitpunkt der Klageerhebung kann der Kläger die endgültige Haftungsart (Teilschuld oder Gesamtschuld) der Beklagten nicht vorhersehen. Dies ist erst dann möglich, wenn das Gericht nach der Gerichtsverhandlung die Haftungsaufteilung feststellt. Es ist weiterhin unmöglich, dass das Gericht lediglich verschiedene Teilurteile nur bezüglich der jeweiligen Teilschuldhaftung spricht.

---

534 *Song, Chunlong* (宋春龙), in: Modern Law Science, 05/2017; *Lu, Pei* (卢佩), in: Peking University Law Journal, 05/2017; MVG Luoyang, Urteil (2019) – S 1844 [(2009) 洛民终字第 1844 号民事判决书]; MVG Shandong, Urteil (2016) – 14 S 907 [(2016) 鲁 14 民终 907 号民事判决书].

535 *Wang, Zhu* (王竹), in: Tsinghua Law Review, 02/2010; *Zhou, Jianghong* (周江洪), in: Zhejiang Social and Science, 10/2014; *Li, Zhongyuan* (李中原), in: Law und Business, 01/2016.

3. Schwäche der Anteilshaftung und Risikoverteilung

Die Vorteile der Gesamtschuld zeigen sich am besten in einem Vergleich mit der Teilschuld. Für den Gläubiger, also den Schädiger, ist es zur Erlangung seines Schadensersatzes völlig ausreichend, wenn einer der Gesamtschuldner liquide ist.

Die Diskussion, aus welchen Gründen die Kombinationsmethode entwickelt worden ist und ob der Geschädigte bei Mitverschulden am Insolvenzrisiko teilnehmen soll, hat einen breiten Raum dieser Arbeit eingenommen. Das liegt darin begründet, dass die Auferlegung der Gesamtschuld bei der Nebentäterschaft aus dem Grund geschieht, dass der Geschädigte praktisch die Vorteile der Gesamtschuld haben soll, die als die sicherste Form der Schuldnermehrheit gilt. Dieser Grund unterscheidet sich völlig von der Berücksichtigung der Anteilshaftung nach Art. 12 HPflG.

Das Insolvenzrisiko ist im Fall der Nebentäterschaft ohne Mitverschulden im chinesischen Recht unberührt, geschweige denn wenn der Geschädigten den Schaden mitverursacht hat. Die Anteilshaftung nach Art. 12 HPflG der Nebentäter hat in der Praxis die Transaktionskosten und -risiken vervielfältigt und die Insolvenzrisiken bei dem Geschädigten abgeladen.

a) Das schwache Interesse im Verkehrsunfall

Nach dem analytischen Bericht über den Sicherungsstand der Verkehrshaftungsversicherung im Jahr 2018 gibt es in ganz China insgesamt 0.25 Milliarden Kraftfahrzeuge, davon haben nur 32.2% der Fahrzeuge durch die Versicherung die volle Risikodeckung.[536] Die Gründe liegen darin, dass die Deckungssumme der Pflichthaftpflichtversicherung insgesamt für Tod und Invalidität 110,000 Yuan (ca. 13,000 Euro), und für die Behandlungskosten bis 10,000 Yuan (ca. 1200 Euro) und für Vermögensschäden nur 2000 Yuan (ca. 280 Euro) betragen, wenn der Schaden das Autofahren zuzurechnen ist.[537] In verschiedenen Regionen des Landes liegt die Höhe der Entschädigung bei Todesfall durchschnittlich zwischen 0.8–1 Million.[538] Bis zum Jahr 2018 betrug die Quote der

536 Analysebericht zur Versicherungssituation im Bereich der Kraftfahrzeug-Haftpflichtversicherung im Jahr 2018, ZhongGuoBaoXin (《中国保信》), 12.04.2019.

537 China Insurance Regulatory Commission, Antwort auf die Anpassung des Pflichtversicherungssatzes für Kraftfahrzeugunfälle durch den Verband der chinesischen Versicherungsindustrie, Nr. 27, 2008.

538 Analysebericht zur Versicherungssituation im Bereich der Kraftfahrzeug-Haftpflichtversicherung im Jahr 2018, ZhongGuoBaoXin (《中国保信》), 12.04.2019.

Pflichtversicherten 95.6%. Zusätzlich kann der Fahrzeughalter freiwillig eine Kfz-Privathaftpflichtversicherung abschließen, 82.5% der pflichtversicherten Fahrzeuge sind noch in einer Kfz-Privathaftpflichtversicherung versichert worden. Der maximale Betrag, den eine Versicherung im Schadensfall erstattet, hängt von der Vereinbarung im Versicherungsvertrag ab.

Ein weiteres sehr bemerkenswertes Problem ist, ob elektrische Dreirad- und Zweirad-Mofas als Kraftfahrzeug charakterisiert sind, was in der Vergangenheit heftig diskutiert wurde. Die Regelungen für sie sind nicht einheitlich. Der gegenwärtige Stand ist noch, dass Mofas ohne Führerschein und ohne Nummernschild auf der Straße gefahren werden. Ob es sich bei dem zwei- und dreirädrigen Mofa um ein Kraftfahrzeug handelt, ob der Fahrer beim Führen im Besitz eines Kraftfahrzeugführerscheins sein sollte, und ob das elektrische Mofa nur mit einem Führerschein gefahren werden soll, haben derzeit in Chinas Gesetzen keine ausdrücklichen, einschlägigen Bestimmungen. In der Praxis können Elektro-Motoroller tatsächlich auch nicht als Kraftfahrzeuge registriert werden, benötigen keinen Führerschein und können auch nicht bei einer Haftpflichtversicherung angemeldet werden. Die Phänomene des Verkehrschaos durch das Fahren auf Fahrbahn, Fahrradweg und Gehweg, und auf der falschen Straßenseite sowie das Überfahren von roten Ampeln, ist schlimmer in mittleren und kleinen Städten. Darüber hinaus passiert es häufiger, dass der Versicherer wegen komplizierten Vorschriften und höheren Risiken eine Versicherungsanfrage ablehnt. Die Mofafahrer und Mofahalter gehören häufig nicht zu den Besserverdienenden. Deshalb geraten sie einfach in Schadensersatzdruck.

aa) Unbekannte Schädiger

In der Praxis gibt es viele Verkehrsunfälle, die auf einen vorschriftswidrigen Mofafahrer zurückzuführen sind, dann ein Mensch in das Fahrzeug hineingelaufen ist, oder das Auto mit einem Radfahrer zusammen kollidiert.

In einem Urteil[539] von drei Verkehrsbeteiligten fuhr Wang sein Motorrad mit Kennzeichen auf der Fahrstraße, ein elektrisches Zweiradmofa krachte mit sehr schneller Geschwindigkeit gegen das Motorrad, wodurch Wang die Kontrolle verlor. Daraufhin stieß das Motorrad mit dem Heck eines Lastwagens zusammen, der von Gu am Straßenrand verbotswidrig geparkt worden war. Wang ist dadurch schwer verletzt worden. Nach dem Stoßen hat sich der/die Mofafahrer/in vom Unfallort entfernt, bis zum Gerichtsverfahren hat die Polizei diesen Täter

539 UVG Guangdong Puning, Urteil (2017) – 5281 S 306 [广东省普宁市人民法院 (2017) 粤 5281 民初 306 号民事判决].

nicht finden können. Nach 15 Tagen hat die Verkehrsverwaltung eine Sachverhaltsfeststellung ausgestellt, die besagt, dass die hauptsächliche Schuld dieses Unfalls beim Mofafahrer liegt, sodass dieser die überwiegende Haftung tragen muss. Zwar hat Gu den Lastwagen nicht am richtigen Platz geparkt, dies sei jedoch ein nebensächlicher Grund, sodass er nur die sekundäre Haftung trägt. Da nicht bestätigt werden kann, dass Wang ein Verschulden trifft, muss Wang auch nicht haften. Das erste Instanzgericht hat diese Sachverhaltsfeststellung von der Verkehrspolizei angenommen, und beurteilt, dass der Mofafahrer für die Höhe von 60% des Schadens haftet, Gu haftet für die 40%. Das Berufsgericht hält die Haftung von 40% für gerechtfertigt.

Gu ist ein Angestellter vom Lastwagenhalter Tongda GmbH, und für den Transport hat Tongda gleichzeitig die Versicherungsverträge der Pflichthaftpflichtversicherung und Kfz-Privathaftpflichtversicherung [Deckungssumme bis 1,000,000 Yuan (125,000 Euro)] abgeschlossen. Die Personenschäden des Wangs beträgt insgesamt 220,920.75 Yuan, davon sind die Behandlungskosten (Heilkosten) 49,518.87 Yuan. Dieser Betrag geht überschreitet die Obergrenzen der Deckungssumme bei Pflichthaftpflichtversicherung (bis 10,000 Yuan), und der restliche Teil wegen der Invalidität (171,401.88 Yuan) umfasst Schmerzensgeld, Verdienstausfall, Erwerbsminderung, Pflegebeitrag, Transportgebühren usw. Auch, diese Kosten übersteigen die Deckungssumme der Pflichthaftpflichtversicherung (bis 110,000.00 Yuan). Deshalb wird nach der vollen Ersetzung von der Pflichthaftpflichtversicherung der Beitrag in Höhe von 100,920.75 (= 39,518.87 + 61,401.88) Yuan noch nicht von der Pflichthaftpflichtversicherung gedeckt. Wenn ein Fahrzeug, für das es gleichzeitig die Pflichthaftpflichtversicherung und Kfz-Privathaftpflichtversicherung gibt, einen Verkehrsunfall verursacht, wird der Versicherungsgeber der Pflichthaftpflichtversicherung zunächst innerhalb der Deckungssumme Schadensersatz bezahlen, der nicht gedeckte Teil wird dann von dem Versicherer der Kfz-Privathaftpflichtversicherung nach dem Versicherungsvertrag ersetzt.[540] Wenn Gu für 40% des Schadens haftet, muss der Versicherer der Kfz-Privathaftpflichtversicherung nach dieser Haftungsquote einen Schadensersatz bezahlen in Höhe von 100, 920.75 Yuan × 40% = 40368.3 Yuan. Im Ergebnis kann der Geschädigte Wang noch 60,552.45 Yuan wegen dem unbekannten Mofafahrer nicht ersetzt verlangen. Das Risiko trägt deshalb der

540 Vgl. Art. 16 in „Erläuterungen des Obersten Volksgerichts zu einigen Fragen der Anwendung des Rechts bei der Behandlung von Straßenverkehrsfällen zum Schadensersatz (《最高人民法院关于审理道路交通事故损害赔偿案件适用法律若干问题的解释》), wurde vom 21.12.2012 an angewendet.

Geschädigte.[541] Wenn keine Kfz-Privathaftpflichtversicherung für den Lastwagen bestehe, könnte der Geschädigte nur 120,000.00 Yuan ersetzen verlangen. Außerdem fällt auf, dass in der ersten Instanz das Gericht im Prozess die Haftungsquote des Unbekannten auch auf 60% festgesetzt hat.[542]

Während mehrere für den Schaden verantwortliche Schädiger dem Geschädigten gegenüber gemäß § 840 Abs. 1 BGB als Gesamtschuldner haften, trägt dann nicht der Geschädigte das Insolvenzrisiko, wenn ein Gesamtschuldner infolge Unfallflucht unbekannt oder insolvent ist. In dem vorliegenden Fall könnte Wang den Gu, Tongda und Versicherer als Haftungseinheit aus §§ 7 Abs. 1, 18 Abs. 1 StVG, § 115 VVG voll in Anspruch nehmen, obwohl der Mofafahrer für den Schaden des Wangs hauptverantwortlich und gemäß § 823 Abs. 1 BGB schadensersatzpflichtig ist. Hätte sich der Mofafahrer hier unerkannt entfernt, oder eben keine Kfz-Privathaftpflichtversicherung und wäre persönlich insolvent, wäre dennoch das Schutzinteresse des Geschädigten voll abgedeckt.

In den Fällen mit ähnlicher Sachverhalte beantragten die Kläger als Geschädigte alle am Unfall beteiligten Beklagten als Gesamtschuldner gemäß Art. 11 HPflG zu verurteilen, aber wird das Gericht weist die Klage wegen fehlender Beweise ab, dass der jeweilige selbstständige Beitrag die ganze Schadensentstehung ausreichend ist.[543]

bb) Nicht versicherte Schädiger

In der typischen Fallgruppe beim unvorsichtigen Türöffnen durch Beifahrer[544] hat normalerweise der Beifahrer als natürliche Person keine allgemeine Haftpflichtversicherung abgeschlossen. Die Schädigungshandlung der Beifahrer (unachtsames Öffnen der Autotür, ohne Rücksicht auf sonstige Verkehrsteilnehmer) ist ursächlich für den Schaden (z.B. Beeinträchtigung von Körper und Gesundheit des vorbeifahrenden Geschädigten).[545] Gleichzeitig müsste

541 Ähnliche Sachverhalte siehe: UVG Hunan Tianxin, Urteil (2014) – C 3095 [湖南省长沙市天心区人民法院 (2014) 开民初字第 3095 号]; UVG Chongqing. Dazu, Urteil (2015) – C 06944 [重庆市大足区人民法院 (2015) 足法民初字第 06944 号].

542 UVG Guangdong Puning, Urteil (2017) – 5281 C 306 [广东省普宁市人民法院 (2017) 粤 5281 民初 306 号民事判决].

543 UVG Chongqing Dazu, Urteil (2015) – C 06944 [重庆市大足区人民法院 (2015) 足法民初字第 06944 号].

544 Seitdem der Verabschiedung im Jahr 2000 des chinesischen Haftpflichtgesetzes gibt es durch Internet-Recherchen (聚法) 290 Urteile, die um Schadensersatz wegen Beifahrertüröffnung.

545 Nr. 2 MVG Shanghai, Urteil (2019) – II S 2816 [上海市第二中级人民法院，(2019) 沪 02 民终 2816 号]; MVG Xinxiang, Urteil (2018) – 07 S 3882 [新乡市中级人民法

ein Verschulden des KFZ-Führers ersichtlich sein. Die „Betriebsgefahr" eignet sich hier als Fallgruppe nicht, ansonsten könnte zu dem Betrieb des Pkws das Aussteigen gehören. Solches Verschulden könnte sich durch nicht ordnungsgemäßes Halten[546] ergeben, ebenso durch verbotenes Fahren auf den Radweg.[547] Der Fahrer muss dann den Beifahrer davor warnen, die Tür zum Radweg hin zu öffnen, bevor er oder der Aussteigende sich davon überzeugt haben, dass dies ohne Gefahr für andere geschehen kann. Es wäre auch möglich, dass den vorbeigefahrenen Geschädigten ein Mitverschulden trifft, indem er beispielsweise keinen ausreichenden Sicherheitsabstand gehalten hat, zu schnell fährt oder einen anderen grob verkehrswidrigen Verstoß gegen die Verkehrsordnung begeht.[548]

Es ist eigentlich ohne Zweifel, dass die Kfz-Fahrer, Halter und KH-Versicherer zusammen auf einer Seite und der Beifahrer auf der anderen Seite in zwei selbstständigen Verhandlungen gemäß Art. 12 HPflG dem Geschädigten gegenüber als Teilschuldner jeweils für eigene Quoten haften.[549] Den Schadensersatz durch die Versicherung und die Pflichten der Beteiligten behandelt das folgende Urteil von Cixi LG.[550] Hier kam der Kläger Wang, der ein elektrisches Fahrrad

---

院 (2018) 豫 07 民终 3882 号]; MVG Binzhou, Urteil (2018) – 16 S 1313 [滨州市中级人民法院 (2018) 鲁 16 民终 1313 号]; Nr. 1 MVG Tianjin, Urteil (2016) – I S 4320 [天津市第一中级人民法院 (2016) 津 01 民终 4320 号].

546 MVG Weihai, Urteil (2018) – 10 C 1770 [威海市中级人民法院 (2018) 鲁 10 民终 1770 号]; MVG Binzhou, Urteil (2018) – 16 S 1313 [滨州市中级人民法院 (2018) 鲁 16 民终 1313 号]; UVG Shanghai Pudong, Urteil (2017) – 0115 C 32466 [上海市浦东新区人民法院 (2017) 沪 0115 民初 32466 民事判决书]; OVG Zhejiang, Urteil (2017) – II S 316 [(2017) 浙 02 民终 316 号]; MVG Shandong Zaozhuang, Urteil (2017) – IV S 1713 [山东省枣庄市中级人民法院 (2017) 鲁 04 民终 1713 号].

547 UVG Xuzhou Tongshan, Urteil (2017) – 0312 C 2673 [徐州市铜山区人民法院（2017）苏 0312 民初 2673 号].

548 MVG Zhejiang Hangzhou, Urteil (2014) – C 208 [浙江省湖州市中级人民法院（2014）浙湖民终字第 208 号]; UVG Zhejiang Cixi, Urteil (2016) – 0282 C 2092 [浙江省慈溪市人民法院（2016）浙 0282 民初 2092 号], Nichtkraftfahrzeug fährt auf die Fahrbahn, beträgt der Mitverschuldensanteil in Höhe von 20%.

549 UVG Shanghai Pudong, Urteil (2017) – 0115 C 32466 [上海市浦东新区人民法院（2017）沪 0115 民初 32466 民事判决]; Nr. 2 MVG Shanghai, Urteil (2019) – 02 S 2816 [上海市第二中级人民法院 (2019) 沪 02 民终 2816 号]; OVG Shandong, Urteil (2017) – S 6098 [（2017）鲁 02 民终 6098 号]; OVG Zhejiang, Urteil (2017) – II S 316 [（2017）浙 02 民终 316 号]; MVG Shandong Zaozhuang, Urteil (2017) – IV S 1713 [山东省枣庄市中级人民法院（2017）鲁 04 民终 1713 号].

550 UVG Zhejiang Cixi, Urteil (2016) – 0282 C 2092 [浙江省慈溪市人民法院（2016）浙 0282 民初 2092 号].

auf der Straße fuhr, dadurch zu Fall, dass die Beifahrertür eines haltenden Pkw geöffnet wird, das pflichthaftpflichtversichert und privathaftpflichtversichert bei der Beklagten (Tianan Versicherung) ist, und an dem er rechts vorbeifahren wollte. Das Gericht war nach der Sachverhaltsfeststellung der Verkehrspolizei zur folgender Überzeugung gelangt: Das Öffnen der Beifahrertür durch den Beklagten Li führte zum Zusammenstoß mit dem radfahrenden Kläger Wang, Li musste die überwiegende Haftung tragen. Die Haftungsquote wurde mit 70% festgelegt. Der Kfz-Fahrer Wu hat den Beifahrer nicht davor gewarnt, die Tür zu öffnen, bevor er sich davon überzeugt hat, dass dies ohne Gefahr für andere geschehen kann, sodass er die sekundäre Haftung tragen musste. Deren Haftungsquote beträgt festgelegt. Der Kläger Wang musste für 20% des Schadens haften, denn er fuhr das elektronische Fahrrad nicht auf dem Fahrradweg. Die Schadenssumme beträgt insgesamt 225,000 Yuan.

Der Versicherer des Fahrzeuge Tianan ist verpflichtet, den Schaden im Rahmen der Pflichthaftpflichtversicherung innerhalb der Deckungssumme zu ersetzen, ohne dass die Quote der Haftungsaufteilung zu berücksichtigt ist, weil Tianan für den durch das versicherte Fahrzeug verursachten Schaden des Dritten ersatzpflichtig ist. Die Summe umfasst die Behandlungskosten, Invalidität, Schmerzensgeld, Vermögensschaden, aber nur bis zur Deckungssumme i.H.v. 122,000 Yuan. Die unbedeckten Beiträge betragen 103,000 Yuan, die zuerst von der Kfz-Privathaftpflichtversicherung nach der Haftungsquote des Fahrers in Höhe von 10% (9800 Yuan außer Gutachterkosten und nicht versicherte Kosten) ersetzt wird. Li schuldet die 70% der unbedeckten Beiträge (72,100 Yuan), und Wang kann die restlichen 20% wegen des Mitverschuldens nicht ersetzt verlangen. Der Beklagte Li wurde durch die Zustellung der Ladung aufgefordert, zum Gerichtstermin zu erscheinen. Aber Li war ohne Gründe abwesend. Das Gericht hat in absentia verurteilt. Das ist völlig vorhersehbar, dass dieser Beitrag (72,100 Euro) schwer zu ersetzen wird. Die Vollstreckung des Urteils stellt sich als sehr kompliziert für den Gläubiger dar, und dauert zu lange, sodass er diesen Anspruch nicht durchsetzen können wird. Position des Gläubigers ist also signifikant schwächer als bei der Gesamtschuld.

Es ist anzumerken, dass ein Teil der Urteile beim unvorsichtigen Türöffnen durch Beifahrer entschieden hat, dass Kfz-Fahrer und Beifahrer nach außen gemäß Art. 8 HPflG[551] für den Unfallschaden gesamtschuldnerisch haften, weil die beiden Seiten nach dieser Urteile gemeinsam fahrlässig die rechtswidrige

551 Siehe Fn. 166.

Handlung ausgeführt haben.[552] In solchen gerichtlichen Entscheidungen sind die Beklagten (Versicherer von Fahrzeugen) prozessual der Ansicht, dass sie nur für den Haftungsanteil des Kraftfahrzeugführers als Gesamtschuldner verpflichtet sind. Auch nach der ersten Instanz hat der Versicherer gegen dieses Urteil Berufung eingelegt.[553] Diese Einwendung über das Ersetzen zeigte auch, dass die Versicherungsentschädigung nicht nach dem Unfall sofort gezahlt wird.

Außerdem gibt es auch einige Urteile, in denen alle Beklagten auch als Gesamtschuldner verurteilt worden sind. Die Gerichtsentscheidungen beriefen sich aber doch nicht auf Art. 8 HPflG, sondern ist darauf, dass die Erlaubnis vom Kraftfahrzeugführer, dass der Beifahrer als Freund im Fahrzeug mitfahren und Tür öffnen konnte, was eine Form der Nutzung des Fahrzeuges sei. Der Fahrzeughalter hat das Fahrzeug versichert, sodass die Kfz-Privathaftpflichtversicherung auch für die Gesamtschuldquote der Fahrer und Beifahrer aufkommen musste.[554] Dieses Ergebnis wirkt sich häufig direkt auf den von der Versicherung gezahlten Betrag aus.[555] Die Richter versuchte offensichtlich, mehr den Interessenschutz des Geschädigten als Opfer zu berücksichtigen, damit er effektiver und schneller einfach Schadensersatz bekommen kann.[556]

---

552 UVG Shandong Binzhou, Urteil (2017) – 1691 C 1248 [山东省滨州经济技术开发区人民法院 (2017) 鲁 1691 民初 1248 号]; MVG Weihai, Urteil (2018) – 10 C 1770 [威海市中级人民法院 (2018) 鲁 10 民终 1770 号]; MVG Zhejiang Huzhou, Urteil (2014) – S 208 [浙江省湖州市中级人民法院 (2014) 浙湖民终字第208号]；UVG Xuzhou Tongshan, Urteil (2017) – 0321 C 2673 [徐州市铜山区人民法院 (2017) 苏 0312 民初2673号].

553 MVG Zhejiang Hangzhou, Urteil (2015) – C 736 [浙江省杭州市中级人民法院, (2015) 浙杭民终字第 736 号].

554 MVG Zhejiang Hangzhou, Urteil (2015) – C 736 [浙江省杭州市中级人民法院 (2015) 浙杭民终字第 736 号]. UVG Shaoxing Yuecheng, Urteil (2015) – I C 4577 [绍兴市越城区人民法院 (2015) 年绍越民初字第 4577 号]；Nr. 1 MVG Tianjin, Urteil (2016) – I S 4320 [天津市第一中级人民法院 (2016) 津 01 民终 4320 号].

555 MVG Zhejiang Hangzhou, Urteil (2014) – C 208 [浙江省湖州市中级人民法院, (2014) 浙湖民终字第 208 号]， in diesem Urteil sind das Haftungsquote im Verhältnis zwischen Fahrer Beifahrer und Geschädigten 3:1:1, so nimmt die Kfz-Privathaftpflichtversicherung an der Haftungsquote teil, die auf „seine" Versicherten entfällt. Weil die Beklagte (Fahrer und Beifahrer) Gesamtschuldner sind, ist die Quote in Höhe von 4/5 zu ersetzen.

556 UVG Shaoxing Yuecheng, Urteil (2015) – I C 4577 [绍兴市越城区人民法院 (2015) 年绍越民初字第 4577 号]； Nr. 1 MVG Tianjin, Urteil (2016) – I S 4320 [天津市第一中级人民法院 (2016) 津 01 民终 4320 号].

Im Vergleich mit der Teilschuld gemäß Art. 12 HPflG kann der Geschädigte zweifellos nach dem rechtskräftigen Urteil im Rahmen der Versicherung sicherer Schadensersatzbetrag erhalten, wenn die Nebentäter als Gesamtschuldner für den Schaden haften. Eine Gefahr besteht nur darin, dass eine Erweiterung des Art. 8 abgelehnt werden muss, denn Mittäterschaft ist nur bei Vorsatztaten möglich.[557] Auf die Beschränkung dieser Vorschriftsanwendung auf bewusstes Zusammenwirken darf nicht verzichtet werden. Würde mit der Anerkennung der Mittäterschaft eine Haftungserweiterung in Fällen der kumulativen Kausalität angestrebt, wäre dem zu widersprechen. Wenn die Auferlegung der Gesamtschuld den Zweck hat, dass es nur dem Geschädigten zugunsten die Schädiger mit dem Regressrisiko belastet, führt es zu dem Streit über die Anwendungsbereiche der Vorschriften Art. 11 und 12 HPflG, die getrennt ausgeführte Handlungen regeln.[558] Die zentrale Frage ist nicht, ob die Nebentäter mit Mittäter verwechselt werden, sondern liegt darin, ob eine durch selbstständige Handlungen im Wege der kumulativen Kausalität verursachte Rechtsgutsverletzung folgerichtig eine gesamtschuldnerische Haftung nach sich zieht.

b) Regressrisiko der Geschädigten

Außer dem Bereich des Straßenverkehrs ist die allgemeine Privathaftpflichtversicherung kein beliebtes Produkt in China, die zur Abdeckung des Haftpflicht-Risikos einer Privatperson für Situationen des täglichen Lebens dient.[559] Die Anzahl der Familien mit Haustieren hat im Jahr 2018 bis 73 Millionen erreicht.[560] Aber die Teilnahmequote an der Versicherung ist weniger als 1%.[561] Es ist rechtmäßiger, dass basierend auf dem aktuellen Zustand des Versicherungsmarkts der Nebentäter im Außenverhältnis zum Gläubiger das Risiko dafür trägt, dass der andere Gesamtschuldner die ihm nach dem Innenverhältnis obliegenden Leistungen nicht vollständig erbringt. Die Last des Schadens ist lediglich im Innenverhältnis nach den Anteilen an dessen Herbeiführung aufzuteilen. Damit der Geschädigte nicht mit den Regressrisiken der übrigen Schädiger belastet wird

557 *Cheng, Xiao* (程啸), in: Tsinghua Law Review, 02/2010; Wang, Liming (王利明), Haftungspflichtrecht, Bd. 1, 2010, S. 525 f.

558 *Cheng, Xiao* (程啸), in: Tsinghua Law Review, 02/2010.

559 *Chen, Yangdong* (陈仰东), in: China Soziale Sicherheit, 07/2017; *Chen, Yuanbin* (陈媛嫔), in: Modelle staatseigener Betriebe，04/2018; *Zhong, Baoping* (钟保平), in: China Insurance, 16.09.2014.

560 Weißbuch der chinesischen Heimtierindustrie im Jahr 2018, ist am 21.08.2018 ausgegeben worden. (《2018 年中国宠物行业白皮书》，2018 年 8 月 21 日).

561 *Shang, Qianrui* (尚倩睿), in: Steuer, 04/2019, S. 213.

und damit er nicht mehrere Prozesse führen und die Haftungsanteile der Schädiger ermitteln muss, wird zu seinem Schutz angeordnet, dass die Schädiger über ihren Haftungsanteil hinaus haften.[562]

Aus den vorangegangenen Überlegungen lässt sich eine Gesamtschuld für Nebentäter mit kumulativer Kausalität anordnen, und haftet jeder Nebentäter als Gesamtschuldner dem Geschädigten auf Ersatz des gesamten Schadens, es sei denn dem Geschädigten ist ein eigenes Mitverschulden am Schadensereignis vorzuwerfen. Ein Mitverschulden des Geschädigten hat aber keine gesamtschuldspezifische Wirkung. Es hat nur zur Folge, dass sein Ersatzanspruch um die Mitverschuldensquote gekürzt wird. In Höhe des gekürzten Ersatzanspruchs bleibt es bei der gesamtschuldnerischen Haftung der Schädiger. Das Gesetz erlegt dem Schädiger nicht nur die Pflicht zur Restitution des von ihm zurechenbar verursachten Schadens auf, sondern hält ihn darüber hinaus dazu an, dem Gläubiger die Abwicklung des Schadensfalles zu erleichtern. Der Zweck der Gesamtschuld erfordert ebenfalls nicht, dass im Innenverhältnis zwischen den Schuldnern wiederum gesamtschuldnerisch gehaftet wird.

c) Eigene Stellungnahme

Im chinesischen Rechtssystem handelt es sich bei der Schadensverteilung bei mehreren Schädigern um die Bestimmung der idealen Schadensquoten. So bereitet die „Doppelstellung" des Geschädigten keine besonderen Probleme, weil der Schaden nach dem Maß der jeweiligen Verantwortlichkeiten gleichmäßig zwischen allen Beteiligten zu verteilen ist. Es hängt nicht davon ab, ob ein Verschulden des Geschädigten bei der Entstehung eines Schadens mitgewirkt hat.

Am wenigstens zu lösen vermag es die reine Teilschuldlösung. Die durch den Status quo aufgedeckten Probleme veranlassen zum Nachdenken darüber, ob der Geschädigte, dem ein Schaden zugefügt wurde, weit unterlegen ist. Er läuft Gefahr, dass er entweder zu wenig erhält oder dass seine Klagen teilweise kostenpflichtig als unbegründet abgewiesen werden. Außerdem ist die Teilschuldkonzeption bei Nebentäterschaft mit kumulativer Kausalität auf das Missverständnis zur Conditio-sine-qua-non-Theorie zurückzuführen.

Es sollte betont werden, dass die Anteilshaftung in der Fallgruppe von einer Mehrzahl von Schädigern ihren Anwendungsraum hat. Der Wortlaut des Art. 12 HPflG regelt eher die Fallgruppe von mehreren Schädigern mit additiver Kausalität, in der es sicher ist, dass von mehreren Beiträgen keine den gesamten

562 *Hoffmann*, AcP 211, 703 (710 f.).

Schaden herbeigeführt hat, aber nicht festgelegt wird, welcher bestimmbare Teilschaden welchem Schädiger zuzurechnen ist. Solche Fälle sollten von der Nebentäterschaft mit kumulativer Kausalität unterschieden werden. Außerdem sollten für beide Fallkonstellationen getrennte Vorschriften gestaltet werden. Aufgrund der fehlenden Kenntnis der Kausalitätsarten bei mehreren Schädigern lässt sich die kumulative Kausalität bei Nebentäterschaft in den Anwendungsbereich des Art. 12 HPflG einbeziehen. Denn lässt man außer Acht, dass in der Nebentäterschaft mit kumulativer Kausalität zwischen der Handlung eines jeden und dem Erfolg ein vollständiger Ursachenzusammenhang im juristischen Sinn besteht, so bedeutet dies, dass der einzelne Schädiger auch mit dem Verantwortungsbeitrag des anderen belastet wird. Mehrere Schädiger mit additiver Kausalität i.V.m. Art. 12 HPflG bezieht sich auf die anteilige Kausalität, bei der die Anteilshaftung zweifellos ist. Und so ist davon auszugehen, dass alle dies zu gleichen Teilen getan haben, wenn es unsicher ist, welche anteilige Kausalität welchen Teilschaden herbeigeführt hat.

Basierend auf den oben genannten Gründen sollte die Formulierung des Art. 12 HPflG nach der Meinung dieser Arbeit geändert werden, um die beiden Kausalitätsarten in den Nebentäterfällen voneinander zu unterscheiden. Der Artikel sollte lauten: „Wenn mehrere Personen durch die getrennten Ausführungen von rechtsverletzenden Handlungen als notwendige Bedingungen den Schaden verursachen, übernehmen die Handelnden die gesamtschuldnerische Haftung. Es sei denn, wenn es eine vernünftige Basis dafür gibt, dass jede rechtsverletzende Handlung nur zu einem abgrenzbaren Teil des Schadens geführt hat; dann, übernimmt jede Person für sich die entsprechende Teilhaftung; wenn es unaufklärbar ist, welcher Person die jeweiligen Teile des Schadens zuzurechnen sind, übernehmen die Handelnden die Haftung gleichmäßig."

D. Rechtsvergleichende Schlussbetrachtung

1. In der vorliegenden Arbeit werden Konstellationen untersucht, in welchen ein Geschädigter durch eine Mehrzahl von Schädigern ohne bewusstes Zusammenwirken geschädigt wird. Nebentäterschaft als ein nicht klar definierter Begriff im Zivilrecht umfasst ein nicht-mittäterschaftliches Zusammentreffen von den Beiträgen der selbstständigen Schädiger. Ob ein solcher Begriff nötig oder mit der Beschreibung der Nebentäterschaft treffend bezeichnet ist, ist zuerst zweifelhaft. Aber es ist am vernünftigsten, solche Fallgruppen bei einer Mehrheit von Schädigern nach den wichtigsten Kausalitätsarten zu sortieren. Es geht dabei um die kumulative, konkurrierende, additive und alternative Kausalität. Ob ein einheitlicher Schaden besteht, ist unerheblich. Wichtig ist der einheitliche Kausalverlauf.

Durch die Analyse der verschiedenen Kausalitätsarten wird klar, dass die Anordnung der Haftung in den beiden Rechtssystemen nur bei der kumulativen Kausalität ganz unterschiedlich ist, bei der der Schaden als eine Qualitätsveränderung durch die Zusammenwirkung der Kausalketten eingetreten ist.

2. Mithilfe der Kausalitätsarten kann man auch die Anteilszweifel-Fallgruppe, die vom § 830 Abs. 1 S. 2 BGB erfasst wird, von der Nebentäterschaft mit kumulativer Kausalität unterscheiden. Die Anwendung des § 830 Abs. 1 S. 2 BGB setzt eine Gesamtkausalitätseignung voraus sowie die Voraussetzung, dass nicht geklärt werden kann, ob jeder möglicherweise auch nur einen Teilschaden verursacht hätte. Die Schädiger im Fall mit Anteilszweifel i.S.d. § 830 Abs. 1 S. 2 BGB hätten entweder den ganzen Schaden, einen Teilschaden oder gar keinen Schaden verursacht. Bei kumulativer Kausalität sind die Beiträge der Beteiligten Teilursache, aber die Kausalität des Handelns aller Nebentäter steht fest, anders als bei der Kausalitätsvermutung in § 830 Abs. 1 S. 2 BGB. Außerdem umfasst eine Schädigung mit Anteilszweifel die Möglichkeit, dass der Schaden in additiver Kausalität entstanden ist. Bei additiver Kausalität ist aus kausaler Sicht klar, dass jeder Schädiger nur für einen Teilschaden verantwortlich ist, deshalb haften die Schädiger anteilsmäßig. Aber § 830 Abs. 1 S. 2 BGB kann nicht eingreifen, wenn feststellbar ist, dass jeder Beteiligte nur einen Teil des Schadens verursacht hat. Bei einer Mehrzahl von Schädigern tritt als Folge nicht zwingend eine gesamtschuldnerische Haftung ein. Aus dieser Sicht ist die Anteilshaftung gemäß Art. 12 HPflG gerechtfertigt, weil diese Vorschrift die Schädigermehrheit bei additiver Kausalität regelt, wobei sich der Schaden in Teilschäden gliedert. Die Schädiger tragen die ihren Beiträgen entsprechenden Anteilshaftungen, weil

die Handlungen der einzelnen Schädiger den einzelnen Teilschäden aufgrund der zugrunde liegenden Kausalitäten individuell zugerechnet werden.

3. Die Fallgruppe der Schädigermehrheit mit der kumulativen Kausalität ist die am naheliegendste Fallkonstellation der Nebentäterschaft. Den Ausgangspunkt der Nebentäterschaft bei kumulativer Kausalität bildet der Kausalzusammenhang bzw. die Setzung einer Conditio-sine-qua-non-Bedingung. Im Unterschied zur additiven Kausalität sowie zum Fall mit Anteilszweifeln, tritt der Verletzungserfolg nur durch eine Vereinigung von mehreren gegenseitigen Bedingtheiten ein. Hat jeder Schädiger von mehreren jedoch einen abgrenzbaren Verletzungserfolg verursacht, sind sie wegen nicht gewollten Zusammenwirkens Nebentäter, allerdings kann § 840 BGB mangels Haftungsidentität nicht eingreifen. § 840 Abs. 1 BGB ist keine Anspruchsgrundlage, er regelt nur das Haftungsverhältnis nach Außen für Ansprüche gegen mehreren Nebentäter. Im Nebentäterfall mit kumulativer Kausalität ist die Zurechenbarkeit des Schadens aus den die Verantwortlichkeit begründenden Haftungsnormen zu entnehmen. Die einzelnen Beiträge sind Bedingungen und bilden die vereinigten Kausalketten für den gesamten Schaden, somit ist die Haftung für den ganzen Verletzungserfolg selbstverständlich. Man kann nicht verneinen, dass in den Nebentäterfällen die Gesamtschuld i.S.d. § 840 Abs. 1 BGB in Anbetracht der schutzwürdigen Interessen des Geschädigten den Schädigern auferlegt ist. Den Nebentätern wurde gemäß § 840 Abs. 1 BGB die gesamtschuldnerische Verantwortlichkeit für den bestehenden Haftungsumfang angeordnet. Die Haftung der Nebentäter als Gesamtschuldner ist keine besondere Art der solidarischen Haftung, sondern vielmehr durch die Anordnung der Solidarhaftung ein rechtstechnischer Weg, dem Geschädigten frühestmöglich ohne Risiko einen ausreichenden Schadensersatz zu gewähren.

4. Aus der Entwicklungsgeschichte der deliktischen Gesetze ergibt sich, dass die Anteilshaftung bei mehreren nicht-mittäterschaftlichen Schädigern seit langer Zeit in China bekannt ist. Das zentrale Problem ist, dass es an einer systematischen Einordnung der Kausalitätsarten fehlt, obwohl die Fallkonstellationen der Schädigermehrheit nach subjektiven und objektiven Kriterien aufgeteilt sind. Die Argumentationen für die Anteilshaftung gemäß Art. 12 HPflG sind nicht genau auf die Nebentäterschaft mit kumulativer Kausalität ausgerichtet.

Ob der einzelne Tatbeitrag eines Nebentäters den ganzen Schaden ausreichend verursacht hätte, ist als ein Unterscheidungskriterium von Gesamtschuld und Teilschuld untauglich. Möchte der Geschädigte in einem Nebentäterfall bei kumulativer Kausalität von einem Nebentäter den Schadensersatz auf das Ganzen geltend machen, muss er dann nicht nur beweisen, dass bei dem Nebentäter ein anspruchsbegründendes Verhalten gegeben und die Kausalität zwischen Verhalten und Schaden zweifellos ist, sondern auch, dass die Gesamtkausalitätseignung des Beitrags vorliegen muss. Die Anforderungen dieser zuletzt genannten Voraussetzung im Nebentäterfall ohne Kausalitätsvermutung sind offenkundig streng.

Die Argumentationen für die Proportionalhaftung oder Wahrscheinlichkeitshaftung in Fällen diffuser Multikausalität bzw. mit ungeklärter Kausalverlauf und potentiellen Schädigern können nicht als Begründung der Teilschuld dienen, weil die Vorschrift des Art. 12 HPflG die Nebentäterfallgruppe mit kumulativer Kausalität umfasst, in der die Ursächlichkeit der einzelnen Handlungsbeiträge für den Gesamtschaden unzweifelhaft ist. Die Anforderung der gesamtschuldnerischen Haftung mehrerer Nebentäter würde die Beweislast des Geschädigten erleichtern. Der angeklagte Schädiger darf auch selbst beweisen, dass es um additive Kausalität geht und ihm nur ein Teilschaden zuzurechnen ist.

5. Eine Kürzung des Schadensersatzanspruchs bei Mitverschulden des Geschädigten auf den von mehreren Nebentäter zu bezahlenden Gesamtschaden ist in beiden Rechtssystemen anerkannt. Eine allgemeine Leitlinie bei der Bestimmung der von beiden Seiten zu tragenden Haftungsquoten hat sich dahin gehend herauskristallisiert, dass in erster Linie auf die Verursachungsgewichte und in zweiter Linie auf das Maß des beiderseitigen Verschuldens und andere relevante Umstände abgestellt wurde. Alle Umstände des Einzelfalls, die das Gewicht eines tatbestandlich relevanten Zurechnungsfaktors beeinflussen, sind bei der Haftungsabwägung zu berücksichtigen. Das durch die Gewichtung der Verursachungsbeiträge gewonnene Ergebnis bedarf doch der Korrektur bei einem unterschiedlichen Grad des Verschuldens. Nicht nur der Grad der Wahrscheinlichkeit, sondern auch das Maß der konkreten Normwidrigkeit als Kriterium des Gewichts der jeweiligen Verursachungsbeiträge führen dazu, dass eine mathematisch exakte Quotenbildung nicht möglich ist.

Es gibt keinen Begriff der Sach- und Betriebsgefahr im chinesischen Deliktsrecht, aber aufseiten des Geschädigten ist die selbstgefährdende Betriebsgefahr maßgeblich, die adäquat-kausal zum Schadenseintreten beigetragen hat. Der Geschädigte muss sich eine von ihm zu vertretende Sach- oder Betriebsgefahr bei einer Haftung des Schädigers aus Gefährdungshaftung als auch wegen Verschuldens anrechnen lassen.

Eine Abwägung nach Billigkeitsgesichtspunkten widerspricht dem Wortlaut der § 254 BGB und Art. 26 HPflG, aber in Rücksicht auf die Einstellung der Teilschuld gemäß Art. 12 HPflG hat der Richter bei der Quotenbildung auch Umstände wie z.B. die Vermögensverhältnisse der Beteiligten oder das Bestehen von Versicherungsschutz in die Haftungsabwägung einzubeziehen. Dies spiegelt einerseits den unzureichenden Interessenschutz des Geschädigten wider, andererseits den zu großen Beurteilungsspielraum des Richters.

Dies führt dazu, dass auch die konkrete Schadensverteilung dem Ermessen des Richters überlassen ist. Dabei muss vor allem die Wichtigkeit der Einzelfallbetrachtung betont werden, nämlich dass eine objektive Bewertung der Gesamtheit der während des Zeitraums zwischen den von jedem Beteiligten in Gang gebrachten Geschehensabläufe bis hin zum Zusammentreffen aller Tatbeiträgen stattfindet.

Der Sachverhaltsfeststellung der chinesischen Verkehrspolizei wird in der Haftungsabwägung eines Verkehrsunfalls eine gehobene Bedeutung zugestanden, verwirklicht doch sie die Möglichkeit, ein schnelles und akzeptables Ergebnis über die Haftungsquoten zu bekommen. Sie gilt als anerkanntes Beweismittel, und spielt daher eine wichtige Rolle bei der Feststellung der Umstände des Verkehrsunfalls, aber nicht bei der Feststellung der Haftung. Die Polizeibeamten stellen die Verstöße durch den Unfallbericht fest, die dann bis zum Beweis des Gegenteils Beweiskraft haben.

6. Die Entstehung der Kombinationsmethode in der deutschen Rechtsprechung zeigt, dass bei einem Mitverschulden des Geschädigten Nebentäter und Mittäter gemäß § 254 BGB unterschiedlich behandelt werden. Anders als die wechselseitige Zurechnung von Tatbeiträgen der Mittäter werden alle durch die Nebentäter gesetzten Bedingungsbeiträge im Sinne der Gesamtschuld jedem Nebentäter nicht vollständig zugerechnet. Der Mitverschuldensanteil des Geschädigten ist für jeden Nebentäter individuell zu bestimmen. Die drei zitierten Urteile, in denen diese besondere Abwägungsmethode anerkannt worden ist, zeigen, dass erstens die Schadensverteilung im Nebentäterfall bei Mitverschulden des Geschädigten in der Praxis nicht unumstritten ist; zweitens könnten die fiktive und die künstliche Abwägung eines Verhältnisses zwischen dem Geschädigtem und einzelnem Schädiger nicht tatsächlich durchgeführt werden, wenn die weiteren Nebentäter außer Betracht blieben; drittens beinhaltet die Anwendung der Kombinationsmethode viele Probleme, die die schon schwierige Schadensverteilung in den Nebentäterfällen bei Mitverschulden des Geschädigten noch weiter verkomplizieren.

Um in den sehr wenigen Insolvenzfällen die gerechte Verteilung des Insolvenzrisikos zu erreichen, wurden Berechnungsmodelle aus der überkomplizierten Kombinationsmethode konstruiert. Trotzdem ist die vom BGH zugedachte Funktion nicht erfüllt. Aus Prozessgründen ist es auch nicht sinnvoll, die Schadensersatzklage des Geschädigten gegenüber mehreren Nebentätern mit den Erwägungen hinsichtlich der Unterscheidung von Einzel- und Gesamtschuldquoten zu belasten.

Die Gesamtschau aus der Einzelabwägung hat im Ergebnis das Prinzip der gesamtschuldnerischen Haftung ins Gegenteil verkehrt. Die Begründung zur

Einzelabwägung, dass eine Zurechnung der Anteile der anderen Nebentäter ohne die Rechtsgrundlage des § 830 Abs. 1 BGB nicht erfolgt, ist abzulehnen, weil die Eigenart der gesamtschuldnerischen Haftung nach § 840 BGB im Nebentäterfall insgesamt dafür spricht, eine einheitliche Haftungsquote der Schädiger im Außenverhältnis zu bestimmen. Die individuelle Verantwortlichkeit und das Mitverschulden des Geschädigten schalten die solidarische Haftung nicht aus.

Es gibt keine rechtliche Grundlage für die verbundene Anrechnung von Verantwortungsanteilen in der Haftungseinheit aufgrund tatsächlicher Verknüpfung, die als eine Anwendungsausnahme der Gesamtschau aus Kombinationsmethode gilt. Es besteht auch dort die Gefahr, dass einige Faktoren auf Schädigerseite unberücksichtigt bleiben.

Unabhängig davon, ob mehrere Schädiger als Mittäter, Nebentäter oder Beteiligten für den Schaden gesamtschuldnerisch haften, sollte unter Berücksichtigung aller Tatbeiträge in einer Gesamtabwägung zunächst der vom Geschädigten selbst zu tragende Schadensanteil in Abzug zu bringen sein. Weiterhin bleiben die Schädiger hinsichtlich des restlichen Betrags zum vollen Ausgleich verpflichtet.

Der Geschädigte soll sich in einem gewissen Maß an der Insolvenzrisikoverteilung beteiligen. Der Grund liegt darin, dass der spezifische Interessenschutz des Geschädigten durch die Auferlegung der Gesamtschuld nicht mehr so gerechtfertigt ist, wenn der Geschädigte kein unschuldiges Opfer ist. Der für den Schaden mitverantwortliche Geschädigte trägt das Insolvenzrisiko einzelner Nebentäter proportional, sodass die Nebentäter als Gesamtschuldner bei Illiquidität eines Mitschädigers durch einen Ausgleichsanspruch gegen den Geschädigten begünstigt werden können. Aber dies braucht nicht durch die Aufspaltung von Einzel- und Gesamtschuldquote mittels Kombinationsmethode verwirklicht zu werden. Die Modifikation der Gesamtabwägung bietet eine rationalere Lösung, die keine Negierung der Solidarhaftung im Nebentäterfall ist, dass das Problem des Insolvenzrisikos bei der Vornahme des Schadensausgleichs nur dann berücksichtigt werden muss, wenn der Mitverantwortlichkeitsanteil des Geschädigten überwiegend oder mindestens groß ist.

7. Eine individuelle Reduktion des Schadensersatzes je nach Zwei-Personen-Verhältnis von dem Geschädigten und jeweiligen Nebentäter ist im chinesischen Deliktsrecht nicht vorgesehen. Sowohl im Rahmen der Mittäterschaft mit Solidarhaftung als auch bei der Nebentäterschaft i.S.d. Art. 12 HPflG mit Anteilshaftung erfolgt eine Anspruchskürzung nur basierend auf der Bestimmung der Mitverschuldensquote. Wenn die jeweiligen Verantwortungsanteile aller Beteiligten in einem Verfahren bestimmt werden, ist zwar eine ideale Schadensverteilung durch die Gesamtabwägung zu gewährleisten, jedoch muss der Geschädigte

alle Nebentäter anklagen, um seinen Schadensersatzanspruch durchzusetzen. Er kann sich frei entscheiden, nur gegen einen Schädiger den Schadensersatzanspruch geltend zu machen, trotzdem findet eine Gesamtabwägung im Verfahren statt, um zu klären, was die übrigen Nebentäter noch aufzubringen haben.

Nach Analyse der aktuellen Rechts- und der Versicherungssituation in China besteht ein erheblicher Schutzmangel für den Geschädigten in Nebentäterfällen. Es ist nach der Meinung der Verfasserin dieser Arbeit nicht vernünftig, dass die verschiedenen Schädiger im Nebentäterfall mit kumulativer Kausalität die Anteilshaftung tragen. Eine Teilschuld würde den Geschädigten in vielen Fällen benachteiligen, obwohl er jede einzelne Schadensquote nicht genau beziffern muss.

Es ist erforderlich einzusehen, dass während die Anteilshaftung nur bei den Fällen der Schädigermehrheit mit additiver Kausalität und mit Kausalitätsvermutung Anwendung findet, die Nebentäter dem Geschädigten gegenüber Gesamtschuldner sein sollen, wenn ihre Tatbeiträge notwendige Bedingungen für Schadenseintreten sind. Die Gesamtschuld und die Trennung zwischen Außenhaftung und Innenausgleich kommen dem Geschädigten als Sicherung und Vorteil zugute. Die schutzbedürftigen Interessen des Geschädigten können trotz seines Mitverschuldens nicht vollständig ignoriert werden.

Literaturverzeichnis

I. Deutsche und englische Literatur

1. Kommentare

Bamberger, Heinz Georg/Roth, Herbert/Hau, Wolfgang/Poseck, Roman (Hrsg.): Beck'sche Online-Kommentare BeckOK BGB, 51. Ed. 1.8.2019. (Zitiert: BeckOK BGB/*Bearbeiter*)

Bender, Engelbert: Münchener Kommentar zum Straßenverkehrsrecht, Band 2, Verkehrszivilrecht Verkehrsversicherungsrecht, 1. Auflage, Beck Verlag, München 2017. (Zitiert: MüKoStVR/Bearbeiter)

Burmann, Michael/Heß, Rainer/Hühnermann, Katrin/Jahnke, Jürgen: Straßenverkehrsrecht Kommentar, 25. Auflage, Beck Verlag, München 2018. (Zitiert: BHHJ/*Bearbeiter*, StVG)

Dauner-Lieb, Barbara/Langen, Werner (Hrsg.): NomosKommentar BGB (Zitiert: NK-BGB/*Bearbeiter*)

- Band 2/1: §§ 241–610, 3. Aufl., Nomos Verlag, Baden-Baden 2016.
- Band 2/2: §§ 611–853, 3. Aufl., Nomos Verlag, Baden-Baden 2016.

Erman, Walter: Bürgerliches Gesetzbuch, Handkommentar, 2 Bände, 15. Auflage, Verlag Dr. Otto Schmidt, Köln 2017; 11. Auflage, Verlag Dr. Otto Schmidt, Köln 2014. (Zitiert: Erman BGB/Bearbeiter)

European Group on Tort Law: Principles of European of Tort Law: Text and Commentary, Springer, Wien-New York 2005. (Zitiert: TK-PETL/*Bearbeiter)*

Freymann, HansPeter/Wellner, Wolfgang (Hrsg.): juris PraxisKommentar Straßenverkehrsrecht, 1. Auflage, Juris, Saarbrücken 2016. (Zitiert: jurisPK-StVG/*Bearbeiter)*

Gsell, Beate/Krüger, Wolfgang/Lorenz, Stephan/Reymann, Christoph (Hrsg.): beck-online. Großkommentar zum Zivilrecht, Beck Verlag, München 2019. (Zitiert: BeckOGK-BGB/*Bearbeiter*)

Harte-Bavendamm, Henning/Henning-Bodewig, Fraike: Gesetz gegen den unlauteren Wettbewerb -UWG, 4. Auflage, Beck Verlag, 2016. (Zitiert: *Harte-Bavendamm/Henning-Bodewig, UWG)*

Haus, Klaus-Ludwig/Krumm, Carsten/Quarch, Matthias (Hrsg.): Gesamtes Verkehrsrecht, Teil I. Verkehrsvorschriften, 2. Auflage, Nomos Verlag, Baden-Baden 2017. (Zitiert: Haus/Krumm/Quarch, Gesamtes Verkehrsrecht, StVG)

Herberger, Maximilian/Martinek, Michael/Rüßmann, Helmut/Weth, Stephan/ Würdinger, Markus (Hrsg.): Juris PraxisKommentar BGB, 8. Auflage, Juris, Saarbrücken 2017. (Zitiert: jurisPK-BGB/*Bearbeiter*)

Palandt, Otto (Begr.): Bürgerliches Gesetzbuch, 48. Auflage, München 1989; 74. Auflage, München 2015; 78. Auflage, München 2019. (Zitiert: Palandt/*Bearbeiter*, BGB)

Säck, Franz Jürgen/Rixecker, Roland/Oetker, Harmut/Limperg, Bettina (Hrsg.): Münchener Kommentar zum Bürgerlichen Gesetzbuch (Zitiert: MükoBGB/ *Bearbeiter)*

- Band 1: Allgemeiner Teil §§ 1–240, Allg. PersR, AGG, 8. Aufl., C.H. Beck, München 2018.
- Band 2: Recht der Schuldverhältnisse §§ 241–310, 8. Aufl., C.H. Beck, München 2019.
- Band 6: §§ 705–853 BGB, PartGG, ProdHaftG, 7. Aufl., C.H. Beck, München 2017.

Saenger, Ingo/Ullrich, Christoph/Sibert, Oliver (Hrsg.): Zivilprozessordnung, Kommentierte Prozessformularbuch, 4. Auflage, Nomos Verlag, Baden-Baden 2018. (Zitiert: *Bearbeiter*, in: Saenger/Ulrich/Siebert, ZPO-Formularbuch)

Schmoeckel, Mathias/Rückert, Joachim/Zimmermann, Reinhard (Hrsg.): Historisch-kritischer Kommentar zum BGB, Band II: Schuldrecht Allgemeiner Teil §§ 241–432, Mohr Siebeck, Tübingen 2007. (Zitiert: HKK/*Bearbeiter*, BGB)

Schulze, Reiner/Dörner, Heinrich/Ebert, Ina/Hoeren, Thomas/Kemper, Reiner/Saenger, Ingo/Schreiber, Klaus/Schulte-Nölke, Hans/Staudiger, Ansgar (Hrsg.): Handkommentar BGB, 10. Auflage, Nomos Verlag, Baden-Baden 2019. (Zitiert: HK-BGB/*Bearbeiter*)

Soergel, Hans Theodor (Hrsg.): Bürgerliches Gesetzbuch mit Einführungsgesetz und Nebengesetzen (Zitiert: Soergel/*Bearbeiter*, BGB)

- Band 3/2: Schuldrecht 1/2, (§§ 243–304). Kommentar, 13. Auflage, Kohlhammer, Stuttgart 2014.
- Band 5/3: Schuldrecht 3/3, (§§ 328–432). Kommentar, 13. Auflage, Kohlhammer, Stuttgart 2010.
- Band 12: Schuldrecht 10, (§§ 823–853 ProdHG UmweltHG), 13. Auflage, Kohlhammer, Stuttgart 2005.

Staudinger, Julius: Staudingers Kommentar zum Bürgerlich Gesetzbuch mit Einführungsgesetz und Nebengesetzen (Zitiert: Staudinger/*Bearbeiter*)

- Buch 2: Recht der Schuldverhältnisse, §§ 249–254 (Schadensersatzrecht), 17. Auflage, De Gruyter, Berlin 2017.

- Buch 2: Recht der Schuldverhältnisse, §§ 397–432, De Gruyter, Berlin 2017.
- Buch 2: Recht der Schuldverhältnisse, §§ 830–838 (Haftung mehrerer Schädiger, Tierhalter-, Gebäudehaftung), De Gruyter, Berlin 2018.
- Buch 2: Recht der Schuldverhältnisse §§ 840–853 (Unerlaubte Handlungen 5), De Gruyter, Berlin 2015.

Stürner, Rolf (Hrsg.): Jauernig, Bürgerliches Gesetzbuch: BGB, 17. Auflage, Beck Verlag, München 2018. (Zitiert: Jaernig/*Bearbeiter*, BGB)

Monographien, Lehrbücher und Aufsätze

Armbrüster, Christian: Auswirkungen von Versicherungsschutz auf die Haftung, in: NJW 2009 Heft 4, S. 187–193.

Bargren, Paul: Joint and Several Liability: Protection for Plaintiffs, Wisconsin Law Review, 02/1994, S. 453–481.

Bauer, Marianne: Die Problematik gesamtschuldnerischer Haftung trotz ungeklärter Verursachung, in: JZ 1971, S. 4–11.

BayE II: Entwurf eines bürgerlichen Gesetzbuchs für das Königreich Bayern, Kaiser Signatur, München1861; Motiv zum Entwurfe eines bürgerlichen Gesetzbuches für das Königreich Bayern, Kaiser Signatur, München 1861, beides Neudruck, Scientia Verlag, Aalen 1973.

Becker, Hermann: Berner Kommentar zum Schweizerischen Zivilgesetzbuch, Obligationenrecht, Band VI, I. Abteilung, Allgemeine Bestimmungen, Art. 1–183, 2. Auflage, Stämpfli, Bern 1941 [Zitiert: *Becker*, BK-OR, N … zu Art. … OR].

Berger, Max. B: Die Bemessung des Selbstverschuldens im Straßenverkehrsrecht, Eine Abwägung zwischen den Theorien der sektoriellen Verteilung und der Verschuldenskompensation, in: Jahrbuch Straßenverkehrsrecht 2012, St. Gallen 2012. (Zitiert: *Berger*, Die Bemessung des Selbstverschuldens)

Binding, Jörg: Das Gesetz der VR China über die deliktische Haftung, De Gruyter, Berlin/Boston 2012.

Bodewig, Theo: Problem alternativer Kausalität bei Massenschäden, AcP 185 (1985), S. 505–558.

Bollweg, Hans-Georg/Doukoff, Norman/Jansen, Nils: Das neue chinesische Haftpflichtgesetz, in: ZChinR, Bd. 18 Nr. 2 (2011), S. 91–104.

Böhmer, Emil: Zum Begriff der „Umstände" i.S. des § 254 BGB, in: MDR 1962, S. 442–443.

Böhmer, Emil: Kritische Bemerkung zur Rechtsprechung zu §§ 833, 840, 254 BGB, in: JR 1972, S. 57–58.

Brambring, Günter: Mittäter, Nebentäter und Beteiligte und die Verteilung des Schadens bei Mitverschulden des Geschädigten, Duncker & Humblot, Berlin 1973. (Zitiert: *Brambring*, Mittäter, Nebentäter und Beteiligte)

Braun, Johann: Haftung für Massenschäden, in: NJW 1998, S. 2318–2324.

Brehm, Wolfgang: Zur Haftung bei alternativer Kausalität, in: JZ 1980, S. 585–590.

Brox, Hans/Walker, Wolf-Dietrch: Besonderes Schuldrecht, 43. Auflage, Beck Verlag, München 2019. (Zitiert: *Brox/Walker*, SchuldR BT)

Brüggemeier, Gert: Haftungsrecht: Struktur, Prinzipien, Schutzbereich, Springer, Berlin-Heidelberg 2006. (Zitiert: Brüggemeier, Haftungsrecht)

Brüseken, Winfried/Krumbholz, Helmut/Thiermann, Alexandra: Münchener Quotentabelle, in: NZV 2000, S. 441–444.

Bydlinski, Franz: „Mittäterschaft im Schadensrecht", in: AcP 158 (1959/1960), S. 410–430.

Bydlinski, Franz: Probleme der Schadensverursachung: nach deutschem und österreichischem Recht, Stuttgart1964. (Zitiert: *Bydlinski*, Schadensverursachung)

Buschbell, Hans: Münchener Anwaltshandbuch Straßenverkehrsrecht, 4. Auflage, München 2015. (Zitiert: *Buschbell*, MAH Straßenverkehrsrecht)

Bursch, Gustav-Adolf L./Jordan, Michael: Typische Verkehrsunfälle und Schadensverteilung, in: VersR 1985, S. 512–522.

Buxbaum, Wiebke: Solidarische Schadenshaftung bei ungeklärter Verursachung im deutschen, Französischen und anglo-amerikanischen Recht; zur Anwendung des 830 Abs. 1 S. 2 BGB (Berkeley- Kölner Rechtsstudien. Kölner Reihe. Band 7), C.F. Müller, Karlsruhe 1965. (Zitiert: *Buxbaum*, Verursachung)

Crome, Carl: Von der Solidarität aus unerlaubten Handlungen, in: JhJb 35 (1896), S. 100–136.

Cypionka, Bertram: Deliktsrechtliche Haftung trotz ungeklärter Verursachung – zu den Grundlagen und Voraussetzungen des § 830 Abs. l S. 2 BGB, Diss., Münster 1985.

Deubner, Karl G.: Urteilsanmerkung, in: NJW 1961, 1013.

Deutsch, Erwin: Das Verhältnis von Mittäterschaft und Alternativtäterschaft im Zivilrecht, in: JZ 1972, S. 105–107.

Deutsch, Erwin: Fahrlässigkeit und erforderliche Sorgfalt, 2. Auflage, Heymann, Köln u.a. 1995.

Deutsch, Erwin: Allgemeines Haftungsrecht, 2. Auflage, Heymann, Köln-Berlin-Bonn-München 1996. (Zitiert: *Deutsch*, AllgHaftungsR).

Dubischar, Roland: Richtiges und Missverständliches zum Begriff der „Haftungseinheit“, in: NJW 1967, S. 608–613.

Dunz, Walter: Berücksichtigung des eigenen Mitverschuldens gegenüber mehreren Haftpflichtigen, in: JZ 1955, S. 727–730.

Dunz, Walter: Berücksichtigung eigenen Mitverschuldens gegenüber mehreren Haftpflichtigen, in: JZ 1957, S. 371–372.

Dunz, Walter: Zum Mitverschuldensausgleich gegenüber Mehreren, in: JZ 1959, S. 592–594.

Dunz, Walter: Abwägungskriterien bei der Schadensausgleichung, in: NJW 1964, S. 2133–2137.

Dunz, Walter: Anmerkung zur BGH NJW1966, 1262 = 1810.

Dunz, Walter: Der Sinn der Haftungseinheiten in der Schadensaufteilung, in: NJW 1968, S. 679–682.

Edwards Linda L./Edwards, J. Stanley/Wells, Patricia Kirtley: Tort Law, 5. Edition, Cengage Learning, New York 2011. (Zitiert: *Edwards,* Tort Law)

Ehmann, Horst: Die Gesamtschuld, Diss., Heidelberg 1972.

Eibner, Josef-Adolf: Die deliktische Haftung von Nebentätern bei Mitverschulden des Geschädigten, in: JZ 1978, S. 50–52.

Emmerich, Volker: Emmerich, BGB-Schuldrecht: Besonderer Teil, 13. Auflage, C.F. Müller, Heidelberg 2012; 14. Auflage, C.F. Müller, Heidelberg 2015; 15. Auflage, C.F. Müller, Heidelberg 2018. (Zitiert: Emmerich, BGB-Schuldrecht)

Engelhardt, Hanns: Berücksichtigung eigenen Mitverschuldens gegenüber mehreren Haftpflichtigen, in: JZ 1957, 369–371.

Engelhardt, Hanns: Anmerkung zu der Entscheidung des BGH vom 16.6.1959 – VI ZR 95/58, in: NJW 1959, 2059.

Enneccerus, Ludwig/Lehrmann, Heinrich Lehmann: Recht der Schuldverhältnisse, Ein Lehrbuch, 15. Auflage, Tübingen 1958. (Zitiert: *Enneccerus/Lehmann*, Schuldrecht)

Esser, Josef/Schmidt, Eike: Schuldrecht, Allgemeiner Teil, Band I, Teilband 2, 8. Auflage, Heidelberg 1995. (Zitiert: *Esser/Schmidt,* Schuldrecht AT I/2)

Figgener, Dirk: Haftung mehrerer Schädiger – Probleme bei der Quotenbildung in: NJW-Spezial 2006, S. 543–544.

Fuchs, Maximilian: Versicherungsschutz und Versicherbarkeit als Argumente bei der Schadensverteilung, in: AcP 191 (1991), S. 318–345.

Ganten, Hans: Grundsätzliche Fragen zur Schadensquotierung (§ 426 Abs. 1, S. 1 BGB), BauR 1978, 187–196.

Geigel, Reinhart: Der Haftpflichtprozess, 27. Auflage, C.H. Beck, München 2015. (Zitiert: *Verfasser*, in: *Geigel*, Haftpflichtprozess)

Glaßer, Heinrich: Der Gesamtschuldnerausgleich zwischen deliktisch haftenden Schuldnern: Eine Untersuchung nach U.S- amerikanische und deutschem Recht, Herbert Utz Verlag, München 1995.

Göbel, Matthias: Das Oberste Volksgericht zu Fragen des Schadensersatzes für Körperschäden, in: ZchinR, Bd. 11 Nr. 3 (2004), S. 248–249.

Green, Michael D. /Yang, Yinhong: On Proportional Liability, 1 Ango-American Law Review 155 (2013).

Greger, Reinhard/Zwickel, Martin: Haftungsrecht des Straßenverkehrs: Handbuch und Kommentar, 5. Auflage, De Gruyter, Berlin 2014.

Grüneberg, Christian: Haftungsquoten bei Verkehrsunfällen, 15. Auflage, C.H. Beck, München 2017.

Hager, Günter: Das neue Umwelthaftungsgesetz, in: NJW 1991, S. 134–143.

Hager, Johannes: Die Kausalität bei Massenschäden, in: *Heldrich, Andreas/Prölss, Jürgen/Koler, Ingo* (Hrsg.), Festschrift für Claus-Wilhelm Canaris zum 70. Geburtstag, Beck Verlag, München 2007, S. 403–420. (Zitiert: *J.Hager*, FS Canaris)

Hartung, Reinhard: Haftungseinheit und Verantwortungsabwägung, in: VersR 1979, S. 97–103.

Hartung, Reinhard: Anmerkungen zur „Gesamtabwägung aus der Gesamtschau", in: VersR 1980, S. 797–805.

Hasselblatt, Gordian: Reiten auf eigene Gefahr, aber fremde Rechnung?, in: NJW 1993, S. 2577–2581.

Heinemann, Andreas/Ramsauer, Thomas: Weiterfresserschaden und gestörter Gesamtschuldausgleich, in: Jura 2004, S. 198–204.

Herbst, Christian: Risikoregulierung durch Umwelthaftung und Versicherung, Duncker & Humblot, Berlin 1996. (Zitiert: *Herbst*, Risikoregulierung)

Hinrichs, Thomas: Die Berücksichtigung des Mitverschuldens bei der Haftung für Personenschäden im französischen und deutschen Recht, Nomos Verlag, Baden-Baden 1991. (Zitiert: *Hinrich*, Die Berücksichtigung des Mitverschuldens)

Hoffmann, Jan Felix: Sicherungsgemeinschaften im System einer differenzierenden Gesamtschuldlehre, in: AcP 211 (2011), S. 703–736.

Hösch, Antonia: Der schadensrechtliche Innenausgleich zwischen Kartellrechtsverletzern, Diss., Göttingen 2015.

Jakobs, Horst Heinrich/Schubert, Werner (Hrsg.): Die Beratung des Bürgerlichen Gesetzbuchs in systematischer Zusammenstellung der unveröffentlichten Quellen

- Recht der Schuldverhältnisse I (§§ 241–432), De Gruyter, Berlin 1978.
- Recht der Schuldverhältnisse III: §§ 652 bis 853, De Gruyter, Berlin 1983. (Zitiert: *Jakobs/Schubert*, Schuldverhältnisse III)

Jung, Herbert: Die sogenannte Gesamtursache, in: AcP 170 (1970), S. 426–436.

Kabelitz, Hans: Zur beabsichtigten Neufassung des § 254 BGB, in: JZ 1959, S. 348–349.

Keuk, Brigitte: Die Solidarhaftung der Nebentäter, in: AcP 168 (1968), S. 175–206.

Kirchhoff, Guido: Der Verkehrsunfall im Zivilprozess, Haftungseinheit und Gesamtschau, MDR 1998, S. 377–379.

Kirchhoff, Guido: Haftungsfragen bei Beteiligung Dritter am Verkehrsunfall, in: NZV 2001, S. 361–366.

Kirchhoff, Guido: Die verkehrsrechtliche Gesamtschau, Kirchhoff/Kirchhoff, in: MDR 2012, S. 1389–1393.

Klauser, Karl August: Abwägungsgrundsätze zur Schadensverteilung bei Mitverschulden und Mitverursachung, in: NJW 1962, S. 369–374.

Klauser, Karl August: Zum Begriff der »Umstände« i. S. des § 254 BGB, MDR 1963, 185–186.

Klauser, Karl August: Kriterien zur Bestimmung der Haftungsquote, in: NJW 1965, S. 1893–1894.

Koch, Bernhard A.: The „European Group on Tort Law" and Its „Principles of European Tort Law", in: The American Journal of Comparative Law, Vol. 53, No. 1 (Winter, 2005), S. 189–205. (Zitiert: Koch, Principles of European Tort Law)

Koch, Eckart: Probleme der Schadensabwägung zwischen Nebentätern und einem mitschuldigen Verletzten, in: NJW 1967, S. 181–185.

Koziol, Helmut: Die Mitverantwortlichkeit des Geschädigten: Spiegelbild- oder Differenzierungsthese?, in: Festschrift E. Deutsch, Carl Heymanns, Berlin-Heidelberg 2009, S. 781–794. (Zitiert: *Koziol*, Mitverantwortlichkeit, in: FS Deutsch)

Kruse, Constantin: Alternative Kausalität im Deliktsrecht: eine historische und vergleichende Untersuchung. Vol. 117, Münster 2006. (Zitiert: *Kruse*, Alternative Kausalität) *von Kübel, Franz Philipp*: Entwurf eines Bürgerlichen Gesetzbuches für das Deutsche Reich. Recht der Schuldverhältnisse, I. Allgemeiner Teil, Berlin 1882, in: Schubert (Hrsg.), Die Vorlage der Redaktoren für die erste Kommission zur Ausarbeitung des Entwurfs eines Bürgerlichen Gesetzbuches, Recht der Schuldverhältnisse, Teil 1, De Gruyter, Berlin 1980.

Lange, Hermann/Schiemann, Gottfried: Schadensersatz, in: *Gernhuber, Joachim* (Hrsg.): Handbuch des Schuldrechts, 3. Auflage, Tübingen 2003. (Zitiert: *Lange/Schiemann*, Schadensersatz)

Langheim, Werner: Der Begriff der Beteiligten in § 830 BGB, Diss., Göttingen 1927.

Larenz, Karl: Lehrbuch des Schuldrechts, Band 1, Allgemeiner Teil, 14. Auflage, C.H. BECK, München 1987. (Zitiert: *Larenz*, SchuldR I)

Larenz, Karl/Canaris, Claus-Wilhelm: Lehrbuch des Schuldrechts, Band 2, Besonderer Teil, 2. Halbband, 13. Auflage, C.H.Beck, München 1994 (Zitiert: *Larenz/Canaris*, SchuldR II/2).

Lauenstein, Grünter: Ist § 830 Abs. 1 S. 2 BGB auf Verkehrsunfälle anwendbar? in: NJW 1961, S. 1661–1662.

Lehmann, Heinrich/Hübner, Heinz: Allgemeiner Teil des Bürgerlichen Gesetzbuchs, 16. Auflage, C.H.Beck, Berlin 1966.

Lemcke, Hermann: Einzelabwägung und Gesamtschau bei mehreren Schädigern, Anmerkung zu der Entscheidung vom 13.12.2005 - VI ZR 68/04., in: r+s 2006 Heft 4, S. 172–173.

Lemcke, Hermann: Haftung aus Verkehrsunfall mit mehreren Beteiligten, in: r+s 2009, S. 45–58.

Liszt, Franz: Die Deliktsobligationen im System des Bürgerlichen Gesetzbuchs: Kritische und dogmatische Randbemerkungen, Vol. 8, Berlin 1898. (Zitiert: *Liszt*, Deliktsobligationen)

Liu, Xiaoxiao/Pißler, Knut Benjamin: Gesetz der Volksrepublik China über die Haftung für die Verletzung von Recht, in ZchinR Bd. 17 Nr. 1 (2010), S. 41–55.

Lorenz, Egon: Die Lehre von den Haftungs- und Zurechnungseinheiten und die Stellung des Geschädigten in Nebentäterfällen, Karlsruhe 1979. (Zitiert: *Lorenz*, Haftungs- und Zurechnungseinheiten)

Looschelders, Dirk: Die Mitverantwortlichkeit des Geschädigten im Privatrecht, Mohr Siebeck, Tübingen 1999. (Zitiert: *Looschelders*, Mitverantwortlichkeit)

Looschelders, Dirk: Schuldrecht, Allgemeiner Teil, 17. Auflage, Vahlen, München 2019. (Zitiert: *Looschelders*, SchuldR AT)

Loser, Peter: Kausalitätsprobleme bei der Haftung für Umweltschäden, Dissertation St. Gallen 1993 = St. Galler Studien zum Privat-, Handels- und Wirtschaftsrecht, Band 38, Bern 1994.

Medicus, Dieter/Lorenz, Stephan: Schuldrecht I, Allgemeiner Teil, 21. Auflage, C.H.Beck, München 2015. (Zitiert: *Medicus/Lorenz*, SchuldR AT)

Mehring, Thomas: Beteiligung und Rechtswidrigkeit bei § 830 I 2 BGB: Zugleich ein Beitrag zur Behandlung der Fälle von Anteilszweifeln und Opfermehrheiten, Duncker & Hamblot, Berlin 2003. (Zitiert: *Mehring*, Beteiligung und Rechtswidrigkeit)

Meier, Sonja: Gesamtschulden: Entstehung und Regress in historischer und vergleichender Perspektive. Vol. 151. Mohr Siebeck, Tübingen 2010 (Zitiert: Meier, Gesamtschulden).

Messer, Herbert: Haftungseinheiten und Mitverschulden, in: JZ 1979, S. 385–389.

Motive, I. I.: Motive zu dem Entwurfe eines Bürgerlichen Gesetzbuches für das Deutsche Reich, Band II: Recht der Schuldverhältnisse, Berlin-Leipzig 1888. (Zitiert: Motiv II)

Mugdan, Benno (Hrsg.): Die gesammten Materialien zum Bürgerlichen Gesetzbuch für das Deutsche Reich, Band 2: Recht der Schuldverhältnisse, Berlin 1899. (Zitiert: *Mugdan* II)

Nugel, Michael: Die Quotenbildung beim Verkehrsunfall und der Anscheinsbeweis, in: DAR 2008, S. 548–553.

Nugel, Michael: Die Quotenbildung bei einem Verkehrsunfall und der Anscheinsbeweis – Teil II: Quotenvorschläge bei Unfällen mit einem Kfz des Gegenverkehrs, in: DAR 2009, S. 105–109;

- Teil III: Quotenvorschläge bei Unfällen zweier Kfz im gleichgerichteten Verkehr, in: DAR 2009, S. 346–350;
- Teil IV: Quotenvorschläge für Auffahrsituationen und Unfälle im Parkplatzbereich, in: DAR 2009, S. 721–727;
- Teil V: Quotenvorschläge bei einem Zusammenstoß zwischen einem Kfz und nicht motorisierten Verkehrsteilnehmern, in: DAR 2010, S. 256–263.

Oechsler, Jürgen: Teilnahme an der vorsätzlichen sittenwidrigen Vermögensschädigung im Gesellschafts- und Kapitalmarktrecht (§§ 826, 830 Abs. 1 Satz 1 und Abs. 2 BGB), in: AcP 214 (2014), S. 542 - 566.

Oertmann, Paul: BGB–Recht der Schuldverhältnisse, Goldbach Verlag, Wiesbaden 1910. (Zitiert: *Oertmann*, Recht der Schuldverhältnisse)

Otzen, Klaus-Günter: Die Haftung der Nebentäter beim Mitverschulden des Geschädigten nach dem Deckungsprinzip: ein Beitrag zur Rehabilitierung des reichsgerichtlichen Lösungsansatzes unter Berücksichtigung der Abwägungsmethoden nach § 254 Abs. 1 BGB und § 17 StVG, Peter Lang, Frankfurt/Bern 1997. (Zitiert: *Otzen*, Nebentäter)

Otzen, Klaus-Günter: Die aktuelle höchstrichterliche Rechtsprechung zur Mitverschuldensabwägung gegenüber mehreren Haftpflichtigen – ein Irrweg? in: VersR 1997, S. 808–812.

Protokolle: Protokolle der Kommission für die zweite Lesung des Entwurfs des Bürgerlichen Gesetzbuchs. Im Auflage des Reichs-Justizamts bearbeitet von Achilles/Gebhard/Spahn -- Band II: Recht der Schuldverhältnisse, Abschnitte. II, Tit. 2–20, Berlin 1898. (Zitiert: Prot. II)

Paschke, Marian: Kommentar zum Umwelthaftungsgesetz, Springer, Berlin-Heidelberg, 2013.

Puppe, Ingeborg: Der gemeinsame Tatplan der Mittäter, in: ZIS 2007, S. 234–246.

Puppe, Ingeborg: Wider die fahrlässige Mittäterschaft, in: GA 2004, S. 129–146.

Ratz, Saskia: Straßenverkehrsrecht – Verkehrsverstoß, Recht der Fahrerlaubnis, Haftungs- und Versicherungsrecht, *in: Heussen, Benno/Hamm, Christoph*: Beck'sches Rechtsanwalts-Handbuch, § 29, 11. Auflage, C.H.Beck, München 2016. (Zitiert: *Ratz* in: BeckRA-Hdb)

Reinelt, Ekkehart: Schadensverantwortlichkeit mehrerer gegenüber einem mitschuldigen Verletzten, Diss., Regensburg 1969. (Zitiert: *Reinelt*, Schadensverantwortlichkeit)

Reinelt, Ekkehart: Gesamtschau und Einzelabwägung, Haftung mehrerer gegenüber einem mitschuldigen Verletzten, JR 1971, S. 177–183.

Ries, Gerhard: Zur Haftung der Nebentäter nach §830 und §840 BGB, in: AcP 177 (1977), S. 543–558.

Roberto, Vito: Schweizerisches Haftpflichtrecht, Schulthess, Zürich 2002.

Roth, Herbert: Haftungseinheiten bei §254 BGB, München 1982. (Zitiert: *Roth*, Haftungseinheiten)

Rother, Werner: Der Begriff der Gefährdung im Schadensrecht, in: Festschrift Michaelis, Göttingen 1972.

Rother, Werner: Die „Vorwiegende Verursachung", In: VersR 1983, S. 793– 798.

Rother, Werner: Haftungsbeschränkung im Schadensrecht, Beck Verlag, München-Berlin 1965.

Röckrath, Luidger: Kausalität, Wahrscheinlichkeit und Haftung: Rechtliche und ökonomische Analyse, C.H.Beck, München 2004.

Schausein, Thomas: Die Abwägung der Verursachungsbeiträge nach einem Kfz – Unfall, in: MDR 2008, S. 360–364.

Schellhammer, Kurt: Schuldrecht nach Anspruchsgrundlagen: samt BGB Allgemeiner Teil, 10. Auflage, C. F. Müller, Heidelberg 2018. (Zitiert: Schellhammer, Schuldrecht)

Schlechtriem, Peter/Schmidt-Kessel, Martin: Schuldrecht, Allgemeiner Teil, 6. Auflage, Mohr Siebeck, Tübingen 2005.

Schlierf, Herbert: Abwägungskriterien bei der Schadensausgleichung nach § 254 BGB, in: NJW 1965, S. 676–677.

Schmidt, Andreas O.: Nebentäterhaftung und § 254 BGB – eine nach Fallgruppen geordnete Darstellung der Schadensverteilung in Nebentäterfällen bei Mitverschulden des Geschädigten, LIT Verlag, Berlin-Münster-Hamburg 1992. (Zitiert: *Schmidt*, Nebentäterhaftung und § 254 BGB)

Schneider, Uwe H.: Anmerkung zu der Entscheidung des BGH, 15.06.1982 - VI ZR 309/80, in: JR 1983, 62.

Schweighauser, Roland: Mehrzahl von Ersatzpflichtigen und Regress im Produkthaftungsrecht unter Berücksichtigung der EG-Produkthaftungsrichtlinie sowie des deutschen, österreichischen und schweizerischen Rechts, Dissertation St. Gallen 1992 = St. Galler Studien zum internationalen Recht, Band 12, St. Gallen 1993. (Zitiert: *Schweighauser*, Mehrzahl von Ersatzpflichtigen)

Sedemund, Jan: Zur Haftung von Nebentätern bei Mitverschulden des Geschädigten, ZGS 2003, S. 337–346.

Selb, Walter: Schadensausgleich mit und unter Nebentätern, in: JZ 1975, S. 193–197.

Selb, Walter: Mehrheiten von Gläubigern und Schuldnern, in: Handbuch des Schuldrechts, hrsgg. von Joachim Gernhuber, Band 5, Tübingen 1984. (Zitiert: Selb, Mehrheiten)

Selb, Walter: Die mehrfach hinkende Gesamtschuld, in: Festschrift für Werner Lorenz zum siebzigsten Geburtstag, hrsg. von Bernhard Pfister und Michael R. Will, Tübingen 1991, S. 245–252. (Zitiert: Selb, Gesamtschuld)

Sieg, Karl: Anmerkung zu der Entscheidung des BGH vom 29.6.1959, in: MDR 1959, 915.

Spindler, Gerald: Kausalität im Zivil- und Wirtschaftsrecht, in: AcP 208 (2008), S. 283–344.

Stark, Emil W.: Außervertragliches Haftungsrecht, Skriptum, 2. Auflage, Zürich 1988.

Stauder, Claus: Probleme der Mehrtäterschaft im deutschen, französischen und englischen Deliktsrecht. Diss., Bonn 1964. (Zitiert: *Stauder*, Probleme der Mehrtäterschaft)

Steffen, Erich: Die Verteilung des Schadens bei Beteiligung mehrerer Schädiger am Verkehrsunfall, in: DAR 1990, S. 41–46.

Steffen, Erich: Über den Sinn und Unsinn von Quotentabellen zur Haftung für Verkehrsunfälle nach § 17 StVG, in: Zfs 2012(4), S. 184–187.

Thiele, Wolfgang: Gesamtschuld und Gesamtschuldnerausgleich, in: JuS 1968, S. 149–157.

Tuzina, Hans: Die civilrechtliche Haftung mehrerer Delinquenten nach dem BGB, Diss., Rostock 1902.

Van Bühren, Hubert W. / Lemcke, Hermann / Jahnke, Jürgen (hrgs.): Anwalts-Handbuch Verkehrsrecht, Teil 2. Haftungsvoraussetzungen, Verlag Dr. Otto Schmidt, Köln 2011.

Venzmer, Kurt: Mitverursachung und Mitverschulden im Schadensrecht, Beck Verlag, München-Berlin 1960.

Wagner, Gerhard: Proportionalhaftung bei Mehreren möglichen Schadensursachen, in: *Eger/Bigus/Ott/Wangenheim*, Internationalisierung des Rechts und seine ökonomische Analyse, Gabler, Wiesbaden 2008, S. 193–206.

Weber, Stephan: Eine einheitliche Lösung für eine Mehrheit von Ersatzpflichtigen, Koziol, Helmut / Jaap, Spier (Hrsg.), Liber amicorum Pierre Widmer, Wien 2003, S. 341–365. (Zitiert: *Weber*, Einheitliche Lösung)

Weckerle, Thomas: Die deliktische Verantwortlichkeit mehrerer, VVW Verlag, Karlsruhe 1974.

Welserm, Rudolf/Zöchling-Jud, Brigitta: Bürgerliches Recht - Band II, 14. Auflage, Manz Verlag, Wien 2015. (Zitiert: *Welser/Zöchling-Jud*, Bürgerliches Recht II)

Wiese, Götz Tobias: Umweltwahrscheinlichkeitshaftung: Konzept für Kausalität und Zurechnung im Umwelthaftungsrecht, Wiesbaden 1997. (Zitiert: *Wiese*, Umweltwahrscheinlichkeitshaftung)

Windscheid, Bernhard: Lehrbuch des Pandektenrechts, Band II, 7. Auflage, Frankfurt am Main 1891.

Windscheid, Bernhard/Kipp, Theodor (bearb.): Lehrbuch des Pandektenrechts, Band II, 9. Auflage, Frankfurt am Main, 1906.

Winiger, Bénédict/ Koziol, Helmut/ Koch, Bernhard A./ Zimmermann, Reinhard: Digest of European Tort Law, Volume 2: Essential Cases on Damage, De Gruyter, Berlin 2011.

Winter, Henry: Teilschuld, Gesamtschuld und unechte Gesamtschuld. Zur Konzeption der §§ 420 ff. BGB – Ein Beitrag zur Entstehungsgeschichte des BGB, Peter Lang, Frankfurt, 1985. (Zitiert: *Winter*, Teilschuld)

Chinesischsprachige Literatur

Autorengruppe für Fälle und Kommentare der Volksgerichte (人民法院案例与评注编写组): Fälle und Kommentare der Volksgerichte: Band 7, Schadensersatz, China Legal Publishing House 2006.

Cao, Xianfeng (曹险峰): Systemaufbau mehrerer Schädiger - um Art. 8 bis 12 HPflG, in: Chinese Journal of Law, 05/2011. (曹险峰：《数人侵权的体系构成——对侵权责任法第8条至第12条的解释》，《法学研究》2011 年第5期。)

Cao, Xianfeng: Legalität der Teilschuld nach Art. 12 HPflG——Verhältnis zwischen Art. 12 und Art. 37 HPflG, in: Journal of Suzhou University, 02/2012. (曹险峰：《侵权责任法第 12 条之按份责任正当性论证——兼论第 12 条与第 37 条第 2 款的关系》，《苏州大学学报》2014 年第 2 期。)

Chen, Xianjie (陈现杰): Vertiefung der Anwendung des Rechts bei der Behandlung von Fällen des Ersatzes von Körperschäden, Law Press, Peking 2004. (陈现杰:《人身损害赔偿司法解释关联精析》，法律出版社 2004 年。)

Chen, Yangdong (陈仰东): Verbesserung des Versicherungsbewusstseins, in: China Soziale Sicherheit, 07/2017. (陈仰东:《提高全民保险意识》，《中国社会保障》2017 年第7期。)

Chen, Yuanpin (陈媛嫔): Vorstellungen und Motivationen zu Versicherungen in China, in: Modelle staatseigener Betriebe, 04/2018. (陈媛嫔：《中国人的保险观念及原因探究》，《现代国企研究》，2018 年第 4 期。)

Chen, Zhihui (陈枝辉) (Hrsg.): Difficult Litigation Cases Judgment Essences and References in Motor Vehicle and Traffic Accidents，Law Press, Peking 2015. (Zitiert: *Chen, Zhihui* (陈枝辉), Traffic Accidents)(陈枝辉 编著：《机动车与交通事故疑难案件裁判要点与依据》，法律出版社 2015 年。)

Cheng, Xiao (程啸): Mitverschulden im Deliktsrecht, in: Tsinghua Law Review, 06/2005.(程啸："论侵权行为法上的过失相抵制度"，载《清华法学》，清华大学出版社 2005 年第 6 辑。)

Cheng, Xiao: Bedeutung „gemeinschaftliche Ausführung" i.S.d. Art. 8 HPflG, in: Tsinghua Law Review, 02/2010. (程啸：《论<侵权责任法>第八条中"共同实施"的涵义》，《清华法学》2010 年第 2 期。)

Cheng, Xiao: Tatbestände von Beteiligten—um Art. 10 HPflG, in Law and Science, 02/2010. (程啸：《论共同危险行为的构成要件——以〈侵权责任法〉第10条为中心》，《法律科学》2010 年第 2 期。)

Cheng, Xiao: Delikthaftpflichtgesetz, Law Press, Peking 2011. (程啸:《侵权责任法》，法律出版社 2011 年版。)

Cheng, Xiao: Mehrere Schädiger ohne gewolltes Zusammenwirken——über die Art. 11 und 12 HPflG, in: Journal of Jinan, 05/2011, S. 65–76. (论无意思联络

的数人侵权——以《侵权责任法》第 11、12 条为中心，《暨南学报 (哲学社会科学版)》2011 年第 5 期，第 65–76 页。)

Cheng, Xiao: Kausalitätsarten und Haftung in Umweltschadensfällen von mehreren Schädigern, in: Journal of Jinan, 2/2012. (程啸：《多人环境污染损害中的因果关系形态与责任承担》，《暨南学报 (哲学社会科学版)》2014 年第 3 期。)

Forschungsgruppe des Obersten Volksgerichtshofs zum Haftpflichtgesetz (最高人民法院侵权责任法研究小组) (Hrsg.): Verständnis und Anwendung des chinesischen Haftpflichtgesetztes, Courtbook Verlag 2016. (最高人民法院侵权责任法研究小组 编著:《<中华人民共和国侵权责任法>条文理解与适用》，人民法院出版社 2016 年。)

Huang, Songyou (黄松有) (hsrg.): Die Anwendung des Recht bei der Behandlung von Fällen des Ersatzes von Körperschäden, Courtbook Verlag, Beijing 2004, (黄松有主编:《人身损害赔偿私法解释的理解与适用》，人民法院出版社 2004 年版。)

Jia, Yuanyuan/Liu, Wenyu (贾媛媛/刘文裕): Überprüfung der Sachverhaltsfeststellung durch die Gerichte, in: Hebei University of Science and Technology Journal, 13/2013 Nr. 03, S. 53–58. (贾媛媛、刘文裕:《论法院对交通事故认定书的审查》，《河北科技大学学报 (社会科学版)》2013 年第 13(03) 期，第 53–58 页。)

Lan, Renxun (兰仁迅): Die notwendige Streitgenossenschaft aus der Sicht des materiellen Rechts, in: Journal of Huaqiao University, 01/2010. (兰仁迅:《从实体法视角反思我国必要共同诉讼制度》，《华侨大学学报》2011 年第1期。)

Li, Renyu (李仁玉): Rechtsvergleichung des Deliktsrechts, Peking University Verlag, 1996. (李仁玉:《比较侵权法》，北京大学出版社 1996 年版。)

Li, Zhongyuan (李中原): Die Arten der Nebentäterschaft, in: Social Science of Jiangsu, 05/2015. (李中原:《分别侵权责任的类型化分析》，《江苏社会科学》2015年第5期。)

Li, Zhongyuan: Die Haftung mehrerer Schädiger bei Mitverschulden des Geschädigten und die Methode der Schadensverteilung, in: Law und Business, 01/2016. (论与有过失前提下多数人侵权责任的评估和分担模式，《法商研究》2016 年第 1 期。)

Liang, Huixing (梁慧星) (Hrsg.): Das chinesische Bürgerliche Gesetzbuch · Entwurf des Deliktsrechts, in: Chinese Journal of Law, 02/2002. (梁慧星 编著:《中国民法典·侵权行为编草案建议稿》，《法学研究》2002 年第 2 期。)

Liang, Huixing: Beteiligte und konkurrierende Kausalität, in: Legal Forum，02/2010. (梁慧星:《共同危险行为与原因竞合》，《法学论坛》2010 年第 2 期。)

Liu, Shiguo (刘世国): Moderner deliktischer Schadensersatz, Law Press, Peking 1998. (刘士国:《现代侵权损害赔偿研究》, 法律出版社 1998 年版。)

Lu, Pei (卢佩): Streitgenossen im Verfahren bei mehreren Schädigern, in: Peking University Law Journal, 05/2017, S. 1233–1251. (卢佩:《多数人侵权纠纷之共同诉讼类型》,《中外法学》2017 年第 5 期, 第 1233–1251 页。)

Luo, Tianxuan (罗恬漩): Probleme im Verfahren bei mehreren Schädigern, in: Peking University Law Journal, 05/2017, S. 1252–1266. (罗恬漩:《数人侵权的共同诉讼问题研究》,《中外法学》2017 年第 5 期, 第 1252–1266 页。)

Ning, Ziang (宁子昂): Theorie der Haftungsarten bei mehreren Schädigern ohne gewolltes Zusammenwirken, in: Contempory Law Review, 3/2015. (宁子昂:《论无意思联络数人侵权行为责任形式的理论基础》,《当代法学》2015 年第 3 期。)

Ou, Yanfeng (欧彦峰): Direkt und indirekt verursachter Schaden nach Rechtszweck, in: Das 20. Akademische Symposium des Nationalen Gerichtshofs, 14-11-2008. (欧彦峰: 以"法规目的"界分直接结合与间接结合, 全国法院第二十届学术讨论会, 2008 年 11 月 14 日。)

Pan, Tonglong/Cheng, Kaiyuan (潘同龙/程开源) (Hsrg.): Deliktsrecht, Tianjing People's Publishing House 1995. (潘同龙、程开源主编:《侵权行为法》, 天津人民出版社 1995 年版。)

Shang, Qianrui (尚倩睿): Entwicklungssituation und Probleme der Versicherung für Haustiere, in: 《Tax Paying》04/2019. (尚倩睿:《浅谈我国宠物保险的发展现状与问题》,《纳税》2019 年第 4 期。)

Shi, Naixing (史乃兴): Überprüfung und Beurteilung der Sachverhaltsfeststellung in Verkehrsunfällen, in: Volksgericht Zeitung, 06/2008. (史乃兴:《交通肇事事件中对交通事故认定书》,《人民法院报》2008 年第 6 辑。)

Shi, Shangkuan (史尚宽): Schuldrecht AT, 1. Auflage, China University of Political and Law Verlag, 2011. (史尚宽:《债法总论》, 中国政法大学出版社, 2001 年 第 1 版。)

Song, Chunlong (宋春龙): Anteilshaftung im deliktischen Verfahrensprozess, in: Modern Law Science, 05/2017. (宋春龙:《侵权按份责任诉讼形态研究——以<侵权责任法>第 12 条的司法适用为中心》,《现代法学》2017 年第5期。)

Wang, Cheng (王成): Haftpflichtgesetz, 2. Auflage, Peking University Verlag 2014. (王成:《侵权责任法》, 北京大学出版社第二版, 2014 年)

Wang, Liming (王利明) (Hrsg.): Bürgerliches Recht · Deliktsrecht, Courtbook Verlag, Beijing 2003. (王利明主编:《民法典•侵权责任法研究》, 人民法院出版社 2003 年版)

Wang, Liming: Eine Entwurfsversion mit legislativen Gründen für ein Bürgerliches Gesetzbuch Chinas · Deliktsrecht, Law Press, Peking 2003. (Zitiert: *Wang, Liming* (王利明)，Legislativen Gründen) (王利明：《中国民法典学者建议稿及立法理由·侵权行为法编》，法律出版社2003年版。)

Wang, Liming: Begriff und Wesen der Mittäterschaft, in: Renmin University Law Review, 3/2004. (王利明：《共同侵权行为的概念和本质》，《判解研究》2004年第4辑 。)

Wang, Liming (Hrsg.): Erläuterung der Herausforderung zum Schadensersatz bei Köperschäden, China Social and Science Verlag 2004. (王利明主编：《人身损害赔偿疑难问题： 最高法院人身损害赔偿司法解释之评述与展望》，中国社会科学出版社 2004 年版。)

Wang, Liming: Deliktsrecht, Law Press, Peking 2006. (王利明：《侵权行为法》，中国法制出版社2006年。)

Wang, Liming: Haftpflichtgesetz, Band I., Renmin University of China Verlag 2010. (王利明：《侵权责任法研究 (上卷)》， 中国人民大学出版社 2010 年。)

Wang, Liming: Interpretation der Eigenschaft des HPflG, in: Law Science Magazine, 02/2010. (王利明：《〈侵权责任法〉的中国特色解读》，《法学杂志》2010 年第 2 期。)

Wang, Liming: Urheberzweifel bei Beteiligten, in: Politic and law, 04/2010. (王利明：《论共同危险行为中的加害人不明》，《政治与法律》2010 年第 4 期。)

Wang, Liming/Xi, Xiaoming (王利明/奚晓明) (Hrsg.): Anleitung zur Umsetzung des Haftpflichtgesetzes, People's Publishing House, 2010. (王利明、奚晓明主编：《侵权责任法执法实务指南》，人民出版社2010年版。)

Wang, Liming/Yanglixin (王利明/杨立新) (Hrsg.): Deliktsrecht, Law Press, Peking 1996. (王利明、杨立新编著:《侵权行为法》, 法律出版社 1996 年版)

Wang, Yuejin (王跃进): Sachverhaltsfeststellung der Verkehrsverwaltung ist kein Gutachten, in: Tageszeitung der Staatsanwaltschaft, 23.08.2005. (王跃进：《交通事故认定书不是鉴定结论》，《检察日报》2005 年 8 月 23 日) v吃 CVCv'v

Wang, Zejian (王泽鉴): Deliktische Handlung, Peking University Verlag 2009. (王泽鉴：《侵权行为》，北京大学出版社2009年版。)

Wang, Zhu (王竹): Haftungsteilung mehrerer Schädiger bei Mitverschulden des Geschädigten, in: Tsinghua Law Review, 02/2010. (王竹：《论受害人有过错的数人侵权责任承担》，《清华法学》2010 年第 2 期。)

Wang, Zhu: Die Bildungsmethode der endgültigen Haftungsquoten bei mehreren Schädigern, in: Law und Business, 06/2010. (王竹：《论数人侵权责任分担中最终责任份额的确定方式》，《法商研究》2010 年第 6 期)

Wu, Jingming (吴景明) (Hrsg.): Prüfungswissen Jura und Übungen für das Staatsexamen, 3. Band, Qinghua University Verlag 2004. (Zitiert: *Wu, Jingming* (吴景明), Prüfungswissen III) (吴景明主编：《国家司法考试应试指导与练习用书 (第三卷)》，清华大学出版社，2004 年)

Xi, Xiaoming (奚晓明) (Hrsg.): Verständnis und Anwendung des chinesischen Haftpflichtgesetztes, Courtbook Verlag 2010. (奚晓明:《侵权责任法条文理解与适用》，人民法院出版社 2010 年版。)

Xiao, Rongyuan (肖荣远): Gedankengang bei Zivilfällen, 1. Auflage, Law Press, Peking 2016. (肖荣远：《民事案件审理思路集成》，法律出版社 2016 年第一版。)

Xu, Guodong (徐国栋): Green Civil Code Draft, Social Science Verlag 2004. (徐国栋：《绿色民法典草案》，社会科学文献出版社 2004 年版。)

Xu, Guodong: Treu und Glauben, Renmin University of China Verlag, Peking 2002. (徐国栋：《诚实信用原则研究》，中国人民大学出版社 2002 年。)

Xu, Hong (徐宏): Beweiskraft der Sachverhaltsfeststellung im Zivilprozess, Shandong University, 2016. (徐宏：《民事诉讼中道路交通事故认定书之证明力研究》，山东大学 2016 年).

Yang, Lixin (杨立新): Deliktsrecht, 3. Auflage, Courtbook Verlag, 2005; (杨立新：《侵权法论》，人民法院出版社2005年第三版。) 4. Auflage, Courtbook Verlag, 2011.

Yang, Lixin: Entwurf des chinesischen Haftpflichtgesetzes auf Erfahrung ausländischer Gesetzgebung, in: China Legal Science, 05/2009. (杨立新：《我国侵权责任法草案对国外立法经验的借鉴》，in:《中国法学》2009 年第 5 期。)

Yang, Lixin: Übertragung zwischen Objektivität und Subjektivität: Verursachung und Verschulden, in: Journal of Henan Administrative Institute of Politics and Law, 02/2009. (杨立新: 客观与主观的变奏：原因力与过错， 载于《河南省政法管理干部学院学报》2009 年第 2 期。)

Yang, Lixin/Wang, Zhu (杨立新/王竹): Mitverschulden des Geschädigten im Deliktsrecht, in: Law Review, No. 1/7. (杨立新、王竹：《论侵权法上的受害人过错制度》，《私法研究》第7卷。)

Yang, Yinhong (杨垠红): Proportionalhaftung im Fall mehrerer Schädiger mit unsicherer Kausalität, in: Tribune of Political Science and Law, 04/2013. (杨垠红：《多因不明侵权中比例责任之适用》，《政法论坛》2013 年第 4 期。)

Ye, Jinqiang (叶金强): Fallgruppe der Schädigermehrheit und Rechtswirkung, in: China Legal Science, 01/2010. (叶金强：《共同侵权的类型及法律效果》，《中国法学》2010年第1期。)

Ye, Mingyi (叶名仪): Struktur der Mitverschuldenstheorie, in: Chinese Journal of Law, 06/2009. (叶名仪：《重大过失理论的构建》，《法学研究》2009 年第 6 期。)

Yu, Linyun (余凌云): Haftungsfeststellung im Straßenverkehrsunfall, in: Chinese Journal of Law, 06/2016. (余凌云:《道路交通事故责任认定研究》，《法学研究》 2016 年第 6 期，S. 126–139。)

Zhang, Guangxing (张广兴): Schuldrecht Allgemeiner Teil, China University of Political and Law Verlag, 2000. (张广兴：《债法总论》，中国政法大学出版社 2000 年版。)

Zhang, Tiewei (张铁薇): Haftung mehrerer Schädiger, Law Press, Peking 2007. (张铁薇：《共同侵权制度研究》，法律出版社 2007 年。)

Zhang, Xinbao (张新宝): Das chinesische Deliktsrecht, 2. Auflage, China Social and Science Verlag, 1998. (张新宝：《中国侵权行为法》第二版，中国社会科学出版社 1998 年。)

Zhang, Xinbao: Prinzipien des chinesischen Haftpflichtgesetzes, Renmin University of China Verlag, 2005. (Zitiert: *Zhang, Xinbao* (张新宝), Prinzipien) (张新宝：《侵权责任法原理》，中国人民大学出版社 2005 年版。)

Zhang, Xinbao/Li, Lin (张新宝/李玲): Rechtstheorie in der Schädigermehrheit, in: Volksgericht Zeitung, 09.11.2011. (张新宝、李玲：《共同侵权的法理探讨》，《人民法院报》2011 年 11 月 9 日。)

Zhang, Xinbao/Ming, Jun (张新宝/明俊): Forschung der Kausalitätstheorie im Deliktsrecht, in: China Legal Science, 02/2005. (张新宝、明俊：《侵权法上的原因力理论研究》，《中国法学》2005 年第 2 期。)

Zheng, Yongkuan (郑永宽): Mitverschulden und die Gefährdungshaftung, in: Modern Law Science, 01/2019. (郑永宽：《过失相抵与无过错责任》，载《现代法学》2019 年第 1 期。)

Zheng, Zhong (郑重): Haftungsbestimmung im deliktischen Fall bei der Öffnung von Mitfahrertüren durch Autoinsassen, in Volksgericht Zeitung, 23.02.2017. (郑重：《乘客开门致人损害侵权责任的认定》，载于《人民法院报》2017 年 2 月 23 日。)

Zhong, Baoping (钟保平): Angemessene Verbesserung des Versicherungsbewusstseins, in: China Insurance Newspaper, 16.09.2014. (钟保平：《合理提升全社会保险意识》，《中国保险报》2014 年 9 月 16 日。)

Zhou, Jianghong (周江洪): Absolutes oder relatives Mitverschulden – Mitverschulden bei mehreren Schädigern, in: Zhejiang Social and Science, 10/2014. (周江洪:《绝对过失相抵抑或相对过失相抵?——数人侵权情形过失相抵方式之考察》,《浙江社会科学》, 2014 年第 10 期。)

Zhou, Youjun (周友军): Erläuterung des Mitverschuldens im Deliktsrecht, in: Renmin University Law Review, 03/2010. (周友军:《侵权法上过失相抵规则的解释论》,《判解研究》2010 年第 3 辑。)

Zhou, Youjun: Symposien zum Haftpflichtgesetz, Courtbook Verlag, 2011. (周友军:《侵权责任法专题讲座》, 人民法院出版社 2011 年版。)

Zhu, Xiao (竺效): Die Arten der Nebentäter im Fall des Umweltschadens, in: China Legal Science, 5/2011. (竺效:《论无过错联系之数人环境侵权行为的类型——兼论致害人不明数人环境侵权责任承担的司法审理》,《中国法学》2011 年第 5 期。)

FSC
www.fsc.org
MIX
Papier | Fördert gute Waldnutzung
FSC® C083411

Kolibri 360 GmbH
Ferdinand-Jühlke-Straße 7
99095 Erfurt, Deutschland
produktsicherheit@kolibri360.de

Druck:
CPI Druckdienstleistungen GmbH
im Auftrag der
Kolibri 360 GmbH
Ferdinand-Jühlke-Str. 7
99095 Erfurt